틈날 때 읽어두면
든든한 힘이 되는
진짜 기본
고양이 육아
285

GENEKI JUISHI GA NEKO NO HONNE KARA FUCHO NO GENIN MADE WO KAISETSU!
IE NEKO TAIZEN 285
© Koichi Fujii 2020
First published in Japan in 2020 by KADOKAWA CORPORATION, Tokyo.
Korean translation rights arranged with KADOKAWA CORPORATION, Tokyo
through Shinwon Agency Co., Seoul.

이 책의 한국어판 저작권은 신원 에이전시를 통한 KADOKAWA CORPORATION와의 독점 계약으로 삼호미디어에 있습니다. 저작권법에 의하여 한국내에서 보호를 받는 저작물이므로 무단전재와 무단복제를 금합니다.

틈날 때 읽어두면
든든한 힘이 되는

진짜 기본
고양이 육아
285

후지이 고이치 지음 | 박재영 옮김

저자의 말

**사랑하는 반려묘의 몸과 마음을 보살피고
깊이 소통하며 오래도록 함께하기를**

고양이와 함께 지내는 시간이 길어짐에 따라 새롭게 알게 되는 사실이 조금씩 늘어나지만 여전히 신기하고 의아한 점이 많습니다.
'지금 이 울음소리는 어떤 의미일까', '왜 밥을 항상 조금씩 남길까'
고양이의 행동은 아직도 잘 모르는 것투성이예요.

'너무 너무 좋아하니까 좀 더 알고 싶어! 모든 것을 알고 싶어!'
이렇게 고양이를 사랑하는 사람 모두를 위해서 이 책을 썼습니다.
최근 사람과 마찬가지로 고양이도 수명이 길어져서 '계속 건강하게 지냈으면 좋겠다!'라는 마음은 집사들의 공통적인 바람이 되었습니다. 진료를 하다 보면 고양이의 몸 상태가 좋지 않은 것을 깨닫지 못했다는 것에 낙담하는 보호자도 꽤 많아요. 그렇게 슬퍼하지 않기를

바라는 마음에, 고양이의 건강 이상이나 질병에 관한 장은 수의사 생활 30년에 걸친 경험으로 키워온 지식을 총동원해서 담았습니다.

고양이에게도 다양한 성향이 있고 건강 이상 증상은 온갖 요인이 관련되기도 해요. 반드시 이런 증상 때문에 내장 질환이 생긴다고는 할 수 없는 부분도 있습니다. 그렇지만 보호자 스스로 건강 이상의 원인을 어느 정도 예상할 수 있으면 무작정 불안해지는 것을 피할 수 있습니다.

이 책이 반려묘와의 소통을 돕고 집사의 불안을 떨쳐내는 데 조금이라도 도움이 된다면 기쁠 것입니다.

후지이 동물병원 원장 후지이 고이치

CONTENTS

저자의 말 · 4

1 고양이의 마음을 좀 더 자세히 알고 싶어요

마음 너희들의 그런 점을 알다가도 모르겠어

- 001 왜 이렇게 열심히 그루밍하는 건가요? ········· 22
- 002 핥아주는 게 애정의 표현 맞나요? ········· 23
- 003 시크하고 쌀쌀맞은 아이도 언젠가는 다정하게 다가올까요? ······ 24
- 004 뜬금없이 무릎 위에 올라오는 건 어떤 의미예요? ········· 25
- 005 왜 저기에서 스크래칭을 하는 걸까요? ········· 26
- 006 스크래칭은 왜 하는 거예요? ········· 27
- 007 골판지 상자만 보면 들어가는 이유는 뭘까요? ········· 28
- 008 높은 곳을 왜 그렇게 좋아할까요? ········· 30
- 009 올라는 갔는데 왜 내려오지는 못할까요? ········· 31
- 010 고양이에게 자기 영역은 왜 중요한가요? ········· 32
- 011 집고양이에게도 영역이 있나요? ········· 33
- 012 혹시 말을 알아듣나요? ········· 34
- 013 남성과 여성 중 어느 쪽을 더 좋아하나요? ········· 35
- 014 혼나도 반성하지 않는 거 같아요 ········· 36
- 015 고양이도 훈련시킬 수 있나요? ········· 37
- 016 뭔가 하려고만 하면 방해하는 이유는 뭘까요? ········· 38
- 017 응석을 있는 대로 받아주면 문제가 생긴다고요? ········· 39
- 018 잘 놀다가 갑자기 싫증 내는 건 왜 그럴까요? ········· 40
- 019 고양이와 즐겁게 놀아주는 요령이 있을까요? ········· 41
- 020 얌전히 안겨 있다가 갑자기 깨물어요 ········· 42
- 021 꾹꾹이를 하는 건 어떤 의미인가요? ········· 43
- 022 안 되는 걸 알면서도 꼬리를 만지고 말았어요! ········· 44
- 023 고양이의 꼬리는 어떤 역할을 하나요? ········· 45
- 024 울음소리에 따라 의미가 다른가요? ········· 46
- 025 집고양이만큼 길고양이도 잘 우나요? ········· 47
- 026 배를 보여주는 건 예뻐해 달라는 뜻인가요? ········· 48

027 현관에서 기다리는 건 환영한다는 의미겠죠? ·················· 49
028 얼굴을 비벼오는 것은 좋아서 그런 거겠죠? ················ 50
029 혹시 몰래 '한눈판 것'을 눈치채나요? ······················· 51
030 한밤중에 우다다를 하는 이유는 무엇인가요? ··············· 52
031 우리 집 아이는 밤에 너무 잘자요 ···························· 53
032 혹시 지금 눈인사를 한 건가요?! ······························ 54
033 남은 사료에 모래를 끼얹는 행동은 왜 하는 건가요? ······· 55
034 엎드려서 절하는 듯한 자세로 자는 이유가 있나요? ······· 56
035 앞발을 안쪽으로 접어서 앉는 이유는 뭘까요? ············· 57
036 혼자 있는 거 너무 외롭지 않을까요? ························ 58

마음 이렇게나 좋아하는데… 왜 그러는 거야!

037 고양이는 환경 변화에 얼마나 약한가요? ···················· 59
038 자꾸 얼굴 위로 올라오는데… 지배하고 싶은 걸까요? ······ 60
039 사람의 아기는 고양이에게 어떤 존재인가요? ··············· 61
040 신발 냄새를 맡더니 입을 벌린 채 이상한 표정을 지었어요 ······· 62
041 고양이들이 꺼려하는 타입의 사람이 따로 있나요? ········· 63
042 부르면 무시하다가도 식사 때는 칼 같이 다가와요! ········ 65
043 고양이가 뚫어지게 쳐다보는 이유는 무엇인가요? ·········· 66
044 봉제인형한테 덤벼드는데 왜 그러는 거예요? ··············· 67
045 집사의 얼굴을 몰라보기도 하나요? ·························· 68
046 왜 같이 잠을 자지 않을까요? ································· 69
047 아기고양이가 자꾸 살살 깨물어요 ··························· 70
048 깨물지 못하게 하려면 어떻게 해야 하나요? ················ 71
049 진심으로 세게 깨물렸어요! 소독하면 괜찮을까요? ········· 72
050 자꾸 자기 발을 입에 넣으려고 해요 ························· 73
051 안아주려고 하니까 싫어해요 ·································· 74
052 밖에서 새나 벌레 같은 사냥감을 가져오는 이유는 뭔가요? ······· 75
053 고양이가 흥분했어요! 어떡하죠? ····························· 76

2 음식, 물, 화장실이 가장 중요해요

식사 어떤 사료가 좋을까요

054 원하는 대로 사료를 주면 안 되겠죠? ····· 80
055 사료의 종류가 너무 많아서 고르기가 어려워요 ····· 81
056 아기고양이용, 성장기용 사료는 뭐가 다른가요? ····· 82
057 사료를 고를 때 주의할 점이 있나요? ····· 83
058 한 끼 식사량의 기준을 알고 싶어요! ····· 84
059 사료 분량, 눈대중으로 대략 줘도 될까요? ····· 85
060 건식 사료와 습식 사료의 차이를 알려주세요 ····· 86
061 건식 사료와 습식 사료 중 무엇을 더 좋아하나요? ····· 87
062 고양이는 어떤 맛을 좋아하나요? ····· 88
063 음식에 대한 기호는 어떻게 정해지나요? ····· 89
064 늘 똑같은 사료를 주면 물리지 않을까요? ····· 90
065 사료를 올바르게 보관하는 방법을 알고 싶어요 ····· 91
066 요즘 입맛이 없어 보여요 ····· 92
067 식욕 부진을 개선하는 방법이 있나요? ····· 93
068 하루 간식은 어느 정도가 적정한가요? ····· 94
069 간식으로 식사를 대신하면 안 되나요? ····· 95
070 간식 시간을 정해서 주는 게 좋을까요? ····· 96
071 고양이 식사를 직접 만들 수 있나요? ····· 97
072 수제 식사를 준비할 때 주의할 점은 무엇인가요? ····· 98
073 고양이가 먹으면 안 되는 식재료는 뭐가 있나요? ····· 99
074 치약에 맹렬하게 흥미를 보여요! ····· 100
075 왜 그렇게 캣그라스를 좋아하나요? ····· 101
076 고양이에게도 질병 치료를 위한 환자식이 있다는 게 사실인가요? ·· 102
077 식기는 어떤 타입이 괜찮을까요? ····· 102

물 물을 잘 안 마시는 고양이를 위한 배려

- 078 물을 잘 마시지 않으려고 하는 이유는 무엇인가요? ⋯⋯⋯⋯⋯ 104
- 079 하루 음수량은 어느 정도가 적정한가요? ⋯⋯⋯⋯⋯⋯⋯⋯ 105
- 080 물을 줄 때 주의할 점이 있나요? ⋯⋯⋯⋯⋯⋯⋯⋯⋯⋯⋯ 106
- 081 왜 굳이 수도꼭지에 흐르는 물을 마실까요? ⋯⋯⋯⋯⋯⋯⋯ 107
- 082 물그릇은 어디에 두면 좋을까요? ⋯⋯⋯⋯⋯⋯⋯⋯⋯⋯⋯ 109
- 083 최근 들어 물을 잘 마시지 않는 것 같아요 ⋯⋯⋯⋯⋯⋯⋯⋯ 110
- 084 물을 많이 마시면 안심해도 될까요? ⋯⋯⋯⋯⋯⋯⋯⋯⋯⋯ 111

화장실 이상적인 화장실을 찾아서

- 085 화장실을 기억하게 하려면 어떻게 해야 하나요? ⋯⋯⋯⋯⋯ 112
- 086 대소변은 하루에 몇 차례 보는 게 적당한가요? ⋯⋯⋯⋯⋯⋯ 113
- 087 고양이에게 이상적인 화장실은 어떤 건가요? ⋯⋯⋯⋯⋯⋯⋯ 114
- 088 화장실 모래는 얼마나 넣어야 하나요? ⋯⋯⋯⋯⋯⋯⋯⋯⋯ 115
- 089 배변 실수를 했어요! ⋯⋯⋯⋯⋯⋯⋯⋯⋯⋯⋯⋯⋯⋯⋯⋯ 116
- 090 노령묘가 되자 배변 실수를 하는 이유는 무엇일까요? ⋯⋯⋯ 117
- 091 개와 비교해서 고양이의 대변이 더 단단한 편인가요? ⋯⋯⋯ 118
- 092 오줌 냄새가 왜 이렇게 지독하죠? ⋯⋯⋯⋯⋯⋯⋯⋯⋯⋯⋯ 119
- 093 고양이도 항문낭이 막히나요? ⋯⋯⋯⋯⋯⋯⋯⋯⋯⋯⋯⋯ 120
- 094 항문낭은 어떻게 짜야 해요? ⋯⋯⋯⋯⋯⋯⋯⋯⋯⋯⋯⋯⋯ 121

3 귀엽고 신비로운 고양이의 생태가 궁금해요

생태 붙임성 없는 성격도 싫지 않아요

- 095 쓰다듬기만 해도 위안이 돼요 왜 이렇게 편안해지는 걸까요? … 124
- 096 가족 구성원 간의 다툼이 고양이에게 스트레스가 될까요? …… 125
- 097 사람을 잘 따르는 아이가 있는가 하면 그렇지 않은 아이도 있는 이유는 뭘까요? ……………………………………………… 126
- 098 중성화하면 수컷끼리 사이좋게 지낸다는데 정말인가요? …… 127
- 099 동거묘 사이에 서열이 있나요? ………………………… 128
- 100 털색과 무늬에 따라 성격이 다른가요? …………………… 130
- 101 목덜미를 잡으면 얌전해지는 이유는 무엇인가요? ………… 131
- 102 얼굴에 상처가 있는 고양이라니 박력이 느껴져요! ………… 132

생태 고양이의 신체 기능은 이토록 대단해요

- 103 고양이는 왜 목욕을 싫어하나요? …………………………… 134
- 104 긴 수염이 거추장스럽지 않나요? …………………………… 135
- 105 골골 소리는 왜 내는 건가요? ………………………………… 136
- 106 고양이는 자신이 겪은 일을 잘 기억하나요? ………………… 137

생태 고양이와 지내는 생활은 건강에도 좋아요

- 107 어린 자녀와 함께 키워도 괜찮은가요? ……………………… 138
- 108 심리 치료의 효과도 있다는 게 사실인가요? ………………… 139
- 109 나이가 많은데 고양이를 맞이해도 될까요? ………………… 140

4 고양이와 함께 살고 싶어요

입양 고양이는 어디서 어떻게 입양하나요

- 110 나의 반려묘, 어떻게 만날 수 있을까요? ·············· 144
- 111 고양이 보호 활동에 대해서 알고 싶어요 ·············· 145
- 112 60세가 넘은 노후에 고양이와 살고 싶어지면 어쩌죠? ·········· 146
- 113 고양이 혼자 남겨두게 될까 봐 걱정돼요 ·············· 147
- 114 아기고양이가 얼마나 자랄지 알 수 있나요? ············ 148
- 115 끝까지 길들여지지 않을 수도 있나요? ·············· 149
- 116 두 마리 이상 키울 때 주의해야 할 점은 무엇인가요? ········· 150
- 117 먼저 살던 고양이와 신입 고양이가 사이좋게 지내려면 어떻게 해야 할까요? ························ 151
- 118 두 아이를 동시에 키우기는 힘든가요? ·············· 152
- 119 고양이에게도 룸메이트가 있는 편이 나은가요? ·········· 153

입양 백신 접종과 중성화 수술이 궁금해요

- 120 백신 접종에 대해서 알고 싶어요 ················ 154
- 121 백신은 언제 맞으면 되나요? ·················· 155
- 122 백신 부작용은 없나요? ···················· 156
- 123 중성화 수술에 대해서 알고 싶어요 ··············· 158
- 124 중성화 수술은 언제 해야 하나요? ··············· 159
- 125 중성화 수술을 하면 성격에도 변화가 생기나요? ········· 160

5 스트레스 없이 지내는 게 중요해요

생활 어떻게 관리하느냐에 따라 수명도 늘어나요

- 126 어디를 만져주면 좋아하나요? ········· 164
- 127 고양이 마사지에 요령이 있나요? ········· 165
- 128 발톱을 잘 못 깎겠어요 ········· 166
- 129 발톱 깎을 때 주의할 점은 무엇인가요? ········· 167
- 130 양치질은 꼭 필요한가요? ········· 168
- 131 구강 건강은 어떻게 확인하나요? ········· 169
- 132 고양이가 질색해서 양치질을 잘 못하겠어요 ········· 170
- 133 치아 양쪽의 치석 상태가 다른 것 같아요 ········· 172
- 134 치석은 꼭 동물병원에서 제거해야 하나요? ········· 173
- 135 고양이는 목욕시키는 게 좋을까요? ········· 174
- 136 고양이에게 부담을 주지 않는 목욕 방법은 뭘까요? ········· 175
- 137 목욕 외에 고양이의 몸을 깨끗하게 하는 방법이 있나요? ········· 176
- 138 추운 겨울에 목욕시키는 건 좀 불안한가요? ········· 178
- 139 잊고 넘어가기 쉬운 관리는 뭐가 있을까요? ········· 179

생활 실내 환경은 고양이 우선주의로

- 140 고양이가 지내기 좋은 공간이란? ········· 180
- 141 방 구조를 바꿀 때 주의할 점이 있나요? ········· 182
- 142 집에 여러 손님이 올 때 주의할 점은 무엇인가요? ········· 183
- 143 고양이가 텔레비전만 봐요 ········· 184

사계절 너무 덥거나 너무 추워도 지내기 어려워요

- **144** 더운 날, 열사병에 걸리지 않을까 걱정이 돼요 …………… 186
- **145** 열사병 예방 대책으로 보냉제를 써도 될까요? ………… 187
- **146** 탈수증은 어떤 위험이 있나요? …………………………… 188
- **147** 고양이는 에어컨을 싫어한다고 하던데… ……………… 189
- **148** 여름에 고양이를 두고 집을 비울 때 무엇을 주의해야 하나요? … 190
- **149** 고양이에게도 자외선 차단 대책이 필요한가요? ……… 191
- **150** 겨울을 날 때 주의할 점이 있다면 알려주세요 ………… 192
- **151** 기본 난방만으로는 춥지 않을까요? …………………… 193
- **152** 선조가 사막 출신이지만 건조한 공기는 싫어한다고요? ……… 194
- **153** 고양이도 장마철에 불쾌지수가 올라가나요? ………… 195
- **154** 컨디션이 나빠 보이는데 일단 상태를 지켜보는 편이 나을까요? … 196
- **155** 악천후 때문에 고양이가 겁을 먹었어요! 어떻게 해야 하죠? … 197

위험 집 안의 위험한 요소

- **156** 바퀴벌레를 잡아서 논다는 게 사실인가요? …………… 198
- **157** 자칫 잘못해서 살충제를 먹지 않을까 걱정돼요 ……… 199
- **158** 고양이가 잘못 삼키기 쉬운 물건은 뭐가 있나요? …… 200
- **159** 집 안에서 고양이에게 위험한 물건은 또 뭐가 있나요? ……… 201
- **160** 모래나 흙을 핥아먹는 것 같아요 ………………………… 202
- **161** 스웨터에 비정상적인 애착을 보이는 이유는 무엇인가요? …… 203
- **162** 사람이 먹는 약은 고양이에게 어떻게 작용하나요? …… 204
- **163** 설마 세제를 핥아먹지는 않겠지요? …………………… 205
- **164** 피해야 하는 식물은 어떤 것이 있나요? ………………… 206
- **165** 개다래 외에 어떤 식물을 좋아하나요? ………………… 207
- **166** 귤 향기를 왜 싫어할까요? ………………………………… 208
- **167** 아로마 오일은 영 안 좋나요? …………………………… 209

해충 | 벼룩·진드기 대책을 마련하는 봄

168 벼룩, 진드기 구제는 언제 시작하면 좋을까요? ················ 210
169 어떤 타입의 구충제가 좋을까요? ································· 211
170 실내에서만 키우는데 벼룩, 진드기 구제가 필요하나요? ········ 212
171 벼룩, 진드기 대책을 마련할 때 주의할 점은 무엇인가요? ······· 213
172 고양이도 사상충증에 걸리나요? ·································· 214
173 사람이 고양이로부터 옮는 병이 있나요? ························· 215

수면 | 숙면하지 않고 오래 자는 게 고양이예요

174 항상 자고 있는 거 같아요 ··· 216
175 고양이의 심박수는 의외로 빠르네요 ····························· 217

외출 | 고양이의 외출에 대비해요

176 고양이도 산책하는 게 좋은가요? ································· 218
177 산책할 때는 무엇을 주의해야 하나요? ·························· 219
178 산책 후에는 일단 발바닥만 닦으면 되나요? ···················· 220
179 고양이도 차멀미를 하나요? ······································· 221
180 실내에서만 키우는데 이동장이 필요한가요? ··················· 222
181 고양이가 이동장에 들어가지 않아요! ···························· 223

돌발상황 | 이럴 때 어떻게 해야 하나요

182 비상시를 대비해 훈련해두면 좋은 게 있을까요? ················ 224
183 진입 금지 장소에 들어가려고 해요! ······························ 225
184 재해를 대비해서 할 수 있는 것은 뭐가 있을까요? ·············· 226
185 미지의 바이러스가 유행한다면… ································ 227
186 고양이 알레르기가 생기는 원인은 뭔가요? ····················· 228

187	고양이 알레르기가 있어도 고양이를 키울 수 있나요?	229
188	고양이를 맡길 때 주의할 점은 무엇인가요?	230
189	고양이가 밖에 나가고 싶어 하는데 어떻게 해야 하나요?	231
190	고양이가 달아나 버렸어요!	232
191	고양이를 찾을 때의 포인트를 알려주세요!	233
192	마이크로칩을 도입하는 편이 낫나요?	234
193	그런데 정말 제대로 찾을 수 있을까요	235

건강 이상 신호를 놓치지 마세요

건강 컨디션이 안 좋은 걸까요

194	고양이의 건강 이상은 왜 알아채기 어려울까요?	238
195	최근 들어 털이 뻣뻣해진 것 같아요	241
196	몸을 쓰다듬는데 멍울이 만져졌어요!	242
197	멍울을 만져도 아파하지 않으니 괜찮지 않을까요?	243
198	병원에서는 어떤 치료를 하는 건가요?	244
199	코를 골며 잠을 자는데 괜찮나요?	245
200	눈에 눈물이 고이는 건 왜 그런 건가요?	246
201	사람용 안약을 넣어도 되나요?	247
202	눈곱이 까매요	248
203	눈 건강을 집에서 체크할 수 있나요?	249
204	눈이 잘 보이는지 걱정되기 시작했어요	250
205	고양이는 어디까지 볼 수 있나요?	252
206	눈 앞머리에 하얀 막 같은 게 나왔는데 괜찮나요?	253
207	코가 말랐는데 아픈 걸까요?	254
208	재채기를 했는데 문제없나요?	255

209	침이 끈적끈적한데 괜찮나요?	256
210	구내염이 있으면 또 어떤 증상을 보이나요?	257
211	핥은 곳에서 이상한 냄새가 나요	258
212	집에서 할 수 있는 구내염 치료는 무엇이 있나요?	259
213	고양이도 이갈이를 하겠죠?	260
214	고양이에게는 송곳니가 제일 중요한가요?	261
215	발치하지 않고 치료하는 방법은 없나요?	262
216	치아가 갈색으로 변했어요	263
217	귀밑을 자꾸 긁는 행동은 문제가 없나요?	264
218	고양이의 귀 질환, 어떻게 주의해야 할까요?	265
219	입을 벌리고 '하아하아' 호흡하는데 아픈 걸까요?	266
220	겨울이 되면 재채기나 기침을 해요	267
221	초봄에 재채기 연발! 혹시 꽃가루 알레르기?	268
222	고양이도 음식 알레르기가 있어요?	269
223	캣 타워에 올라가지 않는 이유는 무엇일까요?	270
224	올라갈 수 있게 도와주는 게 좋은가요?	271
225	다리를 약간 저는 것 같아요	272
226	콧등에 붉게 부어오른 습진 같은 게 생겼어요!	273

건강 병에 걸렸으면 어쩌죠

227	소변 색이 진한데 어디가 아픈 걸까요?	274
228	소변을 보는 횟수가 늘었어요	275
229	간단한 채뇨 방법을 알려주세요	276
230	고양이 품종에 따라 주의해야 할 병이 있나요?	278
231	화상을 입었어요!	279
232	우유를 줬더니 배탈이 났어요	280
233	설사를 한다면, 변비가 생길 수도 있는 건가요?	281
234	건강한 대변이란 어떤 건가요?	282
235	대변에 벌레가 있어요!	283

236	많이 토했는데 괜찮을까요?	284
237	늘 토하고 싶어 하는데 어디가 아픈 건 아닐까요?	285
238	병원에 가야 할 만큼 심각한 구토 증상은 어떤 건가요?	286
239	턱 밑에 까만 여드름이 생겼어요	287
240	큰일이에요 코피가 났어요!	288
241	산책하다가 다른 고양이에게 물렸어요!	289
242	누가 설사하고 토했는지 모르겠어요!	290

병원 슬기로운 병원 치료

243	어떨 때 병원에 가야 할까요?	292
244	우리 고양이만 병원을 싫어하는 건 아니겠죠?	293
245	병원을 방문했을 때 증상을 잘 설명하는 포인트가 있어요?	294
246	가능하면 마취시키고 싶지 않은데…	296
247	매일 병원 면회를 가는 게 혹시 민폐는 아닌가요?	297
248	약을 잘 먹게 만드는 방법이 있나요?	298
249	약과 함께 물을 먹이는 요령이 있나요?	299
250	항생제는 꼭 필요한가요?	300

7 대표적인 현대병, 비만과 우울증으로 고양이도 괴로워요

비만 현대 고양이에게도 다이어트는 필수

251	고양이의 적정 체중을 알고 싶어요	304
252	살찌면 병에 걸리기도 쉬운가요?	305
253	우리 고양이는 마른 걸까요, 뚱뚱한 걸까요?	306

254	살이 찌더니 피부가 거칠어진 것 같아요	307
255	고양이의 다이어트 방법을 알려주세요	308
256	체중을 감량하기 좋은 계절이 있어요?	309
257	다이어트 중에 간식을 줘도 되나요?	310
258	이상적인 체중 감량 속도는 어느 정도인가요?	311
259	다이어트 중에 고양이가 밥을 안 먹게 돼 버렸어요	312
260	식욕 부진이 얼마나 지속되면 위험한 건가요?	313

우울증 제멋대로 행동하는 것처럼 보여도 실제로는 섬세해요

261	고양이도 우울증에 걸린다는 게 정말이에요?	314
262	기력이 없는데 이유를 모르겠어요	315
263	놀라거나 동요했을 때도 그루밍을 한다고요?	316
264	탈모가 생길 때까지 그루밍을 하는 이유는 무엇일까요?	317

8 고양이 사회에도 고령화가 찾아왔어요

고령화 나이 든 고양이의 몸과 마음

265	장수하는 고양이의 건강 비결은 무엇인가요?	320
266	고양이의 평균 수명이 늘어난 원인은 무엇인가요?	322
267	세계에서 가장 오래 산 고양이는 몇 년을 살았을까요?	323
268	고양이의 입 주변에 흰 털이 섞여서 났어요…	324
269	고양이의 노화는 어디를 보면 알 수 있나요?	325

고령화 세심한 돌봄이 필요해요

- **270** 노령묘를 위해서 할 수 있는 일은 뭐가 있을까요? 326
- **271** 노령묘의 식사에서 주의할 점은 무엇인가요? 327
- **272** 이대로 누워만 있게 되는 건 아닌지 걱정돼요 328
- **273** 욕창이 생겨 버렸어요! 329
- **274** 고양이도 치매에 걸린다는 게 정말인가요? 330
- **275** 인지기능장애증후군을 치료하는 방법이 있나요? 331

9 고양이를 위한 삶의 질을 생각합니다

일생 고양이에게 발병하는 중대 질환과 치료

- **276** 고양이에게 발병하기 쉬운 중대 질환은 무엇인가요? 334
- **277** 약을 먹이는 게 별로 내키지 않아요 336
- **278** 암을 예방하는 생활 습관이 있나요? 337
- **279** 고양이의 유방암이 쉽게 악화되는 이유는 뭔가요? 338
- **280** 아주 작은 멍울이라면 상태를 지켜봐도 될까요? 339

일생 삶의 질을 지켜주세요

- **281** 언제 수술하면 좋을까요? 340
- **282** 치료 방법이 망설여질 때 어떻게 해야 할까요? 341
- **283** 통원하며 치료할 수는 없나요? 342
- **284** 더 이상 치료로 나을 가망이 없다고 선고받으면… 343
- **285** 고양이의 행복을 위한 선택은 무엇일까요? 344

고양이에게 주로 발병하는 질환 일람 346

1장

고양이의 마음을 좀 더 자세히 알고 싶어요

- 너희들의 그런 점을 알다가도 모르겠어
- 이렇게나 좋아하는데… 왜 그러는 거야!

고양이의 마음 001  왜 이렇게 열심히 그루밍하는 건가요?

일단 냄새를 남기고 싶지 않아!
사냥을 하던 야생 시절의 습성이기도 합니다

고양이는 깨어 있는 시간의 절반가량을 그루밍에 쓴다고 합니다. 깔끔함을 좋아하는 고양이는 냄새에도 민감해요. 온몸을 구석구석 혀로 핥아 냄새를 없앱니다.

고양이는 본디 사냥으로 먹이를 확보하며 생존해온 육식 동물입니다. 그래서 자신의 냄새를 최대한 가릴 필요가 있었죠. 자신의 냄새를 사냥감이 알아채고 도망가면 허탕을 치고 굶을 수밖에 없었으니까요. 뿐만 아니라 자신의 냄새가 강하면 먹잇감을 탐지하는 데 방해가 되어 사냥감을 쫓기도 어려워집니다.

실내에서 기르는 고양이가 실제 사냥을 하진 않지만, 그와 같은 야생의 습성은 남아 있습니다. 고양이에게 몸에 냄새가 밴 감각은 더러워진 옷을 입은 상황과 비슷해요. '지저분해', '빨리 씻어야 해'라는 마음으로 열심히 그루밍을 하는 거예요.

마음 너희들의 그런 점을 알다가도 모르겠어

고양이의 마음
002

핥아주는 게
애정의 표현 맞나요?

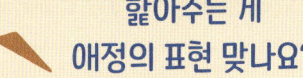

그루밍은 애정 표현!
고양이가 핥아주면 다정하게 쓰다듬어 주세요

고양이에게 그루밍은 애정 표현이기도 합니다. 고양이끼리 서로를 핥아주는 모습을 본 적 있을 거예요. 유심히 관찰해보면 스스로는 닿지 못하는 머리나 목 뒤를 핥아줍니다. 그렇게 '사이좋게 지내자'라고 마음을 전합니다.

보호자에게도 똑같이 핥을 때가 있어요. 이런 행동은 '당신을 믿고 있어'라는 마음을 표현하는 것이니 답례로 부드럽게 쓰다듬어 주세요.

고양이끼리 싸우다가도 갑자기 한쪽이 상대편의 털을 열심히 핥기 시작하는 경우가 있는데요. 그건 화해를 신청한다는 의미예요. 그럼에도 상대가 마음을 풀지 않을 때는 싸움이 재개되죠. 반대로 사이좋게 그루밍을 해주다가 상대가 싫어하는 곳을 집요하게 핥는 바람에 싸움이 붙기도 해요.

마음

너희들의 그런 점을 알다가도 모르겠어

고양이의 마음 003

시크하고 쌀쌀맞은 아이도 언젠가는 다정하게 다가올까요?

자신이 좋을 때만 다가오는 게 고양이의 매력! 어리광을 기대하지 마세요

고양이만의 독특한 매력 중 하나로 '변덕스러운 성격'을 꼽을 수 있을 거예요. 갑자기 어리광을 부리나 싶더니 금세 다른 곳으로 휙 가버리거나 이름을 부르면 힐끗 쳐다보기만 할 뿐 알면서도 모르는 척 하는 새침한 면이 많지요.

이렇게 도도한 성격의 고양이라도 사람이 꾸준히 접촉하면 붙임성 있는 성격이 될까요? 그건 어렵습니다. 고양이의 사회성은 아빠 고양이에게서 물려받은 유전적인 요인과 관계가 깊으며, 사회성을 습득하는 생후 2~9주까지의 '사회화 시기'에 사람과 얼마나 많이, 어떻게 접촉하느냐가 영향을 미칩니다.

사실 고양이의 어리광이 심하면 오히려 문제가 될 수 있어요. 보호자가 과도하게 애정을 쏟고 응석을 받아주면, '좀 더 놀아줘, 내 말을 들어줘'라는 취지로 문제행동을 보이는 빈도가 잦아집니다.

새침하고 도도하게 굴다가 자신이 내킬 때 곁에 다가와 집사의 손길을 허락해주는 점이 독립적인 성향의 고양이가 지닌 장점이자 매력이기도 해요. 아쉽더라도 어리광이나 애교를 기대하지 않는 편이 반려묘와의 좋은 관계를 쌓는 데 도움이 될 거예요.

마음 — 너희들의 그런 점을 알다가도 모르겠어

고양이의 마음 004 — 뜬금없이 무릎 위에 올라오는 건 어떤 의미예요?

'놀아 줘'라는 어필! 집사를 신뢰한다는 증거이기도 해요

앉아서 편히 쉬고 있는데 고양이가 뜬금없이 무릎 위에 올라왔다! 애묘인이라면 누구나 한 번쯤 기대하는 상황이지요.

그 상태로 고양이가 무릎 위에서 잠이라도 든다면 '아, 꼼짝도 못 해서 다리에 쥐가 날 거 같아. 하지만 이 행복도 계속됐으면 좋겠어……'라며 기분 좋은 비명을 지를 거예요. 고양이가 무릎 위에 올라오는 것은 놀아 달라는 어필인 동시에 보호자인 당신을 믿는다는 의미이기도 합니다.

물론 무릎 위에 올라오지 않는다고 해서 슬퍼하지 마세요. 애정을 표현하는 방법은 고양이마다 제각각이에요. 무릎 위에 올라오지 않아도 집사 옆에 앉아서 몸 어딘가를 딱 붙이고 쉬는 것 역시 '당신을 믿어요', '마음이 놓여요'라는 메시지예요.

아무튼 좋아하는 집사의 냄새가 나면서 따뜻하고 부드러운 무릎 위는 고양이에게 최고의 휴식 공간임이 분명합니다.

마음 — 너희들의 그런 점을 알다가도 모르겠어

고양이의 마음 005 왜 저기에서 스크래칭을 하는 걸까요?

그 장소가 마음에 안 들기 때문! 이럴 땐 비책이 있어요

벽이나 가구, 소파 등 집사 입장에서는 제발 하지 말았으면 하는 곳에 고양이가 발톱을 갈아버릴 때가 있죠. 여기에는 이유가 있습니다. 스크래칭을 하는 곳의 환경이 마음에 들지 않기 때문이에요. 말리거나 혼내도 소용 없어요.

이런 행동을 줄이기 위해서는 우선 스크래처와 설치 장소를 고양이의 취향에 맞추는 것이 필요해요. 스크래처 종류는 무척 다양합니다. 골판지 상자, 카펫, 나무, 마 등의 소재가 있으며 세워서 긁는 타입과 바닥에 놓고 긁는 타입이 있습니다. 반려묘가 좋아하는 타입을 파악해서 준비합니다.

지금까지 사용해 온 스크래처에 고양이가 좋아하는 개다래 가루나 캣닢(개박하, 고양이가 좋아하는 향이 나는 허브)을 뿌리는 방법도 추천합니다. 손상되지 않았으면 하는 벽이나 가구, 소파에 스크래처를 붙이면 그곳에 스크래칭하게 되므로 의외로 주변 가구의 손상을 막을 수 있습니다.

어쨌든 적절한 장소에서 스크래칭을 하게 된다면 듬뿍 칭찬해 주세요.

마음 — 너희들의 그런 점을 알다가도 모르겠어

고양이의 마음

006 스크래칭은 왜 하는 거예요?

묵은 각질을 벗기기 위함이에요
페로몬을 문질러 바르는 의미도 있어요

고양이가 스크래칭하는 이유를 아시나요? 이유는 두 가지인데요. 첫 번째는 발톱을 늘 날카로운 상태로 유지하기 위함이에요. 고양이의 발톱은 양파 같은 층 구조로 이루어져 있는데 스크래칭을 해서 안쪽(발바닥 쪽)의 오래된 층을 긁어 없애 새 발톱을 노출시킵니다.

두 번째 이유는 마킹하기 위함이에요. 고양이의 발볼록살에는 피지막이 있는데 거기서 페로몬이 분비됩니다. 스크래칭으로 그 냄새를 묻혀서 여긴 자신의 영역임을 어필하지요.

앞에서 설명했듯이 육식 동물인 고양이에게 발톱은 매우 중요한 사냥 도구입니다. 평소 잘 관리해두어야 하죠. 실내에서 생활하는 요즘 고양이라 해도 스크래칭하는 습성은 여전히 이어지고 있어요.

마음 너희들의 그런 점을 알다가도 모르겠어

고양이의 마음 007

골판지 상자만 보면 들어가는 이유는 뭘까요?

좁고 어둑어둑한 장소가 최고로 좋아!
몸에 딱 맞을수록 편안함과 안전함을 느낍니다

고양이는 골판지 상자나 바구니, 세탁조 등 좁은 공간만 있으면 신나서 들어가려고 하지요. 좁고 어둑어둑한 장소를 고양이가 좋아하는 데는 야생 시절의 본능이 큰 영향을 끼쳤다고 알려져 있습니다.

이런 장소는 적에게 들킬 염려 없이 안심하고 지낼 수 있는 은신처로 제격이거든요. 또 포획한 먹잇감을 다른 동물에게 빼앗기지 않으려고 은신처에 가져와 먹던 습성에서 비롯되었다는 분석도 있습니다. 게다가 몸에 빈틈없이 딱 밀착되는 크기일수록 더 좋아하는 모양이에요.

> **마음** — 너희들의 그런 점을 알다가도 모르겠어

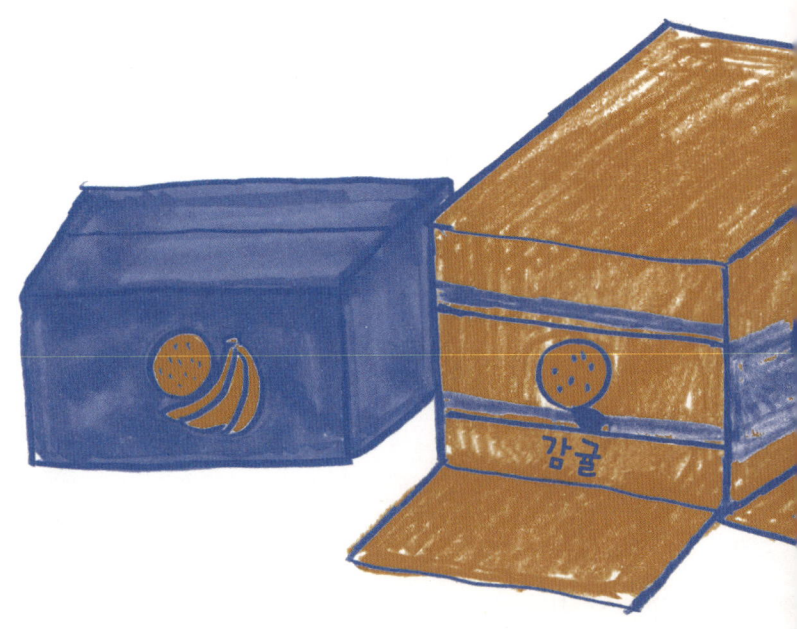

얼마 전에도 "우리집 아이가 쑥쑥 커서 아늑해 보이는 침대를 새로 맞춰줬는데 여전히 좁고 딱딱한 골판지 상자 안에서 잠을 자요."라며 하소연하는 보호자를 만났습니다. 이런 일이 종종 있는데 침대든 장난감이든 고양이는 새로운 것을 경계해요. 자신의 냄새가 묻어 있지 않다는 것도 경계하는 이유일 거예요.

새 침대는 어둡고 좁은 장소에 놓고 반려묘가 평소 쓰던 담요나 수건을 함께 넣어주세요. 무엇보다 고양이는 못 말리는 변덕쟁이입니다. 잊어버릴 무렵 문득 생각나서 들여다보면 새 침대에서 느긋하게 잠을 자고 있을지도 모르겠어요.

고양이의 마음 008 — 높은 곳을 왜 그렇게 좋아할까요?

적에게 들키지 않고 사냥감을 탐색할 수 있다! 무엇보다 마음이 안정되는 장소입니다

고양이는 좁고 어두운 장소만큼이나 높은 곳도 좋아합니다. 이유도 같아요. 야생 시절의 본능이 영향을 미쳐서랍니다. 외부의 적에게 들키지 않고 주위를 멀리 살필 수 있어서 사냥감을 찾기 쉽다는 장점이 있어요. 실내에 사는 고양이도 높은 곳에 자리를 잡고 집사가 생활하는 모습을 마치 감독하듯이 관찰하는 것을 좋아합니다.

  새로 맞이한 고양이가 어디 다친 것도 아닌데 높은 곳에 올라가기를 꺼리고, 좁고 어두컴컴한 장소만 선호한다면 야외에서 생활한 경험이 있을지도 모릅니다. 요즘은 특히 도심을 중심으로 고양이가 지내기 좋은 높은 장소를 찾아보기 힘들어요. 그래서 지상에서 생활하면서 위협적으로 오가는 자동차에 겁을 먹는 등 여러 가지 무서운 경험을 했을 것으로 추측할 수 있습니다.

  물론 이런 성향이 있는 아이라도 어느 정도 시간이 지나면 높은 곳에 올라갑니다. 이는 고양이가 가진 본연의 성질을 회복한 것으로 '이제는 마음이 놓여'라는 신호로 이해할 수 있어요.

> **마음** — 너희들의 그런 점을 알다가도 모르겠어

고양이의 마음 009 — 올라는 갔는데 왜 내려오지는 못할까요?

본능대로 위를 향했더니 너무 높이 올라왔어! 조금은 코믹한 이유입니다

때때로 높은 곳에 올라가서 내려오지 못하는 웃기면서도 안타까운 고양이의 사연을 들을 수 있습니다. 올라갈 수는 있는데 내려오지 못한다니 재밌기도 하고 의아하죠.

고양이는 높은 곳일수록 안심하기 때문에 본능대로 위를 향합니다. 하지만 사람처럼 뒤로 돌아서서, 즉 뒷다리부터 내려오지 못해요. 그래서 점프해 내려올 수밖에 없는데 막상 아래를 보면 '큰일 났네! 너무 높이 올라왔어!' 같은 난감한 상황에 처하는 것이죠.

뒷다리부터 내려오지 못하는 이유는 발톱 구조 때문이에요. 발톱이 활처럼 굽어 있어 아래쪽에서 위로 오를 때는 발톱을 박으며 잘 올라가지만, 반대로 움직일 때는 힘이 잘 들어가지 않아서 내려가는 게 쉽지 않습니다.

> 마음 — 너희들의 그런 점을 알다가도 모르겠어

고양이의 마음
010

고양이에게 자기 영역은
왜 중요한가요?

적의 위협 없이 쉴 수 있는 공간이니까요
고양이의 영역은 두 종류가 있어요

마음
너희들의 그런 점을 알다가도 모르겠어

고양이는 무리가 아닌 단독으로 살아가는 동물입니다. 그런 고양이에게 자신의 영역이란 적 없이 안심할 수 있는 공간이에요. 그런 영역을 침범하는 존재에게는 아무래도 예민해지기 마련입니다.

고양이의 영역은 두 종류로 나눌 수 있습니다. 하나는 수면과 식사, 배설 등 생활의 중심이 되는 '홈 영역', 또 하나는 그보다 조금 넓은 범위에서 사냥을 하는 '헌팅 영역'입니다.

야생 고양이는 홈 영역권에 같은 고양잇과의 동물을 받아들이지 않지만, 헌팅 영역권은 안면이 있는 고양이와 공유하기도 해요. 그렇다고 해도 사이좋게 시끌벅적 지내는 것이 아니라 '서로 최대한 부딪치지 않도록 하자'와 같은 태도를 취합니다.

그곳에서 지내는 고양이들은 다음과 같은 방식으로 좋지도 나쁘지도 않은 관계를 유지하며 영역을 공유합니다.

- 같은 장소는 사용 시간을 서로 양보한다.
- 행동을 멀리서 바라본다.

이것이 가능한 이유는 소변 마킹(스프레이)을 통해 각 개체의 행동 패턴을 알 수 있기 때문이에요. 그럼에도 갑자기 마주친다면 어떨까요? 그때는 '눈을 맞추지 않고 모르는 척' 하는 것이 규칙인 듯해요.

마음

너희들의 그런 점을 알다가도 모르겠어

고양이의 마음 011

집고양이에게도 영역이 있나요?

어느 정도는 있어요
냄새를 맡아보고 위험이 없으면
자유롭게 드나들게 합니다

한편 반려생활을 하는 집고양이는 집 안이라는 한정된 공간에서 사람과 공생하는 방법을 이해합니다. 자신의 홈 영역에 들어온 상대는 냄새를 맡아서 위험이 없다고 판단하면 자신의 영역에 받아들입니다.

보호자를 비롯해 아기나 다른 고양이 등과 함께 새로운 생활을 시작할 때는 냄새에 익숙해지게 하는 것이 매우 중요합니다.

고양이의 마음

012

◤ 혹시 말을 알아듣나요? ◢

고양이도 자기 이름을 알아요
사람의 행동을 보고, 따라서 문을 열기도 해요

"우리 고양이는 말을 잘해요."라고 자랑스레 말하는 보호자가 종종 있습니다. 고양이는 자신의 이름을 인식한다는 사실이 2019년 일본 대학교의 연구※로 보고되기도 했어요.

그런데 실제로는 더 많은 것을 이해할 수 있어요. 다묘 가정의 보호자에게 이런 이야기를 들은 적이 있습니다.

"병원에 전화 예약을 하면서 오늘은 '코코'를 진찰해 달라고 말했더니 코코만 도망쳐서 숨어버렸지 뭐예요."

이 행동은 '집사가 전화할 때 자신의 이름을 부른다 = 병원에 간다'로 고양이가 인식했음을 짐작할 수 있습니다.

고양이의 뇌는 지각과 사고, 기억 등을 주관하는 대뇌피질의 비중이 크고 지능도 높다고 알려져 있습니다. 흉내 내는 것에도 능숙해서 사람의 동작을 유심히 관찰한

마음 너희들의 그런 점을 알다가도 모르겠어

코코야!

다음 손의 움직임을 따라해 문 손잡이를 움직여 닫힌 문을 열기도 해요.

하지만 반려견이 보호자의 신호나 부름에 적극적으로 반응하려는 것과 달리, 반려묘는 모든 것을 이해하고도 굳이 응하지 않는 건지도 모르겠어요. '알고는 있지만 지금은 그럴 기분이 아니야~' 하는 상태라고나 할까요?

※ 일본 조치대학교 종합사람과학부 심리학과 사이토 아쓰코 부교수 연구팀의 연구 결과에 따름.

여성을 더 좋아해요
애정의 문제가 아니라 목소리가 원인이에요

결론부터 말하면 고양이가 암컷이든 수컷이든 관계없이, 남성보다 여성을 좋아하는 편입니다. 왜 그럴까요? 남성은 여성보다 고양이에 대한 애정이 부족해서일까요? 당연히 아니에요.

바로 목소리의 높낮이가 원인입니다. 높은 음을 더 잘 들을 수 있는 고양이는 상대적으로 낮은 남성의 목소리보다 여성의 목소리에 잘 반응합니다.

고양이가 돌아봐 주기를 바랄 때는 가급적 높은 목소리를 내려고 의식해보세요.

고양이의 마음

014   혼나도 반성하지 않는 거 같아요

모른 척하지만 제대로 이해하는 것도 있어요
주의를 받은 후의 행동을 주목해봅시다

말썽 피운 현장을 발견한 보호자가 "누가 이랬어!"라고 혼내면, 개는 애처로운 듯한 눈빛으로 보호자를 올려다봅니다. 무척 반성하는 것처럼 보이지요.

반면에 고양이의 반응은 사뭇 달라요. 아마 그 자리에서 휙 하니 도망치며 '나는 몰라~'라고 시치미를 떼는 것처럼 보일 거예요. 물론 그런 점도 고양이의 매력이기는 합니다만.

그럼 고양이는 전혀 반성하지 않는 걸까요? 그렇지는 않습니다. 그 후의 행동을 잘 봐주세요. 보호자에게 주의 받았던 행동을 하지 않는다면 반성하고 있는 거예요. '하면 안 된다'는 것을 학습하고 실행에 옮기는 것이 고양이의 반성 표현입니다.

마음   너희들의 그런 점을 알다가도 모르겠어

고양이의 마음
015 ◀ 고양이도 훈련시킬 수 있나요? ▶

개보다 인내가 필요하지만 '기다려' 정도는 OK! 성공하면 칭찬해 주세요

과연 고양이를 훈련시킬 수 있을까요? 꽤 어려운 문제예요. 혼내도 전혀 효과가 없으며, 물리적으로 벌하는 것은 역효과를 낳습니다.

반려묘가 하지 않았으면 하는 행동을 할 때는 '기다려'를 가르쳐 보세요. 예를 들어 식탁에 올라가는 행동을 막고 싶다면, 식탁에 올라오려는 고양이의 머리를 단단히 누르면서 낮은 톤의 짧고 단호한 어조로 '기다려', '안 돼'라고 말합니다. 낮은 목소리는 고양이에게 '평소와는 달라', '혼났다'라고 인식시키는 효과가 있어요.

"제멋대로 행동할 때 '안 돼!'라고 해봤지만 말을 듣질 않아요."라고 호소하는 보호자도 있는데 본인만의 생각일지 몰라요. 사실은 키우는 반려묘가 너무나도 귀여워서 진심으로 '안 돼'라고 말하지 못하는 것은 아닐까요? 고양이는 집사의 목소리에 담긴 '어쩔 수 없지~'라는 뉘앙스를 민감하게 알아챕니다.

고양이도 '안 돼', '기다려' 정도는 쉽게 기억합니다. 하지만 개와 달리 '주인님이 너무 좋아. 칭찬받고 싶으니까 기억해야지!'라는 기분이 들지 않을 뿐이에요.

명령을 지키면 칭찬해주세요. 간식을 주거나 쓰다듬어 주면 굉장히 좋아할 거예요.

▶ 마음

너희들의 그런 점을 알다가도 모르겠어

고양이의 마음 016

뭔가 하려고만 하면 방해하는 이유는 뭘까요?

'여기 좀 봐줘~'라는 신호!
어떻게 대처하느냐가 집사의 능력을 보여줍니다

읽으려고 펼쳐놓은 신문이나 잡지 위에 떡하니 자리 잡고 앉거나, 컴퓨터 작업을 하고 있으면 키보드를 마음대로 두드리거나……. 집사가 뭔가 일을 하려고만 하면 고양이가 방해하는 경우가 있지 않나요?

이런 행동은 고양이의 애정 요구로, 집사가 다른 일에 열중하는 것이 마음에 들지 않아서 '이쪽을 좀 더 봐줘!' 하며 주의를 끌려는 의사 표시입니다(하지만 기대에 부응해 관심을 보이면 바로 모른 척하는 것이 고양이님…이지요). 고양이는 때때로 이처럼 변덕스럽게 행동하며 집사의 애정을 요구합니다. 울음소리도 마찬가지예요.

이때 어떻게 대처하느냐가 집사의 능력을 보여줍니다. 모든 행동에 일일이 반응하고 이것저것 해주며 애정을 쏟는 것은 고양이에게 좋지 않아요. 요구하는 대로 뭐든 들어주는 것이 아니라, 융통성을 가지고 적절히 응대하면서 때로는 무시하거나 내버려 두는 것도 필요합니다.

> **마음**
> 너희들의 그런 점을 알다가도 모르겠어

고양이의 마음 017
응석을 있는 대로 받아주면 문제가 생긴다고요?

과도한 애정 표현은 자칫 문제행동을 유발해요
고양이의 건강도 해칩니다

고양이의 요구에 일일이 응해서는 안 되는 이유는, 마냥 하고 싶은 대로 하게 내버려 두면 추후 문제행동으로 이어질 확률이 높기 때문입니다.

울기, 할퀴기, 스크래칭, 씹기, 배설 등은 고양이의 본능에 따른 행동이지만 스트레스 등으로 더욱 과도해질 수 있어요. 큰 소리로 지나치게 울거나 강하게 할퀴거나 깨무는 행동 등이 그러한데, 이를 '문제행동'이라고 부릅니다. 이 문제행동을 일으키는 요인 중 하나가 애정 결핍에 의한 불안이에요.

예를 들어 고양이의 요구를 항상 들어주면서 애지중지하다 보면 고양이는 점점 더한 애정과 관심을 바라게 됩니다. 그리고 그게 충족되지 않으면 문제행동이 나타나요. 집사가 외출하려고 하면 옷을 발톱으로 붙잡거나 달라붙어서 떨어지지 않아요. 이는 분리불안에 의한 집착입니다. 심해지면 사람을 공격하기도 하고, 그루밍을 깔끔하게 하지 못하거나 혹은 과도하게 핥는 바람에 탈모가 생기는 등 건강에도 문제가 생길 수 있어요. 반려묘가 사랑스러운 마음에 뭐든 받아주고 반응하다 보면 더 큰 결핍을 초래할 수도 있다는 거죠.

문제행동은 대부분 정서적인 불안에서 비롯되는 행동이므로 증상이 더 심각해지기 전에 적절한 치료를 받도록 전문가와 상담할 것을 추천합니다. 최근에는 문제행동을 행동요법으로 치료하는 전문의도 있어요.

> 마음 — 너희들의 그런 점을 알다가도 모르겠어

고양이의 마음

018

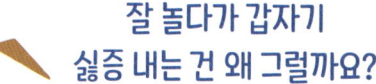

잘 놀다가 갑자기 싫증 내는 건 왜 그럴까요?

놀이는 사냥과 같은 것! 짧은 순간 총력을 집중하는 건 육식 동물의 습성이에요

마음 — 너희들의 그런 점을 알다가도 모르겠어

즐겁게 놀다가 갑자기 언제 그랬냐는 듯이 시큰둥한 고양이의 모습은 육식 동물의 습성과 관련이 있습니다. '동물의 왕국' 같은 자연 다큐멘터리에서 사자나 호랑이가 먹잇감을 향해 전속력으로 돌진했다가 실패하면 그 즉시 심드렁해져서 돌아서는 장면, 본 적 있지 않나요?

  육식 동물은 사냥할 때 아드레날린을 분비해 전신을 전투 태세로 이끕니다. 일종의 흥분 상태죠. 하지만 아드레날린의 효과는 지속성이 없어요. 사냥감을 쫓다가 잡지 못하면 일단 쉬면서 낮잠을 잔 후에 다시 도전합니다. 싫증을 낸다기보다 육식 동물의 행동 습성이에요(한편 초식 동물은 온종일 먹는 일에 몰두할 수 있습니다).

  고양이에게 놀이는 사냥과 같으므로 그와 비슷한 일이 일어납니다. 그래서 쉽게 '싫증' 내는 거예요.

  참고로 고양이의 DNA는 95.6%가 호랑이와 일치한다는 사실이 밝혀졌습니다. 고양이는 1,080만 년 전 표범(Panthera) 계열에서 갈라져 진화한 종입니다.

고양이의 마음 019 — 고양이와 즐겁게 놀아주는 요령이 있을까요?

사냥을 의식하게 하고, 때때로 붙잡혀 주는 것이 포인트예요

고양이와 즐겁게 놀기 위한 포인트는 두 가지예요. 첫 번째는 '사냥'의 감각을 의식하게 하기. 두 번째는 '붙잡혀 주는' 것입니다. 앞에서 살펴봤듯이 고양이에게 놀이는 사냥과 같아요. 간간이 붙잡지 못하면 성취감을 느끼지 못해 금세 흥미를 잃습니다. 예를 들어 잡을 수도 없고 실체가 없는 레이저 포인트로만 놀아주면 오히려 스트레스를 받습니다.

이리저리 밀거나 굴리면 간식(보상)이 나오는 장난감도 고양이의 습성과 잘 맞아요. 이 장난감이 있으면 한밤중에 집사를 깨우지 않고 혼자서 얌전히 잘 노는 아이도 많은 모양이에요.

여러 가지 조건을 맞춰 놀아주는 도중에 반려묘가 싫증을 낸다면 '이제 이 놀이는 그만할래', '다른 사냥이 하고 싶어'라는 뜻입니다. 이럴 때는 다른 방법으로 놀아주세요. 싫증이 나지 않게 여러 종류의 장난감을 번갈아 가며 활용하는 방법을 추천합니다.

> **마음** — 너희들의 그런 점을 알다가도 모르겠어

고양이의 마음 020

얌전히 안겨 있다가 갑자기 깨물어요

'이제 그만!'이라고 이해시키는 행동입니다
귀나 꼬리의 움직임을 잘 살펴보세요

얌전히 안겨 있던 반려묘가 느닷없이 품에서 날뛰거나 물어뜯다가 결국에는 쏙 빠져나갈 때가 있지요?

그건 고양이가 '이제 그만 됐어!' 하고 의사 표시를 하는 거예요. 전문 용어로는 '만짐 유발성 공격행동(Petting-induced aggression)'이라고 합니다. 쓰다듬는 시간이 너무 길거나 쓰다듬는 방법이 잘못됐을 때 인내심이 한계에 달해 보이는 행동이에요.

고양이를 쓰다듬거나 안을 때는 '이제 그만!'이라는 아래 신호를 놓치지 않도록 주의하세요.

> ● 귀가 옆으로 향하기 시작했다(마징가 귀).
> ● 꼬리를 좌우로 흔들기 시작했다.

참고로 이런 일은 고양이 사이에서도 일어납니다. 서로 그루밍해주다가 싫어하는 부위를 집요하게 계속 핥는 상대에게 정색하는 태도를 보입니다. 원래 고양이는 목 아래는 혼자 힘으로 그루밍하므로 사람이나 다른 고양이가 만지는 것을 싫어하는 경향이 있어요. '고맙게도 만지게 해주는구나……' 정도의 마음으로 대하는 편이 좋을지 모르겠어요.

마음 — 너희들의 그런 점을 알다가도 모르겠어

고양이의 마음 **021**

꾹꾹이를 하는 건 어떤 의미인가요?

함께 있어서 기쁘다는 마음을 나타내요
엄마의 젖을 찾는 아기고양이 시절의 습성이
남은 모습이기도 합니다

앞발로 눌렀다 뗐다 반복하며 '꾹꾹이'를 하는 고양이의 모습은 보기만 해도 너무 사랑스러워서 집사뿐 아니라 많은 사람이 행복감을 느끼지요. 밀가루를 반죽하는 것처럼 보여서 일본에서는 '쿠키 만들기'라고도 해요.

  이는 새끼 시절의 습성이 남아서 보이는 모습으로, 어미고양이의 유선을 자극해 젖이 잘 나오게 하려는 동작입니다. 꾹꾹이를 하는 고양이의 표정을 잘 관찰해보세요. 분명히 편안하고 기분 좋아 보이는 얼굴일 거예요. 집사에게 꾹꾹이를 한다면 어미고양이와 함께 있는 듯한 안도감과 애정을 표시하는 것이니 다정하게 지켜봐 주세요.

  모든 고양이의 공통적인 습성은 아니며, 어미고양이와 충분한 시간을 보낸 뒤 자립했거나 성격 자체가 자립심이 강하면 꾹꾹이를 하지 않기도 해요.

마음 — 너희들의 그런 점을 알다가도 모르겠어

고양이의 마음

022

안 되는 걸 알면서도
꼬리를 만지고 말았어요!

꼬리는 척수와 바로 이어져 있어요
귀여워서 만지고 싶겠지만 꾹 참으세요

> **마음**
> 너희들의 그런 점을 알다가도 모르겠어

길게 늘어진 꼬리 또는 갈고리 모양으로 구부러진 꼬리, 짧고 둥글게 말린 꼬리 등 고양이의 꼬리는 종류나 개체에 따라 다양한 형태를 띱니다.

귀여워서 자신도 모르게 만지고 싶겠지만 고양이 꼬리는 척수와 직결되어 매우 예민하고 약한 부분이에요. 통증도 잘 느낀답니다.

고양이의 몸놀림이 유연한 이유는 꼬리를 사용해서 균형을 잡기 때문입니다. 함부로 만지면 일상생활에도 지장이 생겨요. 특히 갈고리 꼬리를 한 고양이 중에는 갈고리 부분이 어딘가에 걸려서 다치는 아이도 많습니다. 골절상을 입기도 해요.

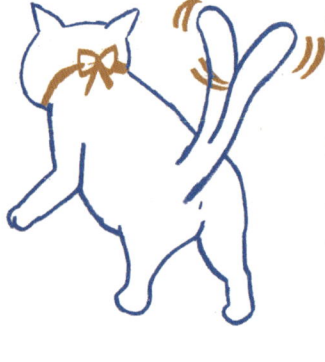

고양이의 마음 023 — 고양이의 꼬리는 어떤 역할을 하나요?

개처럼 붕붕 흔들지는 않지만, 고양이에게도 꼬리는 감정의 바로미터!

진료를 하다 보면 꼬리를 높이 올리며 곁에 다가와 볼을 비비는 아이를 만날 때가 있습니다. 이는 '친구하자'라는 기분 좋은 신호랍니다. 고양이는 다양한 감정을 꼬리의 움직임과 모양으로 표현해요. 주요 사례를 소개해볼게요.

- **수직으로 꼿꼿이 세운다**
  기분 좋을 때 보내는 신호입니다. 여기에 조금씩 바르르 떨면 기뻐서 흥분한 상태예요. 쓰다듬어 줘, 놀아줘, 배고파…… 기본적으로는 응석 부릴 때의 표현이에요.
- **끝이 '물음표' 모양**
  기분이 좋은 상태예요.
- **축 늘어뜨린다**
  풀이 죽었을 때. 기운이 없고 누구도 가까이 오지 않았으면 하는 신호예요. 몸에 이상이 생겼을 수도 있으니 잘 살펴야 해요.
- **둥글게 말아서 다리 사이에 넣는다**
  불안할 때예요. 몸을 작게 보이게 해서 복종이나 패배를 표시한다고도 하는데 그래서인지 싸움에서 진 후에는 이 모양을 할 때가 많아요.
- **부풀린다**
  공격 태세에 들어간 신호. 좀 더 낮은 위치에 꼬리가 오면 공격 직전의 태세입니다. 털을 곤두세워 몸을 크게 보임으로써 힘을 어필해요.
- **크게 흔든다**
  두려움이나 공격성을 띤 부정적인 감정 상태예요. 고양이를 만졌을 때 작게 흔들기 시작하면 조금 과하게 만진다는 경고예요.

> 마음 — 너희들의 그런 점을 알다가도 모르겠어

고양이의 마음 024

울음소리에 따라 의미가 다른가요?

고양이 울음소리는 20여 가지가 있어요
그중 6가지는 사람이 듣고 구별할 수 있어요

고양이 울음소리는 20여 가지로 구분할 수 있는데, 그중 대표적인 소리 6가지 정도가 사람이 알아들을 수 있는 소리라고 해요.

고양이 울음의 의미는 크게 '① 응석 부리기·요구하기 ② 먹잇감 노리기 ③ 위협하기 ④ 발정하기'로 나눌 수 있어요. 주요 울음소리에 따른 고양이의 마음을 알아볼게요.

> - **야옹, 냐아(Meow) = 응석**
>   조금 길고 사랑스러운 목소리가 특징이에요. '배고파', '놀아줘!'라는 신호입니다.
> - **카카카, 캭캭캭(Chatter) = 흥분**
>   '채터링'이라고 하며, 사냥에서 먹잇감을 노릴 때 짧고 빠르게 연속적으로 내는 소리예요. 새나 곤충을 발견했을지도 몰라요.
> - **하악, 캭(Hiss) = 위협**
>   영역에 누군가가 침입했거나 신변의 위험을 느꼈을 때, 화가 났을 때 내는 울음소리예요.
> - **아아-아울, 이아-아웅(Yowl) = 발정**
>   아기 울음소리 같은 큰 목소리, 울부짖는 듯한 소리가 특징입니다.

울음소리의 차이를 감지해서 반려묘의 마음을 이해해주세요.

마음 — 너희들의 그런 점을 알다가도 모르겠어

고양이의 마음
025

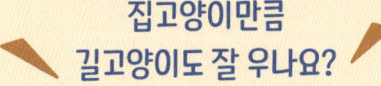
집고양이만큼 길고양이도 잘 우나요?

울음소리를 내는 건 대개 집고양이예요
사람과 소통하고 싶기 때문이지요

평소 쉽게 울음소리를 내는 건 대부분 집고양이라는 사실을 아시나요? 길고양이 등 자연에서 생활하는 고양이는 어미고양이나 형제자매와 지내는 어릴 때를 제외하고 거의 울지 않아요. 소리를 내면 적에게 들킬 확률이 높기 때문입니다. 대신 코를 꼭 밀착시키는 등 몸으로 소통합니다.

한편 반려묘는 집사에게 요구를 전달할 필요가 있으므로 울음소리를 낸답니다. 사람이 돌봐주는 길고양이도 먹이를 주는 사람에게는 '냐아' 하고 소리를 내며 소통해요. 또 일반적으로 암컷보다 수컷이 잘 운다고 알려져 있어요.

다만 길고양이도 발정기의 울음은 예외입니다. 한밤중 밖에서 크게 들려오는 고양이 울음소리에 깜짝 놀란 분들이 많을 거예요. 울음소리의 정체는 여러 마리의 수컷으로, 암컷 한 마리를 두고 싸울 때가 대부분이에요. 암컷도 발정기에 울지만 조금 낮고 작은 소리로 울어요. 발정기 울음소리는 중성화 수술을 하면 거의 진정됩니다.

> 마음
> 너희들의 그런 점을 알다가도 모르겠어

고양이의 마음 026

배를 보여줬어도 만지면 대개 싫어해요
민감한 장기도 건드리게 되므로
의학적으로도 좋지 않아요

마음 — 너희들의 그런 점을 알다가도 모르겠어

분명 '당신을 믿어요', '마음에 들어요'라는 뜻입니다. 하지만 여기서 주의할 점은 배를 보이는 행동이 쓰다듬어도 된다는 의미는 아니라는 거예요. 이런 복잡함이 고양이의 매력이기도 하지요.

개는 복종의 신호로 배를 보이기 때문에 스스럼없이 배를 만지게 해줍니다. 반면 고양이의 배는 피부가 얇고 부드러워서 만지면 바로 장기에 영향을 미칠 정도로 민감하므로 갑자기 만지는 것은 좋지 않아요. 아마도 휙 하고 원래의 자세로 돌아가는 고양이가 많을 거예요. 배를 보이더라도 머리에서 목, 등을 천천히 만져주면 고양이도 좋아합니다.

물론 어디까지나 개체마다 다르므로 깊이 잠들었거나 집사와 강한 신뢰 관계가 형성되어 있다면 배를 쓰다듬게 해줄 때도 있어요. 그럴 때는 부드럽게 살살 만져주세요.

027 현관에서 기다리는 건 환영한다는 의미겠죠?

기대하는 것은 집사보다 오늘의 밥! 배고픔이 채워지는 기쁨이죠

집에 돌아와 문을 열었더니 현관 앞에 반려묘가 다소곳이 앉아 있는 상황. 마치 집사를 간절히 기다렸다 반기는 듯한 모습에 애정이 샘솟을 거예요.

고양이는 집사가 귀가하는 것을 예민하게 감지하는데, 사실 집사보다는 밥을 더 간절히 기다린 것이 아닐까 해요. 이를테면 우리가 배달 음식을 기다리고 있을 때 밖에서 들리는 발소리나 초인종 소리는 '밥이 왔다!'는 신호와도 같잖아요? 확실히 '환영합니다!'는 맞네요.

개는 보호자의 발소리나 차 소리를 알아들어서 집에 들어오기 10분 전부터 현관에서 기다린다고 하는데(육감이 있다는 설도 있어요), 고양이도 광범위한 소리를 알아듣습니다. 멀리서 들려오는 집사의 발소리나 엘리베이터가 올라오는 소리, 주차장에 차가 멈추는 소리 등으로 집사가 집에 돌아왔음을 감지합니다.

마음 — 너희들의 그런 점을 알다가도 모르겠어

고양이의 마음

028

얼굴을 비벼오는 것은 좋아서 그런 거겠죠?

너무 좋아해서 '내 꺼'라는 표시를 하는 거예요
냄새 묻히기를 즐깁니다

고양이가 사람이나 물건에 이마를 꾹 누르는 것은 '이건 내 것'이라는 소유의 의사 표시예요. 고양이 얼굴에는 페로몬이 나오는 분비선이 많은데 이 부위를 문질러서 자신의 친구나 동료라는 표식을 남깁니다.

집사의 다리에 머리, 몸통, 꼬리를 차례대로 문질러 오는 것도 이런 이유예요. 고양이에게 집사는 '자신의 것'이므로 냄새 묻히기를 즐기는 것이죠.

그 밖의 세부적인 동작에는 다음과 같은 뜻이 담겨 있습니다.

> ● 박치기를 한다 … 애정 표현
> ● 안고 있을 때나 잘 때 얼굴 냄새를 맡는다 … 개체 식별
> ● 축축한 코를 갖다 댄다 … 애정 표현

고양이가 집사를 핥는 것도 가족의 일원에게 행하는 애정 표현이에요. 참고로 고양이는 불안이나 통증, 스트레스가 있을 때도 집사를 핥아서 의사를 표시합니다. 평소에는 그런 적이 없는데 최근 들어 자주 핥는다면 반려묘의 몸에 뭔가 변화나 이상이 없는지 확인해주세요.

마음 너희들의 그런 점을 알다가도 모르겠어

고양이의 마음
029

혹시 몰래 '한눈판 것'을 눈치채나요?

고양이 앞에서 몰래 한눈팔기란 불가능해요
길고양이와 논 것을 냄새로 알아차립니다

알다시피 고양이는 냄새에 민감해요. 집 밖에서 다른 고양이와 놀고 들어가면 평소와는 다른 냄새를 감지하고 마치 '누굴 만났어!?'라고 조사하려는 듯이 냄새를 맡아요. 반려묘 앞에서 몰래 한눈파는 건 꿈도 꾸지 못하겠네요.

만약에 집 밖에서 다른 고양이와 접촉했다면 집에 돌아온 후 먼저 손을 씻고 옷을 갈아입는 등 반려묘가 질투하지 않게 주의하세요.

게다가 고양이는 자신의 홈 영역에서 다른 고양이의 냄새가 나면 2주 정도는 평소와 다른 행동을 합니다. 그로 인한 문제행동 때문에 병원을 찾는 아이도 많아요.

마음 — 너희들의 그런 점을 알다가도 모르겠어

고양이의 마음 030

한밤중에 우다다를 하는 이유는 무엇인가요?

야행성이라 밤에 활발한 건 당연! 집고양이는 에너지가 남아돌 수 있어요

'이제 자야지' 하고 불을 끈 순간 흥분한 고양이가 놀아달라며 잠을 방해하는 상황은 집사라면 누구나 한 번쯤 겪었을 겁니다.

본디 야행성인 고양이가 밤에 활발해지는 것은 사실 당연해요. 더구나 실내 고양이는 에너지가 남아돌 때도 많아요. 낮 동안 되도록 좋은 자극을 줘서 낮잠 시간을 줄이면 밤에 잠을 자게 됩니다. 집사가 함께 놀아주면 가장 좋지만, 사정상 어렵다면 낮에 밖을 바라볼 수 있는 장소를 마련해주는 것도 효과적이에요. 바깥 경치를 바라보면 시각적인 자극을 얻기 때문입니다. 또 밥을 먹은 후에 5분 정도 놀아주는 방법도 좋아요.

즉 평온한 밤을 위해서는 낮 시간을 어떻게 보내느냐가 매우 중요합니다. 줄곧 혼자서 집을 보던 고양이에게 놀이 상대(동거묘)가 생기자 밤에 잠을 자게 된 사례도 있어요. 물론 두 마리가 합심해 한층 더 시끌벅적한 밤 운동회를 벌일 수도 있는데, 이건 고양이 간의 조합이 문제일지 모르겠네요…….

마음 — 너희들의 그런 점을 알다가도 모르겠어

고양이의 마음 031 — 우리 집 아이는 밤에 너무 잘자요

아침에 일어나고 밤에 잠드는, 사람과 같은 패턴으로 생활하는 현대묘도 늘어났다!?

최근에는 야행성이 아닌 고양이의 존재가 주목받고 있습니다. 완전 실내 양육이 정착됨에 따라 집사와 똑같은 생활 주기를 따르는 고양이가 늘었기 때문으로 추정됩니다.

이는 수의학에도 변화를 가져왔어요. 1980년대에는 고양이에게 스테로이드제를 밤에 투여했습니다. 스테로이드는 기상 시에 분비되는 호르몬이에요. 그래서 개에게는 아침에 투여하고, 야행성인 고양이에게는 밤에 투여하는 것이 수의학에선 정설이었지요.

그러나 이제는 낮에 깨어 있는 고양이라면 아침에 투여하는 것이 표준이 되었습니다. 미국에서도 '야행성이 아닌 고양이'가 있다는 인식이 확산되고 있습니다.

아침에 집사와 함께 일어나 낮부터 저녁까지 신나게 놀다가 밤에 잠드는 고양이. 이처럼 고양이도 '현대묘'가 된 것일 수 있겠네요.

마음 — 너희들의 그런 점을 알다가도 모르겠어

고양이의 마음

032 ▸ 혹시 지금 눈인사를 한 건가요?!

눈을 지그시 깜빡이는 건 신뢰한다는 증거
단순한 깜빡임과는 다르므로
확실히 알 수 있어요

마음
너희들의 그런 점을 알다가도 모르겠어

"너무 좋아하다 보니까, 이랬으면 하는 바람을 담아 착각한 걸까요?"

　괜찮아요. 반려묘는 분명히 눈인사를 한 걸 거예요. '눈키스'라고도 하지요. 실외에서 지내는 고양이는 서로 눈을 맞추지 않습니다. 눈을 맞추는 것은 싸움을 시작하겠다는 신호나 다름없기 때문이에요.

　본디 눈을 잘 맞추지 않는 고양이가 집사의 얼굴을 보며 마치 고개를 끄덕이듯이 천천히 눈을 깜빡였다면 이는 애정과 신뢰를 전하는 신호입니다. '스트레스 없이 생활하고 있어', '믿고 있어'라고 알리는 겁니다. 눈을 촉촉하게 하기 위한 빠른 깜빡임과는 다르며, 천천히 움직이므로 확실히 알 수 있어요.

　만약 반려묘가 눈을 깜빡이면 똑같이 눈을 천천히 깜박여 보세요. 그러면 아이가 또 눈을 깜빡여 올 거예요. 계속해서 무언의 대화를 주고받으면서 깊이 교감하고 있음을 확인하고 행복감에 빠질 거예요.

　한쪽 눈만 천천히 깜빡인다면 이물질이 들어갔을 수도 있으니 주의 깊게 살필 필요가 있습니다.

고양이의 마음 033
남은 사료에 모래를 끼얹는 행동은 왜 하는 건가요?

볼일이 끝났으니 냄새는 더 이상 필요 없어! 그런 의사 표시예요

먹고 남은 사료에 '모래를 뿌리는 행동'을 고양이가 할 때가 있지 않나요? 이는 배설 후와 마찬가지로 냄새를 없애기 위한 행동입니다. '이 용무는 끝났으니 이 냄새는 더 이상 여기에 날 필요 없어'라고 의사 표시를 하는 거예요.

식탁 위에 올려놓은 낫토 등 냄새가 강한 식품에 일부러 가까이 다가가 모래 뿌리는 행동을 하는 고양이도 있습니다. 기분 나쁜 냄새라기보다는 '여기에 있으니까 신경 쓰인다'는 뜻으로 이해할 수 있어요.

집사가 커피를 좋아하는 경우, 고양이가 책상 위의 커피에 모래 뿌리는 행동을 할 때가 있습니다. 집사에게서 늘 커피 냄새가 나니까 어쩌면 그 냄새를 질투해서 모래 뿌리는 행동을 하는 건지도 몰라요.

마음 — 너희들의 그런 점을 알다가도 모르겠어

고양이의 마음 034

엎드려서 절하는 듯한 자세로 자는 이유가 있나요?

유력한 이유는 눈이 부시기 때문! 반성하듯 엎드린 자세로 자면 조명을 꺼 주세요

앞발을 접고 이마를 바닥에 붙여, 마치 무릎 꿇고 비는 것처럼 보여서 일본에서는 미안하다는 뜻의 '고멘'과 고양이의 '네코'를 더해 '고멘 네코'라고 부르기도 합니다. 신기하고 사랑스러운 모습이라 집사들도 귀여워 어쩔 줄 몰라하는 자세지요.

고양이가 이렇게 엎드려 절하는 자세로 잠을 자는 이유는 한마디로 눈이 부시기 때문입니다. 고양이의 안구는 빛을 흡수하는 힘이 강해서 낮이나 조명을 켠 방에서는 눈을 감고 있어도 빛을 강하게 느낍니다. 앞발로 눈을 가리듯이 하고 자거나 얼굴을 아래로 향한 채 자는 것도 똑같은 이유라고 생각할 수 있어요.

눈이 부셔서 하는 행동이므로 이런 자세를 보이지 않는 고양이도 있습니다. 반려묘가 엎드려 절하는 자세로 자면 조명을 꺼 주세요.

> 마음
> 너희들의 그런 점을 알다가도 모르겠어

고양이의 마음 035

앞다리를 안쪽으로 접어서 앉는 이유는 뭘까요?

고양이의 앉는 방법은 매우 독특해요
관절을 180도 구부릴 수 있습니다

고양이가 앉는 방법은 다른 동물과 비교하면 독특합니다. 개는 앞발을 똑바로 펴서 앉는데 동물에게는 이런 자세가 일반적이에요. 한편 고양이는 다리 관절을 180도 접어서 몸에 딱 붙일 수 있습니다.

이렇게 앉는 모습을 '식빵 굽기'라고 부르는데 휴식을 취하는 자세라고 해요. 이 자세에서 머리를 앞으로 숙이면 '엎드려 절하는 자세'가 되지요. 그만큼 편안한 상태니까 그대로 잠에 빠지기도 하는 것 아닐까요?

하지만 최근 '식빵 굽기' 자세를 할 수 없는 고양이가 늘고 있습니다. 관절이 구부러지지 않기 때문이에요. 한발만 구부러지지 않는 등 좌우에 차이가 있으면 관절을 다쳤을 수도 있어요. 관절이 자연스럽게 구부러지는지 살짝 만져서 확인해보기 바랍니다. 발 관절을 안쪽으로 최대한 구부렸을 때 발등이 다리 쪽에 붙으면 괜찮습니다. 사람의 발목에 비유한다면 발등이 정강이 쪽으로 붙는 이미지예요. 아파한다면 관절통을 의심할 수 있습니다.

특히 먼치킨이나 스코티시폴드 등 다리가 짧은 고양이는 관절에 이상이 생기기 쉬우므로 주의해주세요.

> 마음
>
> 너희들의 그런 점을 알다가도 모르겠어

고양이의 마음 036

혼자 있는 거 너무 외롭지 않을까요?

방해 없이 잠 자는 시간을 즐겨요
'사람에게 길러진다'는 의식도 거의 없답니다

> 마음
> 너희들의 그런 정을 알다가도 모르겠어

"마음은 간절한데 일 때문에 낮에는 집을 비울 때가 많아서 고양이를 못 키우겠어요."라고 아쉬움을 호소하는 분들이 있습니다. '애정결핍이 생기지 않을까?' 하고 걱정되는 모양이에요.

사실 고양이는 낮 동안은 거의 잠을 자며 지내므로 쾌적하고 안전한 환경이 갖춰져 있으면 집사가 없어도 크게 신경 쓰지 않아요(평균 수면 시간은 14~16시간 정도). 원래 고양이는 '사람에게 길러진다'는 인식이 거의 없습니다. 굳이 말하자면 같은 공간에 사는 동료, 동거인, '이 시간만 내 영역 안에 들어오는 존재'라고 느낄지 몰라요.

물론 아무리 독립적인 성향의 고양이라 할지라도 긴 시간 홀로 방치하는 것은 좋지 않겠지요. 개보다는 분리불안이 적은 편이라고 하지만 고양이도 오랜 시간 방치되면 외로움과 스트레스를 느낍니다.

다만 앞에서도 말했듯이, 홀로 있는 것보다 과잉 보호가 더 큰 문제를 불러올 수 있어요. 고양이가 과도한 보살핌에 익숙해지면 아주 사소한 일에도 애정결핍을 느껴 사람을 물거나 배변 실수를 하는 등 문제행동을 보이는 일이 있습니다.

낮에 함께 지내지 못해도 집에 돌아온 후 충분히 놀아주고 스킨십하면서 유대감을 다지는 시간을 보내면 괜찮아요. 안심하세요. 고양이가 기다리는 생활은 꽤 좋답니다.

고양이의 마음 037 — 고양이는 환경 변화에 얼마나 약한가요?

없어야 할 시간에 사람이…?
신종 코로나 바이러스 감염증(코로나19) 때문에 고양이의 스트레스가 늘어났어요!

2020년에 발생한 신종 코로나바이러스 감염증(COVID-19)의 영향으로 재택 근무를 하는 사람이 늘어났습니다. 그런데 '고양이와 지낼 수 있는 시간이 늘어났다!'라고 기뻐하는 집사와 달리, 언제나 혼자 있던 시간에 사람이 있다는 것은 고양이에게 큰 스트레스였던 모양입니다. 문제행동으로 발전하는 사례도 상당수 보였습니다.

특히 눈에 띈 것은 과도한 그루밍을 보이는 사례입니다. 너무 핥아서 앞다리와 배, 뒷다리까지 털이 빠진 고양이가 병원을 많이 찾았습니다. 낮에 사람이 있어서 매일의 루틴을 행하지 못하고 가만히 지내니 어떤 의미에서 고양이도 어쩔 수 없이 자숙하게 된 셈입니다.

함께 지내는 시간이 많아졌다면 ① 집사 쪽에서 지나치게 관여하기보다는 고양이가 놀아 달라고 할 때 놀아주고, ② 수면 시간을 확실히 지킬 수 있게 배려하며, ③ 평소 집을 비웠을 때 고양이가 점거하던 방에는 오래 머물지 않기 혹은 고양이에게 혼자만의 시간을 주는 등의 배려가 필요합니다.

마음 — 이렇게나 좋아하는데… 왜 그러는 거야!

고양이의 마음

038

자꾸 얼굴 위로 올라오는데…
지배하고 싶은 걸까요?

'놀아줘, 배고파' 하고 어필할 뿐입니다!
어두워도 얼굴이 있는 장소는 알아요

마음 — 이렇게나 좋아하는데… 왜 그러는 거야!

덥고 숨이 막히는데 어째서 꼭 얼굴 위에 자리를 잡는지……. 일명 냥펀치로 얼굴을 때리며 '일어나!' 하는 고양이도 있지 않나요? 야행성인 고양이는 새벽녘에 가장 활발해요. 그래서 얼굴 위로 올라와 '놀아줘!', '배고파!' 하고 어필합니다.

고양이는 시력이 좋지 않지만, 소리와 기척에 대한 감지력이 뛰어나요. 사람은 수면 중에 의외로 얼굴을 자주 움직입니다. 자면서 몸을 뒤척이거나, 코를 골거나, 입맛을 다시기도 해요. 고양이는 그 움직임을 감지해 위치를 파악해서 찾아옵니다.

또 사람도 고양이처럼 얼굴에 냄새 분비선이 많아서 그 부위에 이끌릴 가능성도 있습니다.

고양이의 마음 039 사람의 아기는 고양이에게 어떤 존재인가요?

'신입'만 귀여워하면 반려묘가 질투할 수도 있어요

가족 구성원 중 '신입'이라 할 수 있는 보호자의 아기를 만났을 때, 반려묘가 보호자와 같은 마음이 되는 것은 아닙니다. 고양이 간의 관계와 마찬가지로 '내 영역에 들어온 새로운 존재'로 받아들이는 모양이에요.

신입인 아기와 고양이의 관계를 원활하게 맺기 위해서 아기를 집에 데려오기 전에 다음과 같은 일을 해주세요.

- 고양이 얼굴 주변을 닦은 수건으로 아기가 사용할 가구를 닦아서 냄새를 묻힙니다.
- 아기 울음소리를 녹음해서 고양이에게 들려줍니다.

아기를 무턱대고 공격하는 고양이는 거의 없으니 안심하세요. 처음에는 아기의 예상치 못한 움직임 때문에 자기 영역에 대한 침범이라고 생각해 예민하게 굴 수는 있어도 서서히 적응하게 됩니다. 사람을 잘 따르는 고양이라면 처음부터 아기에게 다가가 핥기도 해요.

하지만 집사가 아기에게만 온통 관심을 보이면 스트레스를 받아 과도하게 그루밍하는 등 문제행동을 보이기도 합니다. 아기에게도, 고양이에게도 충분히 애정을 쏟아주세요.

> 마음
> 이렇게나 좋아하는데… 왜 그러는 거야!

고양이의 마음 040

신발 냄새를 맡더니 입을 벌린 채 이상한 표정을 지었어요

페로몬을 확인하는 '플레멘 반응'이에요
좋아하는 냄새를 만끽하는 거예요

반려묘가 양말이나 베개 냄새를 맡더니 얼굴을 찌푸리는 걸 본 적이 있나요? '헉, 냄새~'라고 말이라도 하는 듯이 입을 반쯤 벌린 채 이상한 표정을 짓습니다. 어이없이 웃는 것 같기도 하고 난처한 것 같기도 한 표정이 큰 웃음을 주기도 하지요.

   이는 '플레멘 반응'으로 페로몬을 구분하고 확인하는 행위입니다. 고양이는 일반적인 냄새보다 분자가 미세한 페로몬을 감지하기 위해 입안에 있는 '야콥슨 기관'을 동원합니다. 이 특수한 기관으로 페로몬을 흡수하기 위해 입을 반쯤 벌린 듯한 독특한 표정이 되는 거지요.

   나쁜 냄새여서 그런 표정을 짓는 게 아니라 그 반대예요. 자신이 가장 좋아하는 페로몬을 빨아들여 만끽하는 행위이므로 애정 표현 중 하나라고 볼 수 있습니다. '냄새 페티시'까지는 아니지만, 집사의 냄새는 고양이의 욕구를 충족시켜 주는 건지도 모르겠어요.

> 마음
> 이렇게나 좋아하는데… 왜 그러는 거야!

고양이의 마음 041

고양이들이 꺼려하는 타입의 사람이 따로 있나요?

유감스럽게도 있습니다
그들의 공통점은 지나치게 귀찮게 한다는 점!

열심히 이름을 불러도 고양이가 오지 않는 건 싫어서가 아니라 고양이 본연의 독립적이고 시크한 성격 때문이에요.

하지만 '지인이 키우는 고양이에게 손을 내밀었더니 할퀴었다', '새로 데려온 고양이에게 밥을 줬더니 하악질을 하며 위협했다'라고 한다면……. 원인을 찾아봅시다.

유감스럽게도 '고양이가 싫어하는 사람'은 있습니다. 그들은 '고양이를 좋아하는 것은 알겠는데 조금 지나치게 관심을 쏟는다'는 게 공통점이에요. 아직 친숙하지 않은 상황에서 집요하게 몸을 만지거나, 도망가는데도 쫓아다니면 당연히 싫어합니다.

고양이의 성격이나 컨디션, 환경적인 요인 때문에 공격적일 수도 있습니다. 상대방과의 냄새 궁합도 있어요. 그렇더라도 고양이와 잘 지내는 기본 원칙은 '지나친 접촉과 관심은 금물'이라는 점이에요.

고양이의 공격성은 대부분 경계심에서 비롯됩니다. 경계심을 풀기 위해서는 고양이가 싫어하면 그만두고 가만히 모습을 지켜보는 배려가 필요해요. 그렇게 하면 차츰차츰 마음을 허락해줄 거예요.

> 마음
> 이렇게나 좋아하는데… 왜 그러는 거야!

고양이의 마음
042
부르면 무시하다가도 식사 때는 칼 같이 다가와요!

예민한 청각으로 소리의 정체와 위치를 정확히 구분해요
냄새로도 즉시 알 수 있습니다

평소에는 몇 번을 불러도 오지 않으면서, 주방에서 사료 봉투를 부스럭거리거나 고양이용 통조림을 따면 귀신같이 알고 달려오는 고양이가 있지 않나요? 멀리 떨어져 있었는데도 말이죠.

  고양이의 청각은 무척 예민해서 음원을 정확하게 특정하는 능력이 뛰어납니다. 시력이 나쁜 고양이가 야간에 사냥할 수 있는 것도 예민한 후각과 청각 덕분이에요. 쫑긋 세운 큰 귀도 도움이 됩니다. 소리를 모으기 유리한 메가폰 모양으로 되어 있으며 좌우 따로따로 약 180도 회전하는 탁월한 기능을 갖췄어요.

  이러한 능력 덕에 어둠 속에서도 사냥감이 있는 장소를 정확하게 파악한답니다.

마음
이렇게나 좋아하는데… 왜 그러는 거야!

고양이의 마음
043
고양이가 뚫어지게 쳐다보는 이유는 무엇인가요?

'당신을 좋아해요'라는 의미
반려견의 아이 콘택트와는 성격이 조금 달라요

집사에게 불만을 호소하거나 '뭐하는 거지?'라며 신기해하는 것은 아니에요. 이 또한 눈 깜빡임(032 참고)과 마찬가지로 '당신이 좋아요'라는 신호입니다.

보호자들이 종종 "다른 견주들처럼 나도 반려묘와 아이 콘택트를 해요!"라고 말합니다. 다만 고양이와 개의 아이 콘택트는 소통의 의미가 조금 달라요. 간단히 설명하자면, 반려견과 보호자의 아이 콘택트에는 '주목하게 하는' 의미가 있습니다. 보호자의 시선을 눈으로 쫓아서 사물을 판단하지요. 또 훈련할 때 신호의 하나로도 쓰입니다. 바로 '기다려' 훈련인데요. 이는 단순히 '하면 안 되는 행동'을 이해시키는 것이 아니라, 보호자의 신호에 반응하게 하는 훈련이에요. 개는 눈을 맞춰야 비로소 명령을 듣습니다.

반려묘와의 아이 콘택트에는 주목이나 훈련의 의미가 없지요. 편안한 애정 표현으로 받아들이고 다정하게 쓰다듬어 주세요.

> **마음**
> 이렇게나 좋아하는데… 왜 그러는 거야!

고양이의 마음
044

> 봉제인형한테 덤벼드는데
> 왜 그러는 거예요?

공격할지 도망갈지
상대의 눈을 보고 결정하기 때문이에요
눈이 마주치면 싸움이 시작됩니다

고양이와 시선에 관해 좀 더 얘기해볼게요. 고양이에게 봉제인형을 보여주면 뜬금없이 덤벼들 때가 있습니다. 원인은 '눈' 때문이에요. 고양이는 상대방의 눈을 보고 어떻게 행동할 것인지(공격 또는 후퇴) 판단합니다. 동물끼리는 물론 상대가 사람, 봉제인형, 심지어 그림일지라도 눈에 반응해요.

시선을 맞추는 행동이 싸움의 신호라는 것은 032에서 설명했지요. '날 뚫어지게 보다니, 해보자는 건가!' 이런 마음이 있어서 봉제인형에게 덤비는 거예요.

실외에서 생활하는 고양이를 잘 관찰해보면 고양이끼리 엉뚱한 방향으로 교묘하게 시선을 돌리는 걸 볼 수 있어요. 그런 행동은 서로에게 적의가 없다는 걸 알리는 신호예요. 참고로 고양이가 공격할까 도망갈까 망설일 때는 제자리에서 껑충껑충 뛰는 등 수상쩍은 행동을 합니다.

> 마음
> 이렇게나 좋아하는데… 왜 그러는 거야!

고양이의 마음

045 집사의 얼굴을 몰라보기도 하나요?

고양이는 외모를 보고
상대를 분간하는 능력이 떨어집니다
냄새를 확인하기 전까지 남인 척할 때도 있어요

> 마음
> 이렇게나 좋아하는데… 왜 그러는 거야!

'출장으로 집을 이삼일 정도 비웠더니 고양이가 얼굴을 못 알아봤다', '오랜만에 고향에 내려갔는데 친가에서 키우는 고양이에게 낯선 사람 취급을 받았다' 이런 경험을 한 사람이 의외로 많은 모양이에요. 고양이는 사람의 얼굴을 기억하지 못하는 걸까요?

   실제로 고양이의 시력은 그리 좋지 않습니다. 물이나 사료의 위치를 눈으로 확실히 파악하지 못한다는 사실이 밝혀질 정도니, '이건 집사의 얼굴'이라고 자세한 시각적 정보를 분간하기란 고양이에게 매우 어려운 일일 거예요.

   고양이에게 중요한 것은 외모보다 냄새입니다. 한동안 집을 비운 사이 영역 안에 있던 집사의 냄새가 희미해져서 낯설게 대할 수도 있겠지만, 다시 냄새를 맡으면서 생각해냅니다.

   보호자가 집에 돌아왔을 때 '뭐 했어?'라는 듯이 다가오는 고양이의 행동은 집사의 냄새를 확인하는 것이죠.

고양이의 마음 046
왜 같이 잠을 자지 않을까요?

고양이에게는 이불 냄새가 중요해요
쾌적함에도 욕심이 많아서
그에 따라 잠자리를 고르기도 해요

'고양이가 왜 나와는 함께 자지 않는 걸까?' 집사에게 이 문제는 무척 진지한 고민일 수 있겠습니다. 동거인이 여러 명인 경우 고양이가 함께 잠을 자는 사람은 대체로 정해져 있습니다. 다만 개처럼 서열을 따르기보다는 기분과 선호도로 선택합니다.

이불에 자신이 좋아하는 사람의 냄새가 배어 있으면 안심하고 자는 거예요. '저렇게 험하게 자는 사람 옆에서 자는 거 힘들어 보여……'라고 생각될지 모르겠지만, 고양이는 합리적인 기준보다는 기분에 따라 수면 장소를 정합니다.

다만 그러면서도 쾌적함에는 욕심이 많아요. 이불 종류나 통풍 상태 등 계절에 맞는 쾌적한 환경을 찾아 함께 자는 사람을 바꾸기도 합니다. '드디어 함께 잠을 자게 됐다!'라고 기뻐해도 한여름 동안 잠깐일 수 있어요.

오랫동안 함께 지내다 보면 사람 사이에는 정이란 것이 생기지만, 고양이의 좋고 싫음에 오랜 인연은 큰 관계가 없는 듯합니다. 제가 아기고양이 시절부터 돌보고 있는 아이는, 최근에 입사한 간호사를 잘 따르더군요. 안타깝게도 저는 고양이에게 그다지 인기가 없는 모양이에요.

> 마음
> 이렇게나 좋아하는데… 왜 그러는 거야!

고양이의 마음
047

아기고양이가
자꾸 살살 깨물어요

이갈이 시기라서 간지럽기 때문이에요
놀고 싶다는 어필이기도 합니다

깨물기는 생후 2~3개월 무렵부터 볼 수 있는 아기고양이 특유의 행동입니다. 집사를 싫어해서 무는 것이 아니라 어미고양이한테 응석부리는 기분으로 '놀고 싶어', '놀아줘'라고 하는 거예요. 아기 시절 젖을 빨던 흡착 행동이 남아서 자꾸 깨물기도 합니다.

그 밖에도 여러 가지 이유가 있어요. 아기고양이는 어미고양이에게 얻은 먹잇감을 깨물면서 사냥 본능을 키웁니다. 또 깨물기가 시작될 무렵에 이갈이가 시작되므로 잇몸이 근질거려서 살짝 살짝 깨물어가며 이를 단단히 굳혀 갑니다.

> **마음**
> 이렇게나 좋아하는데… 왜 그러는 거야!

고양이의 마음 048 ＜ 깨물지 못하게 하려면 어떻게 해야 하나요? ＞

사람의 손가락을 물어도 된다고 기억하므로 자꾸 깨물면 거절해야 합니다!

아기고양이 무렵에는 무엇을 하든 귀여워서 살살 깨무는 행동도 그냥 봐주기 쉽습니다. 그러나 고양이가 사람의 손가락은 물어도 된다고 인식하고 습관을 들이면 안 돼요. 그럴 때는 이갈이용 장난감을 주세요.

고양이가 깨물었을 때는 '아파!' 하고 짧고 낮은 톤으로 약간 과장해서 주의를 줍니다. 단 절대로 때리는 등 징벌적 교정을 하면 안 돼요. 신뢰관계가 무너집니다. 또 혼내면 오히려 '깨물면 놀아준다'라고 기억할 수 있으므로 역효과예요. 깨물면 놀지 않는다는 태도를 철저히 보여주세요. 손을 갑자기 빼거나 피하면 사냥 본능을 자극해서 흥분하는 고양이도 있어요.

깨물기를 허락하면 문제행동으로 이어지기도 하는데, 피가 나거나 멍이 들 정도로 세게 물릴 수 있습니다. 이런 경우는 정서적인 불안이 원인일 때가 많으며 상황에 따라 동물병원에서 안정제나 항우울제를 처방하기도 합니다. 하지만 대개는 집사가 말을 걸어 해결할 수 있어요. '괜찮아. 늘 옆에 있어 줄 테니까 불안해하지 마'라고 부드럽게 달래주면 자연스럽게 가라앉습니다.

마음 — 이렇게나 좋아하는데… 왜 그러는 거야!

고양이의 마음 049

진심으로 세게 깨물렸어요! 소독하면 괜찮을까요?

깨무는 힘은 사람의 약 두 배
깨물거나 할퀴면 만약을 대비해 병원에 가세요

살살 깨물 때는 괜찮지만 성묘가 되면 무는 힘이 사람의 두 배가량 강해집니다. 진심으로 물면 송곳니가 피부를 파고들어 뼈에 닿을 수도 있어요. 수의사들도 업무상 고양이에게 물리거나 긁히기도 합니다. 보통 이런 상처를 입으면 빨리 병원에 가볼 것을 권합니다.

고양이가 할퀴면 사람에게도 감염되는 '고양이 할큄병(바르토넬라감염증)' 등에 걸릴 수 있으니 주의해야 합니다. 흉터를 남기고 싶지 않을 때도 마찬가지예요. 찰과상이라면 문제없지만 발톱에 찔리면 병원에서 치료를 받는 게 좋아요.

참고로 광견병은 감염된 고양이에게 물려도 발병합니다. 광견병은 포유류 전반이 감염 위험성을 지니고 있어요. 미국에서는 광견병으로 진단받는 개가 연간 60~70마리인데 비해 고양이는 250마리가 넘습니다. 그래서 고양이나 페럿의 광견병 백신 접종을 의무화하는 주도 있어요(※한국 역시 고양이는 광견병 백신 의무 접종 대상). 일본은 개만 광견병 백신 의무화 대상입니다.

외국의 길고양이 등은 감염 위험이 있으니 만지지 않는 편이 안심할 수 있겠습니다.

> **마음**
> 이렇게나 좋아하는데… 왜 그러는 거야!

고양이의 마음
050

자꾸 자기 발을
입에 넣으려고 해요

구내염이나 치주 질환 등
입속에 어떤 문제가 생겼을 수 있어요

고양이가 앞발을 입으로 가져가서 할퀴는 듯한 행동을 하거나, 입속에 발을 넣어 뭔가를 털어내려는 행동을 할 때가 있어요. 이런 경우 구내염이나 치주 질환 등 입속에 어떤 문제가 생겼다고 볼 수 있습니다.

게다가 아래와 같은 증상은 없나요? 어찌 됐든 배는 고픈데 제대로 먹을 수 없는 안쓰러운 상태이므로 빨리 병원에서 진찰받아 보세요.

이런 행동을 하면 입안에 트러블이!
- ☐ 식욕이 없다.
- ☐ 식사량이 일정하지 않다.
- ☐ 갑자기 음식을 향해 위협하는 행동을 보인다.
- ☐ 입을 사용한 놀이를 하지 못한다.
- ☐ 그루밍 횟수나 빈도가 줄었다.
- ☐ 입냄새, 체취가 있다.
- ☐ 혀나 입을 자꾸 움직인다. 머리를 흔든다.

마음 ▶ 이렇게나 좋아하는데… 왜 그러는 거야!

고양이의 마음
051
안아주려고 하니까 싫어해요

'안아줄게' 하는 신호가 필요합니다
관절에 부담을 줄 수 있으므로
올바르게 안는 방법을 배워야 해요

혹시 고양이의 옆구리(앞발과 몸통의 연결부 아래쪽)에 손을 넣어 힘껏 안지 않았나요? 고양이가 준비하지 못한 상태에서 갑자기 안아 올리면 관절 문제가 생길 수 있어요. 고양이가 불편함을 느꼈을지 몰라요.

같은 실수를 하지 않도록 다음과 같이 올바르게 안는 방법을 기억해 둡시다.

> **마음**
> 이렇게나 좋아하는데… 왜 그러는 거야!

1. 고양이의 이름을 부르거나, '안아줄게' 하고 말을 걸어서 신호를 보냅니다.
2. 고양이가 반응하면 뒷다리부터 안아 가슴이나 배를 손으로 받치면서 몸 전체를 살짝 들어 올립니다.
3. 안아 올리면 자신 쪽으로 배를 향하게 하고 대면하는 자세를 잡습니다.

갓난아기를 안아서 트림시키는 자세와 같습니다. 올바르게 안았는데도 작게 울거나, 화내거나, 관절에서 소리가 나거나 '뚝' 하는 듯한 느낌이 손에 전해질 때는 관절 문제를 의심할 수 있어요. 고양이가 아파하지 않더라도 한번 진찰을 받아보세요!

 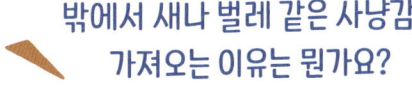

집사를 상대로 육아를 재현하는 거예요
혼내지 말고 받아주세요

지금은 완전 실내 양육을 권장하고 있지만, 밖을 자유롭게 다니는 고양이는 사냥감을 들고 집에 돌아올 때도 있습니다. 자랑하고 싶어서, 칭찬받고 싶어서가 아니라 육아 행동의 하나로 볼 수 있어요.

어미고양이는 아기고양이에게 힘 빠진 상태의 사냥감을 줘서 숨통을 끊는 방법이나 먹을 수 있는 먹이의 종류를 가르칩니다. 그렇게 사냥하는 방법을 알려주는데 이를 집사를 상대로도 재현하는 거예요.

돌보는 아기고양이가 없으면 가장 가까이에 있는 집사에게 들고 온다고 합니다. 선물이니 절대 혼내거나 놀라서 소리치지 말고 받아주세요.

고양이의 마음 053
고양이가 흥분했어요! 어떡하죠?

위협도 역효과! 진정시키려면 비닐봉투를 추천합니다

고양이가 흥분해서 공격적으로 변했을 때의 대처법을 알아봅시다. 사람에게 공격적인 고양이를 대할 때는 절대 위협하거나 맞서서 공격하지 마세요. 고양이를 바라보거나 만지지 말고, 알아채지 못하게 조금씩 기세를 꺾어야 합니다.

일단 진정시키기 위해 고양이가 혼자 있을 수 있는 방으로 이동시키는 것도 한 방법이지만, 그보다는 비닐봉지를 사용하는 방법을 추천합니다.

마음

이렇게나 좋아하는데… 왜 그러는 거야!

고양이가 흥분하기 시작하면 비닐봉지를 가져와 등 뒤에서 만지면서 바스락바스락 소리를 냅니다. 그러면 고양이가 행동을 멈추고 '모습이 보이지 않는데 어디선가 소리가 난다!' 하고 소리의 정체를 찾는 일에 관심을 쏟으면서 흥분이 점점 진정됩니다.

참고로 비닐봉지의 바스락거리는 소리는 고양이의 정면 사진을 찍을 때도 활용할 수 있어요. '사진 찍자~'라고 해도 카메라를 보지 않잖아요. 하지만 소리에는 반응해서 얼굴을 돌립니다. 그때가 카메라 셔터를 누를 기회예요!

> **마음**
> 이렇게나 좋아하는데… 왜 그러는 거야!

바스락 바스락

2장

음식, 물, 화장실이 가장 중요해요

- 어떤 사료가 좋을까요
- 물을 잘 안 마시는 고양이를 위한 배려
- 이상적인 화장실을 찾아서

고양이의 식사

054 — 원하는 대로 사료를 주면 안 되겠죠?

식사는 필요한 열량을 기준으로 적정량을 줘야 합니다

고양이의 연령에 따라 필요한 영양소와 섭취 칼로리가 각각 다르지만, 원칙은 같아요. '하루 적정량을 지켜서 주는 것'이죠.

고양이에게 필요한 섭취 칼로리를 단순히 체중을 기준으로만 말하자면, 완전 실내 양육인 성묘의 경우 대략 체중 1kg당 52kcal가 기준입니다. 체중이 5kg인 고양이라면 하루에 260kcal 상당의 사료를 주면 적정하다고 판단하지요.

하지만 실제로는 고양이의 나이와 체중에 더해서 '① 비만인 경향이 있는가 ② 중성화 수술을 했는가 ③ 운동량은 얼마나 되는가' 등에 따라 달라집니다.

그렇다고 해도 보호자가 고양이의 나이와 체중 등으로 적정량을 계산하기란 쉽지 않아요. 기본적으로는 고양이 사료의 상품 패키지에 적힌 적정량을 참고해서 주는 것이 좋습니다.

반려묘가 좀 더 먹고 싶다는 듯이 졸라도 정해진 양을 넘어서 주지 마세요. 비만인 고양이 대부분은 집사가 '귀여워서 나도 모르게……'라며 적정량 이상의 사료를 준 결과이기도 합니다.

정기적으로 체중을 측정해서 사료의 양과 질이 적정한지 확인하는 것도 중요합니다. 또 지병이 있을 때는 수의사와 상담하세요.

※ 체중 등 세부 항목을 입력하면 하루 필요 칼로리와 급여량을 계산해주는 인터넷 사이트도 있으니 활용해보세요.

고양이의 식사

055

사료의 종류가 너무 많아서 고르기가 어려워요

'종합영양식'이라고 표시된 사료를 선택하세요

반려동물로서 고양이의 인기를 반영하듯 시중에는 다양한 고양이 사료가 판매되고 있습니다. 어떤 사료를 선택해야 할지 고민되는 보호자도 많을 거예요.

다시 한 번 기본을 복습해볼까요? 시판되는 고양이 사료는 주로 종합영양식, 일반식(보조식), 간식 타입이 있습니다.

기본 주식은 종합영양식을 줍니다. 종합영양식이란 사료와 물만 먹으면 건강을 유지할 수 있는 사료를 말해요. 사람으로 치면 밥, 된장국, 반찬, 샐러드 등이 한 번에 갖추어진 식사입니다. 고양이에게 필요한 영양소를 균형 있게 섭취할 수 있어요.

한편 일반식은 종합영양식에 섞어서 주는 반찬과도 같아요. 그리고 간식은 말 그대로 군것질, 보상과 같은 수준이라서 이것만으로는 필요한 영양소를 섭취할 수 없어요. 어디까지나 종합영양식의 보조 식품으로 인식하기 바랍니다.

일반식이나 간식을 급여하는 방법은 뒤에서 설명할게요.

> **고양이 사료의 종류**
> - 종합영양식
> - 일반식(보조식)
> - 간식
> - 처방식
>   치료를 목적으로 동물병원에서 처방하는 식사.
> - 기타 목적식
>   특정 영양의 조정 또는 기호성 증진 등이 목적인 식사로 의료적인 측면이 있습니다.

식사 | 어떤 사료가 좋을까요

고양이의 식사
056
아기고양이용, 성장기용 사료는 뭐가 다른가요?

영양소, 칼로리가 모두 다릅니다
성장 단계에 맞게 선택하세요

고양이 사료의 패키지를 보면 종합영양식의 경우 아기고양이용, 성장기용, 성묘용, 시니어용 등 성장 단계에 맞춰 구성되어 있습니다. 이는 성장 단계별로 필요한 영양소, 열량이 다르기 때문이에요.

성장기에는 활동량도 많아서 끼니마다 고열량을 섭취하는 것이 좋습니다. 하지만 나이가 들어 운동량이 줄어든 고양이는 이와 똑같은 에너지가 필요하진 않지요. 또 임신이나 수유기, 다이어트 등 특별한 시기와 목적에 따른 종합영양식도 있습니다.

참고로 개와 고양이를 함께 키우는 가정에서 고양이에게 개 사료를 주면 안 됩니다. 고양이는 개보다 약 두 배의 단백질이 필요하며, 개와 달리 체내에서 타우린을 합성하지 못하므로 반드시 식품으로 보충해야 해요. 그러므로 고양이에게는 필요한 영양소가 정확히 배합된 전용 사료를 주어야 합니다.

식사 — 어떤 사료가 좋을까요

고양이의 식사 057

사료를 고를 때 주의할 점이 있나요?

저렴하다는 이유로 선택하지 말 것! 실적이 있는 우량 제조사의 제품을 선택하는 것도 좋아요

고양이 사료는 다음 포인트를 염두에 두고 선택하기 바랍니다.

- **가능한 한 첨가물을 피한다**
  아주 까다로울 필요는 없지만, 되도록이면 단순한 원재료 제품을 고르세요.

- **우량 제조사의 상품을 선택한다**
  반려동물 사료 제조사로서 오랜 역사와 실적이 있고, 영양학이나 의학적 근거에 기반한 상품을 개발하고 있느냐가 기준입니다. 사료의 진화도 고양이의 장수화에 공헌합니다.

- **저렴하다고 선택하지 않는다**
  원재료는 중요합니다. 잘 확인하세요. 첨가물의 폐해에 대해서는 아직 정확히 규명되지 않은 부분이 많지만, 일단은 가능하면 피하는 편이 안심할 수 있다고 생각합니다.

펫푸드는 해마다 진화를 거듭하고 있어요. 제조사는 시제품 단계에서 다양한 데이터를 수집하고 개선해 상품으로 발매합니다. 그런 노력으로 품질이 향상되고 있음은 분명해요. 불량 제품도 많이 보이지 않게 되었습니다.

식사 | 어떤 사료가 좋을까요

고양이의 식사 058

한 끼 식사량의 기준을 알고 싶어요!

한 번에 가득 주지 말고
소량을 여러 차례 나눠서 줍니다
공복 시간을 오래 두지 마세요

고양이는 배고픔에 약한 동물입니다. 식사 횟수가 적으면 공복 시간이 길어져서 그 배고픈 느낌 때문에 한 끼 식사량을 늘리려는 경향이 있습니다. 적정량을 줬는데 고양이가 '더 줘~' 하며 조르기도 해요. 또 몸이 지방을 축적하려고 해서 살이 쉽게 찌기도 합니다.

　가급적 한 끼를 소량으로 정해서 하루에 여러 차례 나눠 주세요. 하루 3회 이상이 기준입니다. 고령이거나 질환으로 소화 기능이 떨어진 노령묘에게도 소량씩 줘야 소화하는 데 부담이 없어요.

　식사 횟수가 많은 것에는 문제가 없지만 어디까지나 일일 권장량의 범위 내에서 주기 바랍니다. 예를 들어 4회로 정했다면 한 끼 식사는 하루 총량의 4분의 1이에요. 이런 식으로 양을 정합니다.

　보호자가 온종일 밖에 나가 있는 1인 가정에서는 이런 방법이 꽤 어려울 수 있지만, 정해진 시간에 정해진 양의 사료가 나오는 자동 급식기 같은 제품도 있으니 도입을 검토해보기 바랍니다.

고양이의 식사 059
사료 분량, 눈대중으로 대략 줘도 될까요?

사료를 눈대중으로 주면 오차가 쌓여 비만 고양이가 되기 쉬워요

고양이가 살찌는 사료 공급 방법이 있습니다. 혹시 한 끼 분량의 사료를 눈대중으로 대강 주지는 않나요? 작은 차이라도 그게 거듭되면 상당한 양의 칼로리가 초과됩니다. 식사 횟수를 늘리면 매번 양을 재기 귀찮을 수 있겠지만 한 끼 분량을 정확하게 계량해주세요.

고양이는 활동하는 시간의 60~80%를 먹잇감 찾기에 소비한다고 해요. 그런 의미에서도 사료를 늘 내놓은 채로 두면 고양이의 행동학적인 면에 악영향을 미친다고 알려져 있습니다.

때마다 식사를 준비해주면 '맛있는 냄새가 난다!', '어디에서 나는 냄새지?', '밥을 찾았다!' 하고 사냥 본능을 자극할 수 있어요. 때로는 가지고 놀다 보면 안에서 사료가 나오는 장난감을 활용해도 좋을 거예요.

참고로 고양이는 먹다가 밥그릇 밖으로 흘린 사료는 잘 먹지 않습니다. 이유는 단순히 잘 보이지 않기 때문이에요. 그릇 안에 있는 사료는 냄새에 의지해서 얼굴을 가까이 대면 사료가 부스럭거리는 소리 등이 나지만, 바닥에 떨어진 사료는 좀처럼 찾기 어려운 것이라 생각할 수 있습니다.

고양이의 식사

060 건식 사료와 습식 사료의 차이를 알려주세요

건식과 습식의 차이는 수분량이에요 각각 장단점이 있습니다

종합영양식과 일반식, 간식 모두 '건식'과 '습식' 타입이 있습니다. 습식 사료는 통조림이나 레토르트 파우치가 많으며 페이스트나 플레이크 타입 등 종류가 다양합니다.

 큰 차이는 수분량이에요. 건식 사료의 수분량이 10% 전후인 데 비해 습식 사료는 80%에 가깝습니다(그 중간을 소프트 드라이, 세미 모이스트 타입이라 부르기도 합니다).

 각각의 장단점을 간단히 정리하면 이렇습니다.

> ☐ **건식 사료**
>
> 장점
> - 밖에 꺼내놓을 수 있다.
> - 주변이 지저분해지지 않는다.
> - 치석이 잘 끼지 않는다.
> - 장기 보존할 수 있다.
>
> 단점
> - 식사로 수분을 섭취할 수 없다.
>
> ☐ **습식 사료**
>
> 장점
> - 식사로 수분을 섭취할 수 있다.
> - 기호성이 좋다.
>
> 단점
> - 밖에 꺼내놓을 수 없다.
> - 양을 조절하기 어렵다.

식사 | 어떤 사료가 좋을까요

고양이의 식사

061

건식 사료와 습식 사료 중 무엇을 더 좋아하나요?

사료의 취향은 고양이마다 달라요
사료 모양도 관계가 있다는 실험 결과도 있어요

"건식 사료와 습식 사료 중 고양이는 어느 쪽을 더 좋아하나요?" 이런 질문을 보호자로부터 듣곤 합니다.

결론부터 말하자면 '고양이의 취향'에 달렸습니다. 물론 고양이는 먼저 냄새로 맛을 느끼므로 냄새가 잘 나는 습식 사료에 좋은 반응을 보일 수 있어요. 식감은 선호하는 타입이 각각 있는 듯해요.

미국 사료 제조회사가 실시한 조사에 따르면 고양이의 선호도에 사료의 모양도 관계가 있다는 실험 결과도 있습니다. 성분은 똑같고 모양만 다른 건식 사료를 줬더니 동그란 모양보다 들쭉날쭉하거나 세모난 모양을 선호해서 먹었습니다. 식감뿐만 아니라 시각적으로도 매력을 느끼나 봅니다(사료의 색은 고양이에게 별로 의미가 없다고 해요). 이런 결과를 보더라도 역시 '취향에 달렸다'고 할 수 있겠네요.

식사 어떤 사료가 좋을까요

건식 사료

고양이의 식사
062

고양이는 어떤 맛을 좋아하나요?

신맛, 짠맛, 쓴맛을 잘 느낍니다
하지만 지질을 좋아해서 생크림도 먹어요

고양이는 신맛, 짠맛, 쓴맛을 느낄 수 있다고 합니다. 애초 야생 생활을 할 때 당분이 거의 없는 먹이를 먹어왔기에 단맛을 느끼는 세포가 퇴화되어 단맛에는 둔감해요.

다만 단맛은 잘 못 느끼지만 지질을 좋아해서 케이크의 생크림 등 지방분이 많은 음식을 핥아먹는 고양이도 많은 모양이에요. 잘 먹는 모습이 신기해서 아무 생각 없이 주다 보면 많은 양의 당을 급격하게 섭취해 당뇨병에 걸리는 계기가 되니 주의합시다.

위에서 말했듯이 고양이는 쓴맛에 민감한데, 상한 고기나 몸에 독이 되는 먹이를 쓴맛으로 감지해왔기 때문이에요. 병원에서도 약을 먹일 때 꽤 애를 먹지요.

고양이는 원래 간 대사 능력이 낮고 다양한 음식을 해독하거나 대사하는 것이 어렵습니다. 고양이가 잘 토하며, 먹어 보지도 않고 무작정 싫어하는 것도 다 그런 이유 때문입니다. 어미고양이가 알려준 맛을 기억하고 그런 맛의 음식을 선택적으로 먹음으로써 간에 미치는 부담을 피하는 거예요.

만약 수제 사료를 줄 때는 탄수화물과 당분 함량을 주의하세요.

식사 — 어떤 사료가 좋을까요

고양이의 식사

063

음식에 대한 기호는 어떻게 정해지나요?

생후 6주 무렵까지 먹은 식사가 고양이의 기호에 영향을 줍니다

생후 6주 무렵까지 접한 음식이 이후 고양이의 기호에 영향을 준다고 합니다. 젖니가 나기 시작하는 생후 1개월 이후부터는 이유식을 먹입니다.

이유식도 종합영양식을 주는 것이 기본이에요. 이 시기에 한 종류의 사료만 주기보다는 맛이나 혀에 닿는 느낌이 다른 여러 종류를 접하게 해주면 편식하지 않습니다. 하지만 늘 먹던 사료에서 다른 사료로 갑자기 변경하는 것은 좋지 않아요. 고양이가 스트레스를 느껴서 구토 및 설사 등의 증상을 보일 수 있습니다.

사료의 종류를 바꾸는 방법은 이어서 **064**에서 설명할게요.

고양이의 식사
064

늘 똑같은 사료를 주면
물리지 않을까요?

자주 바뀌면 오히려 스트레스!
바꾼다면 성장 단계에 맞추기 바랍니다

'날마다 똑같은 음식을 먹으면 물리지 않을까?'라는 생각에 사료를 자주 바꿔줄 필요는 없습니다. 종합영양식에 일반식, 건식 사료에 습식 사료……. 다양한 고양이 사료를 이것저것 맛보이고 싶은 마음도 이해합니다만, 고양이는 오히려 스트레스를 느껴요.

성장 단계(자묘에서 성묘까지)에 따라, 또는 특정한 이유로 사료를 바꿔야 할 때는 이제껏 먹던 사료에 새로운 사료를 20% 정도 섞어 주는 방식으로 시작하세요. 고양이가 적응했다 싶으면 비율을 조금씩 늘리면서 1~2주에 걸쳐 서서히 바꿔야 합니다.

다시 한 번 강조하지만, 한 번에 바꾸지 마세요. 변화에 따른 스트레스 때문에 식욕 부진이 생기거나 구토 및 설사를 유발할 수 있습니다.

고양이의 식사 065 — 사료를 올바르게 보관하는 방법을 알고 싶어요

사료를 냉장 보관하는 것은 NG, 여름철에는 대략 2주 안에 소진할 수 있는 포장 단위를 선택하세요

'처음에는 잘 먹던 사료인데 최근에는 먹으려고 하질 않네…' 하는 경우가 있지 않나요? 고양이의 취향이 달라진 걸까요? 실은 의식하지 못하는 사이에 사료가 변질되어 먹지 않을 때도 있어요.

예를 들면 큰 봉투형(2kg짜리 등) 사료라면 개봉해서 다 먹을 때까지 시일이 걸리잖아요? 깜박 잊고 입구를 꼭 밀봉하지 않으면 산화되거나 눅눅해지기도 해요. 기본적으로는 한 달 이내에 다 쓸 수 있는 양, 특히 여름철에는 1~2주를 기준으로 구입하세요.

봄부터 여름 동안에는 냉장 보관도 피하는 편이 좋습니다. 냉장고에 보관한 사료를 밖에 내놓으면 결로 현상이 생겨서 품질이 떨어질 가능성이 있어요. 사료를 꺼내놓은 채로 두거나, 먹던 사료에 새 사료를 섞는 것도 좋지 않아요.

품질이 떨어진 사료를 먹고 설사나 구토를 할 수도 있습니다. '맛없는' 것을 계기로 식욕 부진이 생기기도 해요.

식사 — 어떤 사료가 좋을까요

고양이의 식사

066  요즘 입맛이 없어 보여요

사료를 조금 데워주면 냄새가 짙어져서 식욕을 자극합니다

반려묘가 식욕이 부진한 것 같다면 사료를 조금 데워서 줘보세요. 따뜻하게 데우면 냄새가 한층 짙어져서 식욕을 돋웁니다. 고양이는 사람만큼 미각이 발달하지 않았지만 후각은 뛰어나요. 고양이의 식사에서 중요한 것은 맛보다 냄새입니다.

고양이는 육식 동물로 원래는 야생 동물을 먹이로 삼았지요. 동물의 체온은 대체로 38도 전후예요. 그 정도의 온도가 고양이에게 가장 먹기 좋은 온도인 것이죠.

일본에서는 뜨거운 음식을 잘 못 먹는 사람을 '고양이 혀'에 비유합니다. 이 말 때문인지 고양이는 뜨거운 음식을 못 먹는다는 이미지가 있기도 해요. 물론 뜨끈뜨끈하고 김이 모락모락 나는 갓 조리한 음식은 먹지 않습니다. 하지만 고양이가 원래 식은 음식만 먹는 것은 아니랍니다.

식사 ─ 어떤 사료가 좋을까요

고양이의 식사
067 ▸ 식욕 부진을 개선하는 방법이 있나요?

일반식이나 간식을 '살짝 보태서'
고양이가 먹고 싶어 하는 맛으로 만듭니다

사료를 데우는 방법 외에도 '살짝 보태는 방법'이 고양이의 식욕을 개선하는 데 도움이 됩니다.

이를테면 삶은 닭가슴살이나 생선을 페이스트로 만들어서(그대로 주면 먹지 않습니다) 종합영양식에 곁들이거나 닭고기나 바지락 육수를 추가하는 등 주식에 풍미를 더하면 기호성을 높일 수 있습니다.

종합영양식에 일반식이나 간식을 살짝 보태는 방법도 좋아요. 앞에서 설명했듯이 단독으로는 영양이 부족하지만, 종합영양식과 비교해서 풍미가 좋고 고양이가 선호하는 맛이므로 입맛이 없는 고양이도 기꺼이 먹어줍니다.

068 하루 간식은 어느 정도가 적정한가요?

고양이도 간식을 무척 좋아해요
하지만 급여 방식이 잘못되면 비만의 위험이!
총 섭취 칼로리의 10% 이내로 주세요

고양이 간식은 소량으로 포장된 건식 사료나 액상 스틱 타입의 습식 사료(고양이에게 인기가 많은 '츄르' 등)가 대표적이에요. 그런데 최근에는 종합영양식과 비슷한 외관을 한 제품도 있으므로 패키지의 표시를 잘 확인하세요.

 간식은 하루 총 권장 섭취량(섭취 칼로리)의 10% 내에서 주기 바랍니다. 간식을 주면 그만큼 종합영양식의 양을 줄입니다. 실제로 중성화 수술 후에 체중이 느는 고양이가 수두룩한데요. 고양이가 스트레스를 달래기 위해 간식을 달라고 조르는 것에 못 이겨 보호자가 과하게 주는 사례가 꽤 많아요.

간식을 주는 양의 기준
- 하루 총 권장 섭취량(섭취 칼로리)의 10% 이내

고양이의 식사

069 간식으로 식사를 대신하면 안 되나요?

건강한 고양이가 간식을 주식으로 삼으면 병에 걸릴 수 있습니다

식욕이 줄어든 장수 고양이가 씹지 않아도 되고 수분을 섭취하기도 쉬워서 액상 스틱 타입의 사료를 주식으로 삼았다는 이야기를 종종 듣습니다. 이처럼 식욕 부진 등의 사정이 있다면 어쩔 수 없지만, 그렇지 않은 고양이에게 선호하는 식사만 주는 것은 문제입니다.

얼마 전 담관간염(지질대사 이상)에 걸린 6세 고양이를 진찰했습니다. 보호자에게 물어보니 어릴 때부터 간식만 먹였다고 해요. 맛있게 잘 먹으니까 괜찮다고 생각했을지 모르지만, 이래서는 영양이 한쪽으로 치우쳐 영양 불균형이 생기고 질병에 취약해집니다.

간식은 어디까지나 간식, 종합영양식의 보조 식품으로 즐길 수 있도록 신경 써주세요.

> **식사** 어떤 사료가 좋을까요

고양이의 식사 070 ▸ 간식은 시간을 정해서 주는 게 좋을까요?

불규칙한 시간에 주는 것이 포인트! 간식이 고양이의 면역력을 높여줍니다

고양이가 건강하다면 간식은 가끔 주는 것이 가장 좋아요. 그리고 만약 주 2회로 간식 주는 횟수를 정했다면 간식을 주는 날은 무작위로 선택합니다. 어떤 주에는 이틀 연속 주고 또 어떤 주에는 이틀 걸러 주는 식입니다.

'간식이 언제 나올지 알 수 없는 것'이 중요해요. 가령 사람이 도박을 하면서 느끼는 흥분은 면역력을 높인다고 알려져 있는데, 고양이도 마찬가지입니다. '간식을 얻었다!'는 두근거림과 흥분이 고조되어 면역력 향상으로 이어집니다.

한편 규칙적으로 주는 방식은 훈육에 도움이 됩니다. 예를 들어 '기다려'를 성공했을 때에만 간식을 주면 간식이 먹고 싶어서 '기다려'를 할 수 있게 됩니다.

고양이와 눈을 맞추고 말을 걸면서 간식을 주세요. 사랑하는 반려묘와의 교감이 깊어질 거예요.

▸ 식사 — 어떤 사료가 좋을까요

고양이의 식사
071

고양이 식사를
직접 만들 수 있나요?

첨가물이나 보존료도 사용하지 않으니 안심!?
수제 식사는 영양 균형을 주의해야 해요

고양이의 먹거리를 직접 만드는 보호자가 늘고 있습니다. 닭가슴살이나 흰살 생선에 간을 하지 않고 삶아서 수프로 만들거나, 믹서에 돌려서 퓌레로 만드는 등(고양이가 소화하지 못하기 때문) 근사한 레스토랑의 식사와 다름없지요. 간하지 않고 주는 것이 기본이에요.

　사용한 재료도 알 수 있고 첨가물이나 보존료도 사용하지 않아서 안심된다는 이유로 시작하는 분들이 많은 듯해요. 하지만 영양적인 면을 고려하면 수제 식사만으로는 조금 부족할 수 있습니다. 예를 들면 고양이가 '고기를 먹는다'라는 것은 닭가슴살 등의 살코기뿐만 아니라 내장이나 혈액, 뼈도 포함됩니다. 시중에서 판매하는 고기를 먹는 것과는 의미가 달라요. 그러므로 수제 식사를 준다면 시판되는 종합영양식에 곁들이는 등 어디까지나 보조적인 식품으로 생각하기 바랍니다.

식사 어떤 사료가 좋을까요

고양이의 식사

072

수제 식사를 준비할 때
주의할 점은 무엇인가요?

육류, 생선은 반드시 익혀야 합니다
닭고기를 특히 주의!

고양이는 사냥해서 먹이를 구했으니 야생 시절처럼 생고기를 먹이고 싶다는 보호자도 있습니다. 하지만 생고기는 좋지 않습니다. 살모넬라균에 노출될 위험이 있어요. 심한 구토 및 설사를 동반하는 식중독을 일으키거나 체내에서 균이 독소를 만들어 복합 장기부전을 일으킵니다. 닭고기는 특히 주의해야 해요.

개의 사례에서도 생식 사료 중 80%에서 살모넬라균이 검출되었고 해당 사료를 먹은 개 중 30%의 대변에서 살모넬라균이 검출됐습니다.

또 앞에서 말했지만 시중에서 판매하는 육류는 내장이나 혈액 등을 제거한 것으로, 자연 속에서 먹었던 고기와 언뜻 비슷해 보이지만 다르다는 점을 이해합시다.

고양이의 식사
073

고양이가 먹으면 안 되는 식재료는 뭐가 있나요?

파, 양파, 마늘은 고양이에게 절대 금지!

널리 알려진 사실이라 아는 분들이 많을 텐데요. 고양이는 파 종류를 먹으면 적혈구가 파괴되어 빈혈을 일으킵니다. 양파, 마늘, 부추 등에 함유된 티오 황산화합물이 원인으로 이 성분은 가열 조리해도 사라지지 않아요. 파를 사용한 요리에서 파를 빼고 줘도 중독을 일으킵니다. 특히 마늘은 양파보다 독성이 약 5배나 강해서 소량만으로도 중독을 일으킬 가능성이 있어요.

증상은 빈혈과 더불어 침 흘림, 구토, 설사, 심박수와 호흡수 상승 등이 나타나는데, 식후 증상이 나오기까지 2~4일이 걸립니다. 반려묘가 주방에 자유롭게 드나드는 환경에서는 무심코 잔반을 먹거나 독이 되는 식재료를 건드릴 수 있으니 보호자는 각별히 신경 써주세요.

> **고양이가 먹으면 안 되는 식품**
> - 날달걀 흰자(익혀서 주면 괜찮다)
> - 전복, 소라
> - 익지 않은 파란 토마토
> - 시금치, 버섯류
> - 날감자, 양파, 대파, 쪽파, 마늘, 부추
> - 초콜릿
> - 카페인
> - 포도(건포도도 포함)
> - 견과류

식사 — 어떤 사료가 좋을까요

고양이의 식사 074 — 치약에 맹렬하게 흥미를 보여요!

민트향을 좋아하지만 자일리톨은 위험! 토마토 잎과 줄기도 주의하세요

고양이는 민트향을 좋아해서 민트 계열의 껌이나 캔디, 치약 등에 관심을 보일 때가 있습니다. 향을 맡게 하는 건 상관없지만 절대로 핥지 못하게 하세요. 식품에 함유된 자일리톨은 고양이에게 위험한 감미료입니다. 소량이라도 저혈당이나 간 장애를 일으켜 목숨을 잃을 수도 있어요.

또 의외로 가정 텃밭에서 무심코 독에 노출되는 일이 있습니다. 원인은 토마토인데, 토마토 열매가 아닌 잎과 줄기를 먹었을 때 심각한 설사 등의 증상이 나타납니다.

고양이는 식물을 만지며 놀기 때문에 마당에 고양이를 내보내는 집사는 주의하세요. 만약 먹지 말아야 하는 것을 입에 넣었을 때는 즉시 병원에서 진찰을 받아보기 바랍니다.

식사 — 어떤 사료가 좋을까요

고양이의 식사
075

왜 그렇게 캣그라스를 좋아하나요?

말하자면 '취미' 같은 거예요
건강한 고양이라면 캣그라스를 먹지 않아도
헤어볼을 토합니다

고양이는 캣그라스를 매우 좋아합니다. 육식인 고양이가 왜 풀을 좋아할까요? 위장 장애가 있거나 헤어볼을 토하고 싶을 때 먹는다는 등 여러 설이 있습니다만, 진짜 이유는 과연 무엇일까요?

  사실 '캣그라스'라는 식물종이 따로 있는 건 아니에요. 고양이가 즐겨 먹는 벼과 식물의 통칭이지요. 이중 가장 흔히 유통되는 것이 귀리입니다. 고양이는 끝이 뾰족뾰족한 풀의 형태와 식감에 매력을 느끼는 듯해요.

  '캣그라스를 먹어야 헤어볼을 토해낼 수 있는 거 아닐까?' 하고 걱정하는 보호자도 있습니다. 하지만 건강한 고양이라면 풀을 먹지 않아도 헤어볼이 변과 함께 배출됩니다. 캣그라스는 고양이에게 영양분을 공급하는 기능이 없어요. 단순히 '취미'와 같은 거예요.

  캣그라스를 먹든, 먹지 않든 걱정하지 않아도 괜찮습니다.

식사 — 어떤 사료가 좋을까요

고양이의 식사 076 고양이에게도 질병 치료를 위한 환자식이 있다는 게 사실인가요?

동물병원에서 관리하는 식사를 말합니다
식사로 증상을 개선하기 때문에
'처방식'이라고 불러요

특정한 질병이나 증상을 완화하기 위해 동물병원에서 별도의 식사를 처방하기도 합니다. 수의사가 식단을 관리함으로써 식사로 증상을 개선하고 병의 재발을 막는 것이 목적이에요. 다이어트용도 있어요.

 이러한 처방식을 줄 때도 지금까지 먹던 사료에서 서서히 바꿔 나갑니다. 염분을 제한하는 처방식을 먹일 때는 일반식이나 간식에 주의하세요. 그런 음식은 기호성을 높이기 위해서 염분 함량이 높을 수도 있기 때문입니다. 수의사와 충분히 상의해서 지도에 따라 먹이기 바랍니다.

고양이의 식사 077 식기는 어떤 타입이 괜찮을까요?

식중독, 피부염 주의!
플라스틱 식기가 악영향을 주기도 합니다

고양이용 식기의 소재는 매우 다양한데, 플라스틱 식기를 사용할 때는 다음 사항을 주의하기 바랍니다.

- 식기에 흠집이 있으면 세균이 쉽게 증식하는데, 특히 여름철에 음식을 오래 담아 놓으면 식중독을 일으키는 요인이 됩니다. 플라스틱은 가볍고 다루기 쉬운 장점이 있지만 고양이가 할퀴거나 깨물면 흠집이 쉽게 나는 소재예요.
- 플라스틱 제품에 함유된 비스페놀 A(BPA)는 생체에 악영향을 미칩니다. 고양이 중에는 플라스틱이나 고무 등의 화학물질에 노출되어 접촉성 피부염이 생기기도 합니다.

금속이나 도기로 된 그릇을 고려해 보기를 권합니다. 식기를 씻은 후에는 물기를 잘 닦아서 사용하는 것도 잊지 마세요!

식사 — 어떤 사료가 좋을까요

고양이와 물
078 물을 잘 마시지 않으려고 하는 이유는 무엇인가요?

그런 신체 구조를 갖췄기 때문이에요
건강과 장수를 위해 물을 마시게 하는 것은
어느 정도 인력이 필요한 일입니다

당연한 이야기지만 '사료 먹기'와 '물 마시기' 이 두 가지는 반려동물의 생존에 있어 매우 중요한 일입니다.

그리고 고양이가 사료를 잘 먹지 않거나 물을 마시지 않는 문제는 특히 심각성이 큽니다. 사료 섭취에 관해서는 앞서 살펴본 054~073을 참고해주세요. 여기서는 물 마시기에 관해서 말해볼게요.

"물을 잘 안 마시려고 해서 정말 걱정돼요." 이런 보호자가 많아요. 고양이가 물을 잘 마시지 않는 이유는 고양이의 선조가 사막의 건조지대에 살았기에 생긴 습성이라는 설이 유력합니다. 물이 부족한 환경에서도 견딜 수 있도록 몸이 진화했다는 것이죠. 실제로 고양이는 대소변으로 필요 이상의 수분을 배출하지 않는 신체 구조를 갖췄습니다.

하지만 그게 건강하게 오래 살 수 있다는 뜻은 아닙니다. 반려묘가 물을 더 잘 마시게 유도하거나 양질의 사료 급여에 신경 써야 하는 이유는, 야생의 습성대로 살게 놔두면 오래 살지 못하기 때문이에요. 실제로 고양이는 비뇨기계 질환에 취약합니다. 오늘날 고양이의 기대수명은 반려묘와 오래도록 함께하고픈 보호자의 마음과 노력이 반영된 것이기도 합니다.

079 고양이와 물
하루 음수량은 어느 정도가 적정한가요?

체중 1kg당 약 30ml가 바람직한 기준입니다

고양이는 하루에 물을 얼마나 마셔야 적당할까요? 체중 1kg당 약 30ml가 기준입니다. 예를 들어 체중 5kg인 고양이라면 섭취량은 150ml로 계산합니다.

일단 반려묘가 하루에 물을 얼마나 마시는지 다음의 방법으로 확인해 보세요.

> 1 페트병에 물 150ml를 넣고 그 병으로 각 물그릇에 물을 붓습니다.
> 2 물그릇에 남은 물의 양으로 반려묘가 마신 양을 대략 파악합니다.

물론 기온이 높으면 고양이의 몸이나 물그릇에서 수분이 더 많이 증발합니다. 식사에 함유된 수분량으로 보충되기도 해요. 이처럼 여러 조건에 따라 약간의 오차가 생길 수 있지만, 대략적인 양을 파악하는 것에 의미가 있습니다.

물을 잘 안 마신다면 습식 사료를 주는 등 사료 형태로도 조절할 수 있어요(건식 사료를 수프에 담가서 주는 방법도 있지만, 고양이는 식감을 따지기 때문에 안 먹는 아이가 많을지 몰라요).

음수량이 부족하다고 확인되면 병원을 방문해 탈수 상태는 아닌지 점검해보세요.

고양이와 물
080
물을 줄 때 주의할 점이 있나요?

물은 매일 갈아주세요
당연하지만 매우 중요한 절차입니다

고양이를 위한 물을 준비할 때도 주의할 점이 있습니다.

- **날마다 갈아준다**
  고양이는 신선한 물을 좋아해요. 물을 갈아줄 때 용기도 씻어서 늘 청결하게 관리해주세요.

- **너무 차가운 물을 주지 않는다**
  날이 덥다고 해서 찬물을 주지 마세요. 너무 차가운 건 꺼립니다.

- **마음에 들어 하는 물그릇에 준다**
  물그릇에 수염이 닿는 것이 싫어서 그런 그릇으로는 물을 안 마시거나, 양동이처럼 커다란 그릇으로만 물을 마시는 고양이도 있어요. 좋아하는 물그릇을 찾아봅시다.

물이 자동으로 흘러나오는 구조의 반려동물용 급수기도 고양이가 매우 좋아하므로 온종일 밖에 나가 있는 보호자에게 추천합니다.

또 준비해둔 물을 마시면 좋을 텐데 호기심 때문에 눈에 보이는 온갖 생활용수를 마실 때가 있어요. 소금이 들어간 채소 데친 물이나 꽃병의 물 등은 고양이에게 유해하니 방치하지 말고 취급에 주의하기 바랍니다.

물 | 물을 잘 안 마시는 고양이를 위한 배려

고양이와 물
081
왜 굳이 수도꼭지에 흐르는 물을 마실까요?

사실 고양이는 물을 잘 못 본다는 설도 있어요 흐르는 물은 쉽게 인식할 수 있습니다

평소에는 물을 잘 안 마시는 고양이인데 수도꼭지의 물을 틀면 희한하게 흥미를 보이지 않나요? 혀를 내밀고 흐르는 물을 날름날름 핥거나 발로 만져보는 등 사랑스러운 모습으로 집사의 마음을 녹이기도 해요.

냄새와 색이 없는 물은 고양이가 눈으로 인식하기 어려운 사물 중 하나입니다. 고양이가 실수로 물그릇에 발을 넣는 것도 그 때문이지요.

수도꼭지에서 나오는 물은 쉴 새 없이 움직이며 흐르고 소리도 납니다. 싱크대에 부딪히면서 물보라가 일고 빛이 반사되어 반짝반짝 빛나기도 해요. 그래서 그곳에 물이 있음을 고양이가 쉽게 인식할 수 있습니다. 계속해서 변화하는 물의 움직임도 고양이의 호기심을 자극한다고 해요.

물 | 물을 잘 안 마시는 고양이를 위한 배려

고양이와 물

082 물그릇은 어디에 두면 좋을까요?

물그릇은 '마리 수+1' 개로 준비
밥 먹는 곳 주변이나 반려묘가 자주 머무는
장소에 분산해서 놓으세요

반려묘가 적극적으로 물을 마시고 싶은 기분이 드는 장소에 물그릇을 두는 것이 중요합니다. 물 마시는 장소(물그릇)는 '마리 수+1'로 준비하는 것이 기본이에요. 예를 들면 고양이 한 마리를 키울 때는 두 군데, 두 마리일 때는 세 군데라고 생각합니다.

고양이는 깔끔함을 따지고, 나름대로 고집도 강한 동물이에요. 물 마시는 장소가 마음에 들지 않으면 물을 안 마셔 버리므로 '+1'을 준비합니다. 참고로 화장실 개수도 같은 기준으로 생각하면 돼요. 밥 먹는 장소는 하나라도 괜찮아요.

물그릇은 밥 먹는 곳 근처에 놓아도 좋고, 반려묘가 자주 머무는 장소에 놓아도 좋습니다. 물 마시는 패턴에도 고집이 있으므로 최대한 곳곳에 놓으면 좋아요. 다만 다음과 같은 장소는 피하기 바랍니다.

- **화장실 옆** : 냄새가 고양이의 신경을 자극할 수 있기 때문입니다.
- **세탁기나 건조기 옆** : 큰 소리가 나서 마음이 진정되지 않습니다

고양이가 마음에 드는 장소를 고른 뒤 나머지 장소를 전혀 사용하지 않으면 철거해도 괜찮아요.

물 / 물을 잘 안 마시는 고양이를 위한 배려

고양이와 물

083

최근 들어 물을 잘 마시지
않는 것 같아요

고양이는 탈수증에 걸리기 쉬워요
상황에 따라서는 스포이트 등을 사용해서
강제로라도 물을 마시게 해야 합니다

물

물을 잘 안 마시는 고양이를 위한 배려

음수량이 적은 고양이는 탈수증에 걸리기 쉽습니다. 더울 때뿐만 아니라 추울 때도 탈수 증상이 나타나는 것이 고양이만의 특징이에요.

물을 적게 마시는 데다 기온까지 높으면 몸에서 배출되는 수분량도 늘어나므로 탈수 증상이 나타납니다. 한편 추운 시기에는 물을 마시면 체온 유지에 지장이 생기므로 안 마시게 돼요. 그 결과 소변이 진해집니다.

탈수증은 배뇨 문제로도 이어집니다. 여름에는 소변이 잘 안 나오는 고양이가 늘어나는데, 수분 섭취량이 체외로 소실되는 양을 따라잡지 못하기 때문이에요. 특히 소변이 농축되면 하부 요로(방광에서 요도까지의 통로) 질환이 유발될 수 있습니다. 고양이에게 매우 흔히 발병하는 질환으로, 그만큼 고양이에게 배뇨 문제가 잘 생긴다는 사실을 보여줍니다.

탈수로 인한 건강 이상은 며칠 후 나타나기 쉬우니 탈수가 염려되는 날부터 며칠은 모습을 잘 관찰하세요. 감염증 등 다른 병에 걸릴 위험도 있습니다. 물을 너무 안 마신다면 스포이트를 사용해 먹이는 등 강제적인 수분 공급도 필요합니다.

고양이와 물

084 　물을 많이 마시면 안심해도 될까요?

물 마시는 양이 지나치게 늘어도 걱정! 비뇨기계 질환이 숨어있을 수 있어요

사실 음수량이 많아도 좋지 않습니다. 고양이와 물의 문제는 꽤 까다로워요.

　물을 지나치게 많이 마시는 고양이에게는 호르몬 이상, 당뇨병, 신장병 등의 질환이 숨어 있을 가능성이 있습니다. 특히 신장 기능이 약해지면 체내 수분이 소변으로 과도하게 배출되기 때문에 배뇨량이 늘어납니다. 그래서 물을 많이 마시게 되는 것이죠. 평소 배뇨량 체크 등을 통해 다음다뇨도 신경 써야 합니다.

물 　물을 잘 안 마시는 고양이를 위한 배려

고양이와 화장실
085

화장실을 기억하게 하려면 어떻게 해야 하나요?

고양이는 알아서 잘 기억해요
사람이 많이 다니는 장소를 피해서 설치하세요

대부분의 고양이에게 화장실 훈련은 필요 없습니다. 처음 집에 데려왔을 때 물그릇과 마찬가지로 '마리 수+1'의 화장실(모래상자)을 준비해서 위치를 알려주면 며칠 안에 마음에 드는 화장실에서 볼일을 봅니다. 아기고양이인 경우 쭈그리고 앉아서 소변을 보려는 듯한 행동을 보이면 안아서 모래상자 위에 올려 주세요.

설치한 장소에서 볼일을 보지 않으면 마음에 안 든다는 뜻이에요. 일단 환경을 재검토해보세요. 다용도실은 그다지 추천하지 않아요. 청소하기 쉽고 집 구석진 곳에 있다는 이유로 다용도실에 설치하는 보호자도 많은데 고양이는 세탁기 등의 큰 소음을 싫어합니다.

현관 역시 사람이 자주 드나들어서 마음 편히 배설하지 못하므로 좋지 않아요. 아래와 같이 가족이 모이는 장소에서 벽을 사이에 두고 쉽게 오갈 수 있는 장소를 추천합니다.

> **추천하는 화장실 설치 장소**
> - 통풍이 잘되고 냄새가 배지 않는 장소.
> - 조용하고 숨을 수 있는 장소. 거실 구석, 사람 화장실 옆, 계단 아래 그늘진 곳, 복도 끝 등도 추천. 고양이의 건강 관리를 위해 배설 시의 모습도 가끔 확인할 수 있어야 합니다. 단, 모든 사람이 볼 수 있는 장소는 NG.
> - 2층 주택이라면 층마다 설치합니다.

화장실 이상적인 화장실을 찾아서

고양이와 화장실
086
대소변은 하루에 몇 차례 보는 게 적당한가요?

배뇨는 하루 1~2회, 배변은 하루 1회가 바람직한 사이클입니다

성묘의 평균적인 소변 배출 횟수는 하루 1~2회가 기준입니다. 이틀에 한 번 배뇨한다는 고양이도 있습니다만, 이건 좀 적은 편입니다. 횟수는 중요해요.

하루에 서너 번씩 소변을 볼 경우에는 동물병원을 방문해 소변의 농축도를 확인해보세요. 소변 검사에서 신장 기능 이상이나 다른 질환을 조기에 발견할 수도 있습니다.

> **하루의 평균 배출 횟수**
> ● 소변 … 1~2회
> ● 대변 … 대략 1회

화장실 이상적인 화장실을 찾아서

고양이와 화장실

087

고양이에게 이상적인 화장실은 어떤 건가요?

쭈그리고 앉았을 때 엉덩이가
용기 가장자리에 닿는 것을 싫어해요
청결은 기본 중의 기본입니다

화장실 이상적인 화장실을 찾아서

화장실이 위치한 장소 이상으로 모래상자와 모래 종류가 화장실의 호불호를 좌우합니다. 일단 크기가 중요해요. 모래상자가 몸에 딱 맞는 사이즈면 안 돼요. 스프레이(마킹 행위)를 할 때와 달리 일반적인 소변은 쭈그리고 앉아서 봅니다. 그때 엉덩이가 상자 가장자리에 닿는 걸 고양이는 싫어해요. 물그릇에 수염이 닿는 것을 싫어하는 것과 비슷하지요. 그래서 화장실 가장자리에 앞발을 걸치고 배설하는 고양이도 있습니다.

  배설할 때마다 소변이나 대변을 정리해주나요? 모래를 청결히 유지하는 것은 기본 중의 기본입니다. 화장실 모래는 소변이나 대변이 묻은 부분만 버리면 되고, 모래상자는 일주일에 한 번 정도 세척해주세요. 특히 배설물이 묻을 정도의 크기라면 자주 물로 씻어서 청결하게 유지합시다.

088 화장실 모래는 얼마나 넣어야 하나요?

너무 적으면 배설물을 파묻지 못하므로 NG
모래의 촉감에도 민감해요

선조가 사막지대에서 생활했기 때문인지 고양이는 모래 위에서 배설하는 것을 좋아합니다. 모래의 감촉에도 민감하지요.

화장실 모래는 얼마나 넣어 주나요? 배설 후 모래를 파헤쳐서 숨길 수 없을 만큼 소량이면 화장실 가기를 꺼려하고 아무 데나 소변을 지리기도 합니다. 또 모래가 적으면 화장실 바닥도 쉽게 더러워져서 결과적으로 청소가 번거로워지지요.

모래 입자의 크기나 감촉은 고양이의 기호를 따르되, 소변이나 대변 색을 확인하기 쉬운 색이 좋아요. 모래를 갈아줄 때는 한 번에 모두 교체하지 말고 오래된 것을 남기면서 조금씩 바꾸세요. 모래에도 고양이 자신의 체취가 남아 있어야 안심할 수 있는 장소로 여기기 때문이에요.

참고로 우리 병원에서는 고양이가 입원할 때 여러 종류의 고양이 모래를 만듭니다. 모래 입자의 크기를 바꾸거나 잘게 자른 신문지를 섞어 감촉을 바꾸거나 진짜 모래를 사용하기도 합니다.

고양이와 화장실

089 ▸ 배변 실수를 했어요!

배변 실수를 하는 이유는 세 가지입니다
스트레스가 원인일 수도 있어요

화장실이 아닌 장소에 소변을 보는 건 주로 세 가지 이유 때문입니다. '① 냄새를 지우고 싶다 ② 환경이 마음에 들지 않는다 ③ 몸 상태가 좋지 않다'의 이유예요.

혹시 오른쪽 표와 같은 변화가 있었나요? 고양이가 변화에 민감하다는 건 잘 알려져 있지요. 모래를 바꾸기만 해도 소변을 보지 않는 고양이도 있어요. 모래 모양이 달라져서 발가락 사이에 끼는 것이 싫을 수도 있습니다.

화장실 이상적인 화장실을 찾아서

- 손님이 방문했다.
- 새로운 반려동물을 데려왔다.
- 모래상자의 위치를 변경했다.
- 모래상자, 모래를 바꿨다.
- 주변 환경이 지저분하다.
- 모래에 뿌린 소취제 냄새가 강하다.

이사 등 환경의 변화가 원인이라면 전과 똑같은 화장실 모래나 비슷한 것으로 바꿔주면 대략 2주 안에 문제가 해결되기도 해요.

손님이 사용한 이불에 대소변을 지릴 때는 낯선 사람의 냄새를 지우고자 했을 가능성이 있습니다. 어떤 이유든지 스트레스가 기본적인 원인이며, 혼내면 오히려 문제가 악화됩니다. 배변 실수로 오염된 곳은 효소계 세정제로 닦고, 고양이가 거북해하는 시트러스 계열의 향을 입히면 같은 곳에 실수하지 않아요. 고양이 합성 페로몬제인 펠리웨이 등으로 심리적 안정감을 줌으로써 위화감을 없애는 것도 효과적입니다.

화장실 이상적인 화장실을 찾아서

고양이와 화장실
090
노령묘가 되자 배변 실수를 하는 이유는 무엇일까요?

건강 이상이나 시력 저하, 인지기능장애증후군일 가능성도 의심하세요

나이가 많은 고양이가 모래상자 외의 장소에서 소변을 보면 방광염 등의 건강 이상 외에 사람의 치매와 비슷한 '인지기능장애증후군'도 의심해봐야 합니다. 모래상자의 위치를 잊어버려서 실수할 가능성이 있어요. 하지만 밤에만 실수한다면 눈이 나빠져서 주변을 잘 보지 못하는 것이 원인입니다. 노령묘의 배뇨 실수는 신장 질환, 비뇨기 질환 등 큰 문제가 잠재한 것이 원인일 수 있으니, 염려되는 증상을 보일 때는 일찌감치 진료를 받기 바랍니다.

고양이와 화장실
091
개와 비교해서 고양이의 대변이 더 단단한 편인가요?

식이섬유나 수분을 많이 섭취하지 않아서 대변이 건조한 편입니다

고양이의 대변은 개와 비교하면 더 건조합니다. 이유는 고양이 사료에 함유된 식이섬유가 적고, 평소 수분 섭취도 적은 데다 수분을 되도록 체외로 배출하지 않기 때문이에요.

배뇨도 자주 하지 않잖아요? 여러 번 말했듯이 고양이의 기원이 건조한 지대(이집트 설이 유력)에서 시작되었다는 점과 연관이 있지 않을까 추측할 수 있습니다.

참고로 조류는 비행을 위해 몸을 가볍게 하려고 물이나 음식을 섭취하면 즉시 배설합니다. 그래서 새똥은 수분이 많아요.

변비 해소법은 6장에서 자세히 설명할게요.

화장실 이상적인 화장실을 찾아서

고양이와 화장실
092
오줌 냄새가 왜 이렇게 지독하죠?

냄새로 존재를 주장하기 때문이에요
가능한 한 높은 위치에 스프레이를 해서
몸집이 크다고 어필합니다

고양이의 오줌은 개와 비교해서 냄새가 심하다고 합니다. 발정기의 냄새는 특히나 강렬해요. 일반적인 배뇨와 다르게 자기 영역을 표시(마킹)하기 위해 소변을 뿌리기도 하는데, 이를 '스프레이'라고 합니다. 잘 관찰하면 평상시 소변을 앉아서 처리하는 것에 비해 꼬리와 엉덩이를 높이 올리고 최대한 높은 위치에 스프레이하는 것을 볼 수 있어요. '여기에는 몸집이 큰 고양이가 있다!'라고 어필하는 거예요.

집에 새로운 존재가 들어오면 자기 영역을 의식해 실내에서도 스프레이 행위를 해 집사를 난처하게 만들기도 합니다. 스프레이 행위는 중성화하지 않은 수컷이 많이 보이며 냄새도 가장 지독해요. 냄새가 강하면 그만큼 오래 지속되기 때문에 존재를 한층 더 강하게 주장할 수 있다는 것이죠.

화장실 — 이상적인 화장실을 찾아서

고양이와 화장실

093 고양이도 항문낭이 막히나요?

항문낭을 만졌을 때 공 같은 형태가 느껴지면 분비액이 꽉 차 있다는 신호입니다

화장실 – 이상적인 화장실을 찾아서

고양이 항문의 좌우 4시와 8시 방향에 복주머니 같은 기관이 있습니다. 특유의 냄새를 풍기는 항문낭액을 생산하고 분비하는 '항문낭'입니다. 고양이가 엉덩이를 문지르는 행동은 여기서 나오는 분비액으로 마킹하기 위함이에요.

분비물은 체질에 따라 액상 또는 크림의 형태를 띱니다. 보통은 배설할 때나 움직일 때 자연스럽게 배출되는데, 선천적인 문제나 염증 때문에 주머니의 구멍이 막혀서 정상적으로 배출되지 않을 때가 있어요.

항문낭을 만졌을 때 마치 작은 공 같은 형태가 느껴지면 분비액이 꽉 차 있을 가능성이 큽니다. 방치하면 염증을 일으키고 심할 경우 항문낭이 곪아서 파열되기도 해요. 따라서 항문낭을 정기적으로 짜 주면서 관리해야 합니다.

고양이와 화장실
094
항문낭은 어떻게 짜야 해요?

항문낭은 주기적으로 짜 주세요
'무서워요!', '못 하겠어요!' 라고 한다면
동물병원에 맡기세요

항문낭을 짜는 방법을 알려드릴게요.

화장실 — 이상적인 화장실을 찾아서

> 1. 배가 보이는 누운 자세로 품에 안아, 한 손으로 뒷다리를 모아 잡고 올려 엉덩이가 보이게 합니다. 이렇게 하면 항문이 열려서 항문낭을 쉽게 찾을 수 있어요.
> 2. 손바닥으로 뒷다리 관절에서 항문 쪽으로 허벅지를 쓸듯이 부드럽게 밀어줍니다. 그러면 자연스럽게 항문낭액이 배출됩니다. 분비액이 튈 수 있으므로 주의하세요. 분비액은 냄새가 지독합니다.
> 3. 지저분해진 엉덩이를 잘 닦아줍니다.

이걸로 끝이에요. 크림 상태가 되어 잘 나오지 않는다면 억지로 짜지 말고 병원에 데려가세요.

참고로 미국에서는 고양이의 직장 검사가 일반적인데요. 대부분의 수의사가 항문에 손을 넣고 검사하는 김에 항문낭을 짜줍니다. 직장 검사는 종양 덩어리 같은 이상도 찾을 수 있는 매우 의미 있는 검사지만 일본에서는 그리 일반화되어 있지는 않습니다.

항문낭은 자주 짜주면 보통 문제가 없지만, 빨갛게 붓거나 갑자기 아파할 때는 무리하지 말고 병원에 가세요.

3장

귀엽고 신비로운 고양이의 생태가 궁금해요

- 붙임성 없는 성격도 싫지 않아요
- 고양이의 신체 기능은 이토록 대단해요
- 고양이와 지내는 생활은 건강에도 좋아요

고양이의 생태 095
쓰다듬기만 해도 위안이 돼요 왜 이렇게 편안해지는 걸까요?

과학적으로도 밝혀진 보송보송한 털의 힘! 털을 쓰다듬으면 애정 호르몬이 분비됩니다

고양이를 만지거나 쓰다듬으면 말로 표현할 수 없는 행복한 기분이 들 때가 있지 않나요? 아무래도 그 비밀이 '털'에 있는 모양이에요. 일본의 대학교 심리학 연구팀이 실시한 실험에서 다음과 같은 결과가 보고된 바 있습니다.

- 개와 고양이처럼 털이 '복슬복슬'한 동물을 매일 15분 정도 쓰다듬거나 안으면 마음이 편안해져서 스트레스와 짜증이 감소한다.
- 동물이 아니더라도 모피나 봉제인형으로도 똑같은 효과를 얻을 수 있다.

여기에는 애정 호르몬인 '옥시토신'이 큰 영향을 미칩니다. 옥시토신은 행복감을 느낄 때 분비되는데, 우리가 반려묘의 보드라운 털을 만지고 쓰다듬다 보면 소소한 행복감을 느끼고 그로 인해 옥시토신이 분비됩니다. 그 덕분에 마음이 더욱 편안해지고 기분 좋은 위안을 얻게 된다는 것이죠.

생태 | 붙임성 없는 성격도 싫지 않아요

고양이의 생태
096

가족 구성원 간의 다툼이
고양이에게 스트레스가 될까요?

고양이도 가족의 일원이에요
그러니 싸우지 마세요

아마도 거의 모든 집사는 당연히 반려묘도 '가족의 일원'이라고 생각하고 있을 거예요. 고양이도 마찬가지예요. 가족, 같은 무리의 일원이라는 마음으로 함께 생활합니다. 그렇기에 당연히 보호자 가족 간의 싸움은 고양이에게 큰 스트레스를 주지요.

말다툼이 잦거나 아이를 큰소리로 혼내는 환경에서 생활하는 고양이는 다른 사람에게 공격적인 반응을 잘 보입니다. 고양이의 행동에는 보호자와 가족의 행동이 상당 부분 반영됩니다. 그런 스트레스에 상시 노출되면 스트레스 호르몬을 분비하는 부신이 과민하게 작용해 설사와 구토 증상을 유발하기도 해요. 반려묘의 안정을 위해서라도 평온한 분위기를 만들도록 노력해봅시다.

생태

붙임성 없는 성격도 싫지 않아요

고양이의 생태 097 사람을 잘 따르는 아이가 있는가 하면 그렇지 않은 아이도 있는 이유는 뭘까요?

성격은 부계의 영향이 커요
아빠고양이가 사람을 잘 따른다면
친화력이 좋은 고양이가 될 확률이 높아요

우선 고양이의 성격은 아빠고양이로부터 받는 유전적인 영향이 크다고 해요. 아빠고양이가 사람을 잘 따른다면 새끼도 그 성격을 물려받아 친화력이 좋을 확률이 높다고 합니다.

'어미는 사람을 잘 따르는데 아기고양이는 낯가림이 심하다'는 사례가 있는 것도 그 때문으로 추측할 수 있습니다. 자라온 환경에도 원인이 있겠지만 어쩌면 아빠고양이가 예민한 성격일는지 모르겠어요.

또 이런 이유도 있습니다. 고양이는 사회화 시기인 생후 8주까지 맺은 사람과의 관계가 이후에도 많은 영향을 미친다고 합니다. 사회화 시기에 다양한 사람과 접촉하고 새로운 자극을 느끼는 것이 중요하다는 뜻이에요. 매일 15분 이상 사람들과 접촉하면서 좋은 경험을 한 아기고양이는 사람에 대한 경계심이 적고 사교성이 좋은 고양이가 되는 듯합니다.

자묘 시기에 무서운 경험을 하지 않고, 특히 동물을 좋아하는 사람을 만날 기회가 많으면 사람을 잘 따르는 성격이 될 확률이 훨씬 높아집니다. 상대방이 자신을 좋아하는지 아닌지 고양이도 확실히 알고 있어요.

고양이의 생태 098 — 중성화하면 수컷끼리 사이좋게 지낸다는데 정말인가요?

성격이 온순해져서 수컷끼리도 친밀해집니다
중성화한 후 성별에 따른 차이는 있어요

고양이의 성별에 관한 흥미로운 연구 결과가 있습니다.

중성화한 수컷 고양이는 ① 성격이 온순해지고 싸움이 줄어들며, ② 상대방을 가리지 않으며 수컷끼리도 친밀해진다고 해요. 이는 중성화로 인해 공격성 등 이른바 수컷다움을 관장하는 테스토스테론의 분비가 억제되기 때문이에요. 야생 고양이라면 암컷을 쟁탈하는 경쟁 상대인 수컷끼리 사이가 좋을 수 없습니다.

한편 중성화 수술을 한 암컷은 수컷과는 다른 예민한 모습을 보입니다. 성별에 관계없이 상대를 심하게 가립니다. 말하자면 어느 누구와도 거리를 두려는 경향이 있어요. 이와 같은 성별의 차이가 왜 나타나는지는 아직 밝혀지지 않은 부분이 많습니다.

생태 — 붙임성 없는 성격도 싫지 않아요

고양이의 생태

099 〈 동거묘 사이에 서열이 있나요? 〉

고양이는 본래 단독 생활이 전문!
합사할 때는 먼저 살던 고양이가 유리하지만
치열하게 서열을 따지지는 않습니다

▶ 생태 - 붙임성 없는 성격도 싫지 않아요

야생 고양이는 생후 약 6개월 안에 어미로부터 독립합니다. 드물게 집단 생활을 하는 고양이도 있지만 기본적으로는 평생 단독 행동을 선호해서 수컷과 암컷이 함께 지내는 일도 거의 없다고 해요.

하지만 실내에서 키운다면 사정이 다르지요. 보호자의 결정에 따라 다른 고양이와 동거할 수 있기 때문이에요. 그럼 동거묘 사이에서 서열은 존재할까요? 먼저 들어와 살면서 자기 영역을 다져 놓은 고양이가 역시 우위에 있는 듯해요. 다만 고양이는 서로의 힘이 팽팽할 정도로 강하지 않으면 크게 싸우지 않습니다. 상대가 나이가 많거나 어린 고양이라면 어느 정도 '용인'해주는 느낌도 있어요.

어쩌다 존재가 확인되는 야생 고양이 집단에서는 무리에서 가장 약한 고양이나 어린 고양이부터 먹이를 먹는 모습도 관찰할 수 있었습니다. 어쨌든 고양이는 다른 동물에 비해 서열을 강하게 신경 쓰지 않는 모양이에요.

고양이의 생태 100 — 털색과 무늬에 따라 성격이 다른가요?

털색과 무늬에 따른 차이는 불분명하지만, 성별에 따른 차이는 밝혀졌어요

고양이는 털색과 무늬에 따라 성격이 다를까요? 미국의 한 대학교에서 실시한 조사에 따르면 삼색 고양이, 흰색×검은색 고양이, 흰색×회색 고양이 이렇게 3종은 다른 색을 띤 고양이와 비교해 사람과의 관계에서 더 공격적인 성향을 보였다고 합니다.

한편 이런 조사 결과도 있어요. 고양이 보호자 1,432명을 대상으로 인터넷상에서 조사를 했더니※ 치즈 태비 고양이가 사람을 잘 따른다는 의견이 가장 많았습니다.

털색과 무늬에 따른 성격 부여는 다양한 해석이 있어서 정확성에는 의문이 들어요. 하지만 성별 차이와 성격의 관계성은 잘 알려져 있습니다. 일반적으로 수컷은 장난과 놀이를 좋아하는 응석꾸러기에 호의적이어서 다른 고양이와도 친해지기 쉽습니다. 한편 암컷은 조금 제멋대로 행동하며 속을 알 수 없는 매력을 지녔어요. 다른 고양이와 친해지는 일도 적습니다.

여기에 털색·무늬와 성격의 관계성을 함께 생각해보면 치즈 태비 고양이는 유전적으로 약 80%가 수컷이라서 대체로 사람을 잘 따르는 느낌이 있고, 삼색 고양이는 100% 암컷이라서 공격적으로 느껴집니다. 개인적으로는 어떤 색을 띠든 고양이는 다 귀여워요. 여러분은 어떤가요?

※ 〈The Relationship Between Coat Color and Aggressive Behaviors in the Domestic Cat〉 (2016년)에 수록.

> 생태 — 붙임성 없는 성격도 싫지 않아요

고양이의 생태
101

목덜미를 잡으면 얌전해지는 이유는 무엇인가요?

어미가 입으로 물었을 때 가만히 있지 않으면 떨어져서 적에게 붙잡히기 때문이에요

고양이는 목덜미를 잡으면 확실히 얌전해지는데 이는 아기고양이 시절의 본능이 남아 있기 때문이라고 해요. 적이 습격하면 어미고양이는 아기고양이의 목을 물고 재빨리 도망쳐야 합니다. 이때 아기고양이가 날뛰면 떨어지거나 적에게 붙잡히고 말아요. 그래서 목 뒤를 잡으면 얌전해진다는 설이 유력합니다.

동물의 목덜미는 컨디션을 확인하는 포인트이기도 합니다. 건강할 때는 피부를 잡아당기면 힘 있게 원상태로 돌아가지만 탈수증이 있거나 병에 걸렸을 때는 천천히 원상태로 돌아갑니다. 특히 고양이는 확인하기 쉬우므로 손으로 살짝 잡았다가 놔보세요. 되돌아가는 속도가 느리면 주의해야 합니다.

> 생태
> 붙임성 없는 성격도 싫지 않아요

고양이의 생태

102

얼굴에 상처가 있는 고양이라니 박력이 느껴져요!

싸운 상처로 성격이 드러나요
얼굴의 상처는 정면으로 싸운 훈장입니다

고양이끼리 싸우다가 상처가 생기기도 하는데, 그 상처로 고양이의 성격이나 싸우는 스타일을 읽을 수 있습니다.

　얼굴 주위의 난 상처는 정면으로 맞선 '훈장'과도 같아요. 성격이 매우 드센 고양이일지 몰라요. 만화책이나 애니메이션에서 두목 격의 고양이는 흔히 얼굴에 상처가 있는 캐릭터로 묘사되는데 아주 근거 없는 설정은 아닌 거죠.

　엉덩이 주위에 상처가 난 고양이는 도망칠 때 당한 상처일 가능성이 높아요. 힘이 센 상대에게 용감히 맞서 봤지만 대진운이 안 좋았던 거죠.

생태 | 붙임성 없는 성격도 싫지 않아요

고양이의 발톱은 날카로워서 긁히기라도 하면 나중에 곪을 수도 있습니다. 겉보기에는 멀쩡한 듯해도 빨리 치료해주세요. 특히 밖에서 생활하는 고양이와 싸우다 물리면 고양이 면역 결핍 바이러스 등에 감염될 위험도 있습니다.

집밖에는 온갖 위험이 도사리고 있어요. 고양이끼리의 싸움뿐 아니라 교통사고로 중대한 부상을 입을 수도 있습니다. 도심은 물론 시골에서도 실내 고양이의 바깥 활동은 주의 깊게 살펴야 하고, 가급적 실내에서 지내게 할 것을 추천합니다.

생태 — 붙임성 없는 성격도 싫지 않아요

고양이의 생태 103
고양이는 왜 목욕을 싫어하나요?

털이 젖으면 체온이 떨어지기 때문!
손발을 만지는 횟수도 늘어나서 더 싫어해요

'고양이가 목욕을 싫어하는 이유'는 털의 구조와 조금 관계가 있어 보입니다. 고양이의 털은 두 종류로 이루어져 있습니다. 안쪽에 난 폭신하고 부드러운 속털을 '언더코트'라고 하는데 주로 체온을 유지하는 역할을 해요. 그리고 바깥쪽에 난 털은 '오버코트'로, 언더코트에 비해 단단하고 탄성이 있으며 약간의 방수 기능까지 겸비해 피부를 보호하는 역할을 합니다.

목욕을 하면 언더코트와 오버코트가 모두 젖게 되고 한 번 젖으면 잘 마르지 않아요. 체온 변화에 약한 고양이는 체온을 빼앗기는 것을 극도로 꺼립니다. 털이 젖으면 체온이 떨어지는 데다 몸까지 무거워져 민첩하게 움직이는 데도 지장이 생기지요. 그래서 목욕(물에 젖는 것)을 싫어하는 거예요.

게다가 고양이는 누군가가 손발을 만지는 걸 무척 거북해하지요. 그런데 목욕을 하다 보면 아무래도 손발을 만지는 횟수도 늘어나잖아요. 그래서 예민하게 반응하는 거예요.

참고로 고양이의 털이 복슬복슬한 이유는 하나의 모공에서 여러 가닥의 털이 나기 때문이에요(많게는 6가닥이 나기도 합니다). '여름에는 털이 많이 나서 너무 덥지 않을까?' 하고 생각할 수 있는데, 열이 직접 피부에 닿는 것을 피할 수 있어서 보기보다는 시원한 모양이에요.

생태 | 고양이의 신체 기능은 이토록 대단해요

고양이의 생태 104
긴 수염이 거추장스럽지 않나요?

수염은 정교한 센서예요
미용 등을 이유로 자르는 건 절대 금물!

고양이의 코 양옆에는 얼굴 크기보다 훨씬 긴 수염이 여러 가닥이 늘어져 있습니다. 길게 뻗은 수염이 멋스럽지요. 그런데 이를 '거추장스러울 것 같다'며 자르면 절대 안 됩니다. 털갈이나 고양이끼리의 싸움에서 끊어지는 일은 있을 수 있어도, 인공적으로 수염을 다듬으면 안 돼요. '촉각 레이더'로서의 균형이 무너집니다.

고양이의 수염은 공기의 파동까지 감지합니다. 모근 부분에는 감각신경과 혈관이 빽빽하게 분포해 있어서 수염 끝부분에 촉감이 느껴지면 '뭔가 있다!' 하고 뇌에 신호를 보냅니다.

고양이 수염의 모양은 상황에 따라 아래의 표처럼 달라집니다. 손님이 왔을 때 평소 수염과의 차이를 잘 확인해보세요. 참고로 뺨뿐 아니라 눈 위나 앞발의 관절 부근에 난 털도 수염으로 분류됩니다.

> **수염 위치로 알아보는 고양이의 마음**
> - 아래쪽을 향한다. = 안심, 편안하다.
> - 옆으로 뻗어 있다. = 긴장했다.
> - 뒤쪽으로 바짝 향한다. = 더욱 긴장했다.
> - 앞으로 나왔다. = 흥미를 보이거나 경계한다.
> - 위를 향한다. = 공포를 느낀다.

생태 / 고양이의 신체 기능은 이토록 대단해요

고양이의 생태

105 　 골골 소리는 왜 내는 건가요?

소리를 내는 원리는 아직 불분명하지만 골골송이 지닌 치유력은 주목받고 있어요

고양이와 놀아본 적이 있는 사람이라면 한 번쯤 고양이의 '골골송'을 들어봤을 거예요. '고양이의 비트박스'라고 불리기도 하는데, 정식 명칭은 '퍼링(Purring)'입니다. 목 안쪽의 기관을 진동시켜 내는 소리로 추정됩니다만, 정확히 어떤 원리로 소리가 나는 것인지는 밝혀지지 않았어요. 미스터리한 부분이죠.

고양이는 골골거리는 소리를 ① 기분이 좋을 때, ② 마음을 진정시킬 때 냅니다. 고양이에게 병원은 비일상적인 곳이므로 진료 중에 골골 소리를 내는 고양이도 많아요. 태어난 지 약 2주 무렵부터 소리를 내며, 주파수는 25~150Hz 정도라고 합니다.

최근에는 이 고양이 퍼링이 지닌 치유력이 주목받고 있어요. 어떤 실험 결과에 따르면 상처 치유를 촉진하고 근육의 긴장을 완화하며, 혈압을 안정시켜 심장 발작을 일으킬 확률을 낮추는 것으로 나타났습니다. 더 놀라운 것은 고양이뿐만 아니라 사람에게도 비슷한 효과가 있는 듯합니다.

참고로 고양이를 키우는 사람은 다른 동물을 키우는 사람보다 심장 발작이 일어나거나 뇌경색에 걸릴 확률이 낮다는 연구 결과[※]도 발표된 바 있어요.

※ 미국에서 실시한 제2회 국민건강 및 영양검사조사 사망률 추적 조사(2009년)의 결과 등으로 확인됨.

생태 고양이의 신체 기능은 이토록 대단해요

고양이의 생태 106 — 고양이는 자신이 겪은 일을 잘 기억하나요?

주사를 맞으면 다음 진료 때 심하게 겁을 먹기도! 고양이의 기억력은 대단한 듯해요

일본의 괴담에는 고양이 형상을 한 요괴가 종종 등장합니다. 자신에게 해코지한 것을 잊지 않고 한을 풀기 위해 죽어서까지 요괴로 분해 나오다니, 기억력이 꽤 대단하죠.

실제로 고양이는 기억을 잘하는 듯합니다. 집사의 목소리를 인식하는 것도 일종의 기억력이라고 할 수 있어요. 자주 방문하는 사람을 '집사의 친구'라고 인식하는가 하면, 밖에서 생활하는 고양이는 자신의 영역 안에서 자신보다 우위에 있는 고양이를 기억합니다. 냄새에 대한 기억이 중심이지만 목소리 톤이나 움직임을 기억하는 경우도 있어요.

자신에게 싫은 행동을 한 사람도 확실히 기억한답니다. 제가 진찰하면서 주사를 놓으면 그 일을 기억했다가 다음에 내원했을 때 몹시 겁을 먹고 도망치려고 해요.

아무도 모르게 조용히 등 뒤에 와 있는 등 어딘가 신비하고 독특한 고양이의 움직임과 능력을 '무섭다'고 생각하는 사람도 있겠지요. 옛 괴담에 '고양이 요괴'가 자주 등장한 이유도 그런 점 때문일지도 모르겠네요.

생태 — 고양이의 신체 기능은 이토록 대단해요

고양이의 생태 107
어린 자녀와 함께 키워도 괜찮은가요?

고양이를 가족으로 맞이하면 아이의 면역력이 강해지고 장내 세균도 늘어나요

생태 | 고양이와 지내는 생활은 건강에도 좋아요

동물을 키우면 어린 자녀가 알레르기나 천식에 걸리지 않을까 걱정하는 부모가 많지요. 그러나 실제로는 개나 고양이를 집에 데려오자 자녀의 면역력이 향상되었다는 연구 결과[※]가 있습니다.

미국에서는 2세까지 개나 고양이와 함께 생활한 아이일수록 알레르겐에 대한 항체가 생겨 아토피 등의 질환에 잘 걸리지 않는다는 것이 증명되었습니다. 반려동물 문화가 선진적인 미국에서도 과거 '임신 중에는 개와 고양이를 키우지 않는 편이 좋다'라는 정서가 있었는데, 지금은 아이가 태어나면 반려동물을 키우는 것을 장려할 정도랍니다. 유소년기에 지나치게 청결한 환경에서 자라는 것보다 동물들이 들여오는 다양한 세균과 접촉하는 것이 오히려 면역력을 강화해 알레르기 증상을 줄여준다는 것이죠.

장내 세균이 많은 사람일수록 면역력이 높은 경향이 있는데, 반려동물과 사는 사람이 그렇지 않은 사람과 비교해서 장내 세균 수가 많다는 데이터도 있습니다. 개와 고양이가 옮기는 균을 접함으로써 장내 세균 수나 늘어나 면역력이 높아진 것일 수도 있겠네요.

※ 2002~2005년에 핀란드의 연구자가 어린이 397명을 대상으로 실시한 조사.

고양이의 생태 108
심리 치료의 효과도 있다는 게 사실인가요?

아이가 슬픈 경험을 했을 때 가족이나 친구보다 반려동물과 함께 있을 때 마음이 안정됩니다

반려동물에 관한 연구가 활발히 진행됨에 따라 반려동물과 함께하는 삶이 주는 여러 가지 좋은 영향력이 밝혀졌습니다. 아이의 정서적인 측면에 미치는 장점을 소개합니다. 아이의 단짝이 될 수 있는 고양이나 강아지와 함께 사는 것을 꼭 고려해보기 바랍니다.

> ● **PTSD에 대한 대응**
> 동물과 함께 생활하면 PTSD(외상 후 스트레스 장애)에 빠질 확률이 낮습니다. 무서운 경험을 한 뒤 가족이나 친구와 있는 것보다 동물과 함께 있는 것이 더 큰 안정 효과를 가져옵니다.
>
> ● **책임감과 배려**
> 어릴 때부터 동물을 접하고 함께 생활하면 책임감과 타인에 대한 배려심을 기를 수 있습니다. 동물을 키우는 아이는 인지력, 사회성, 운동 능력의 발달이 빠릅니다.

생태 — 고양이와 지내는 생활은 건강에도 좋아요

고양이의 생태

109 나이가 많은데 고양이를 맞이해도 될까요?

변화무쌍한 반려동물과의 삶은 고령자의 운동 부족이나 치매를 예방하는 효과가 있어요

마지막으로는 고양이와 고령자의 관계를 살펴볼게요. 반려동물을 키우지 않는 고령자가 배우자를 잃으면 병원을 찾는 횟수가 늘어나는 경향이 있습니다. 그에 비해 반려동물과 함께 생활하는 고령자는 병원 가는 횟수에 변화가 없었다는 조사 결과[※]가 있어요.

  동물들과 눈을 맞추며 교감하는 것을 소중히 여기고, 그럼으로써 애정과 위안을 느낀다고 해요.

  고양이는 반려견처럼 날마다 함께 산책하는 일은 없지만, 매일 놀아줌으로써 운동 부족을 보완할 수 있다는 게 장점이에요. 날마다 변화하는 고양이의 성장, 시시각각 보여주는 다채로운 표정과 행동은 지켜보는 이의 뇌에 좋은 자극을 주기도 합니다.

생태 — 고양이와 지내는 생활은 건강에도 좋아요

반려동물과 살면서 좋았던 점을 조사한 결과

50~80세의 반려동물 양육자를 대상으로 실시한 미국 미시간대학교의 여론 조사 (복수 응답한 결과)

- 스트레스가 줄어든다 ·· 79%
- 목적의식이 생긴다 ··· 73%
- 다른 사람과 관계를 맺게 된다 ································ 65%
- 활동적이 된다 ··· 64%
- 몸과 마음의 증상을 좋게 하는 데 도움이 된다 ········ 60%

 반려동물과의 생활이 치매 예방에도 좋다는 인식이 확산됨에 따라, 고령자가 반려동물을 돌봄에 있어 도움이 되는 생활 방식이나 시스템 변화에 대한 관심도 커지고 있습니다.

 '① 떨어져서 생활하는 가족이 책임을 질 수 있는 시스템, ② 사람의 생명보험을 동물 치료에도 쓸 수 있게 하기, ③ 보호자가 사망한 후에 고양이를 돌봐주기' 등 제도의 변화와 확립이 요구됩니다.

※ Serpell J.A. 사람의 건강 상태에 미치는 반려동물 사육의 효과.

4장

고양이와 함께 살고 싶어요

- 고양이는 어디서 어떻게 입양하나요
- 백신 접종과 중성화 수술이 궁금해요

고양이 입양

110
나의 반려묘, 어떻게 만날 수 있을까요?

고양이를 맞이하기로 결정했다면 동물보호센터에서의 입양을 고려해보세요

입양 — 고양이는 어디서 어떻게 입양하나요

주변에서 고양이를 키우고 싶다는 이야기를 들으면, 저는 동물보호센터에서 보호 중인 고양이 입양을 추천합니다. 동물보호센터는 길고양이나 유기묘를 구조하거나 구청 등에서 인수해 보호하는 곳입니다. 대부분 지역 자원봉사자나 비영리단체(NPO)가 운영합니다.

펫숍에서 아기고양이와 눈이 마주쳐 키우고 싶어질 때가 있을 거예요. 하지만 아기고양이의 성격은 좀처럼 알기 어렵고 펫숍에서의 순간적인 만남으로는 파악할 수 없는 부분이 많아요. '키워 보니 생각과 다르다'며 당황하는 경우도 많습니다(안았을 때 싫어하지 않고 얌전히 안기는 고양이를 추천해요. 눈에 눈물이 어려 있으면 감염됐을 위험이 있습니다).

한편 보호센터에서는 고양이와 만날 기회를 마련하는 곳이 많아서 함께 놀며 궁합을 확인할 수 있어요. 성격이 형성된 성묘와 만날 수도 있습니다. 길고양이는 사람에게 길들여지지 않는다는 인식이 있는데 훈련된 고양이나 중성화 수술을 끝낸 고양이, 사람을 잘 따르는 고양이도 많아요. 보호센터에서의 입양을 진지하게 검토해보기 바랍니다.

고양이 입양 111 고양이 보호 활동에 대해서 알고 싶어요

미국이나 유럽에서는 생명을 구하는 활동이 활발하게 이뤄지고 있어요

동물의 생명을 구하는 활동이 활발하게 이뤄지는 미국이나 유럽에서는 개와 고양이를 키우고자 할 때 동물보호센터에서 입양하는 일이 매우 일반적입니다. 유기된 개와 고양이의 살처분 수가 높은 일본도 이에 반대하는 사회 움직임이 커져서 최근 몇 년 동안 보호센터를 통해 유기묘를 입양하는 사람이 확연히 늘어났어요.

안락사가 아닌 방법으로 길고양이의 개체 수를 관리하면서 사람과 고양이의 공존을 도모하는 지역 사업인 'TNR(중성화 사업)'도 있습니다. 길고양이를 포획해 중성화 수술을 끝내고 포획했던 장소(고양이의 영역)에 다시 방사해 지켜보는 활동입니다. 동네를 자유롭게 다니는 고양이 중에 한쪽 귀 끝이 평평하게 잘린 고양이를 본 적이 있나요. 바로 중성화 수술을 완료했다는 표시예요. 여러 번 포획당해서 수술을 받지 않게 하기 위함이지요.

또한 중성화 수술 후 방사가 끝이 아니라, 해당 고양이가 지역에서 건강하게 지내는지 지속적으로 살펴보는 활동이 수반되어야 합니다.

> 입양
> 고양이는 어디서 어떻게 입양하나요

고양이 입양

112

60세가 넘은 노후에 고양이와 살고 싶어지면 어쩌죠?

노부모와 성인 자녀의 협업이 가장 좋아요
자녀가 고양이를 입양해
부모님에게 양육을 맡깁니다

> **입양** — 고양이는 어디서 어떻게 입양하나요

노후 생활을 설계할 때 반려동물과 함께하고 싶다는 사람이 꽤 많습니다. 하지만 '병에 걸려서 돌봐주지 못한다면?', '보호자가 먼저 사망한다면?' 등의 이유로, 일본에서는 60세 이상인 분에게는 입양시키지 않거나 유사시에 맡아줄 보증인이 있어야 입양을 진행하는 보호센터가 많습니다.

   이를 해결하는 방법이 있어요. 부모와 자녀가 함께 돌보는 거예요. 최근에 고령인 부모님 중 한 분이 떠나고 혼자가 되어 적적할 수 있는 부모님을 위해 자녀가 고양이를 입양한 다음, 부모님을 주 보호자로 해서 양육을 맡기는 사례가 늘었어요. 부모님이 돌아가시면 당연히 자녀가 책임지고 양육한다는 약속이 전제되어 있지요.

   얼마 전 70대 여성이 이제 막 함께 살기 시작한 반려묘를 병원에 데려왔습니다. 예전에 반려견을 키운 적이 있다던 그 분은 "딸이 고양이를 꼭 키워야 한다잖아요. 고양이는 처음 키우는 거라 잘 모르겠어요. 강아지랑 다르게 나한테 전혀 다가오질 않아요."라고 말하면서도 매우 활기찬 모습이었어요. 이처럼 반려동물과의 삶은 새로운 즐거움과 활력을 줍니다.

고양이 입양

113 고양이 혼자 남겨두게 될까 봐 걱정돼요

보호자가 나이가 들어도 끝까지 함께 지낼 수 있는 환경이 만들어지기를

파트너가 먼저 세상을 떠나고 인생의 후반기에 혼자 살게 될 가능성은 누구에게나 있습니다. 맡길 수 있는 사람이 있다면 다행이지만, '만약의 사태가 생기면 사랑하는 고양이를 어떻게 할 것인가?' 그 방법도 생각해 둡시다.

반려동물과 함께 들어갈 수 있는 노인 복지시설을 찾아보는 방법도 있어요. 미국 미주리주에는 반려동물과 함께 들어갈 수 있는 '타이거 플레이스'라는 고령자 시설이 있습니다. 대학교와 의료기관, 민간 기업이 공동으로 운영하는 프로젝트의 일환이에요. 고령화 시대에 맞춰 미국뿐 아니라 여러 국가에서 반려동물과 함께 들어갈 수 있는 고령자 시설이 조금씩 늘어나고 있습니다.

NPO 등이 운영하는 인수 서비스도 있어요. 일정 금액을 적립해 놓으면 새로운 주인을 찾아주거나, 찾지 못해도 아이를 보호하며 돌봐주는 서비스입니다.

보호자의 갑작스러운 질환이나 인지기능장애 발병, 노인 복지시설 입소 등을 계기로 반려묘를 양육하게 되지 못하는 사례가 적지 않습니다. 누군가에게 맡긴다고 해도 상대방에게 양육비 부담이 듭니다. 금전적인 부분도 포함해서 만일의 경우를 생각해 둡시다.

입양 고양이는 어디서 어떻게 입양하나요

고양이 입양 114 아기고양이가 얼마나 자랄지 알 수 있나요?

아기고양이의 체중 × 8로 성묘가 됐을 때의 크기를 가늠할 수 있어요

아기고양이를 입양할 때 성묘가 됐을 때의 크기를 고려하는 것은 무척 중요합니다. 품종에 따라 예상보다 훨씬 크게 성장해서 몸집이 상당한 고양이도 있어요. 화장실이나 잠자리 공간을 정하는 것과도 관계되며, 실제로 함께 생활해보면 서로가 '좁아!' 하며 스트레스를 느낄 수도 있습니다.

고양이는 생후 6~12개월 사이에 성장을 마치며, 그때의 크기가 앞으로의 이상적인 체중이 된다고 말했지요. 이 12개월령의 체중이 생후 2개월일 때의 8배 정도이므로 대략적으로 예측할 수 있습니다. 참고로 동물병원에서 나이를 알 수 없는 고양이를 살펴볼 때는 먼저 치아 상태를 확인합니다. 유치가 얼마나 빠졌고 영구치가 얼마나 자랐느냐가 나이를 판단하는 기준이 됩니다.

이 외에도 근육의 상태(쇠약하지 않은지), 털의 윤기(광택이 있는지), 눈의 상태(탁하지 않은지)를 감안해 고양이의 나이를 대략 가늠할 수 있습니다.

입양 고양이는 어디서 어떻게 입양하나요

고양이 입양

115 　끝까지 길들여지지 않을 수도 있나요?

품에 안기지는 않더라도
신뢰의 끈과 애정은 누구에게도 지지 않아요
그렇게 함께하는 삶도 있습니다

보호센터 등을 통해 고양이를 처음 만나는 보호자 중에는 "펫숍의 고양이와 비교하면 천성이 사납지 않나요?", "키우기 어렵지 않나요?" 하고 걱정하는 분들이 꽤 많습니다.

　기본적으로는 유기묘나 길고양이 출신이라는 이유로 걱정하지 않아도 됩니다. 앞에서 설명했듯이 보호센터로 들어온 고양이 중에서도 사람과 친숙하게 생활하도록 훈련이 되어 있거나 사람을 잘 따르는 고양이가 많기 때문이에요.

　고양이의 성격보다 중요한 것은 보호자와의 궁합이에요. 보호센터를 찾아 첫 만남에서 품에 안았을 때 격렬하게 저항한다면 억지로 입양해도 양쪽에 좋은 관계를 형성하기란 어려울지 몰라요. 궁합을 잘 살피기 바랍니다. 고양이가 위협해오거나 짧은 시간만으로 익숙해지지 않는다면 여러 번 만나 봐야 합니다.

　물론 "끝까지 그 아이는 무릎 위로 올라오지 않더라구요.", "안아볼 수 없었어요."라고 작은 아쉬움을 토로하면서도 좋아하는 마음 하나로 생명을 구하고 극진한 애정을 쏟는 보호자도 있어요. 고양이는 정말 멋지고 든든한 집사를 만난 거죠.

입양 — 고양이는 어디서 어떻게 입양하나

고양이 입양 116

두 마리 이상 키울 때 주의해야 할 점은 무엇인가요?

**공간의 구분이 중요해요
고양이에게 '독방'은 사치가 아니에요
모두가 사이좋게 지내기 위한 조건입니다**

두 마리 이상의 다묘가 함께 생활할 때는 나눠 가질 수 있는 공간을 마련해주세요. 한 마리는 거실, 다른 한 마리는 침실 등으로 1묘당 방 하나가 이상적입니다. 환기가 되고 출입이 자유로우면 벽장을 자기 방으로 삼는 고양이도 있어요.

  혼잡한 장소에서의 생활은 고양이에게 스트레스를 줍니다. 좁은 장소에서 집단을 이루면 사냥감 쟁탈전을 해야 하므로 생존에 불리하기 때문이에요. 단독으로 생활하고 서로의 영역을 방해하지 않도록 마킹하면서 자기 영역을 지키며 살아온 고양이의 생활을 보면 더욱 분명합니다.

고양이 입양

117 먼저 살던 고양이와 신입 고양이가 사이좋게 지내려면 어떻게 해야 할까요?

첫째 고양이와 둘째 고양이의 궁합이 중요! 페로몬 요법을 활용할 수도 있어요

반려묘가 이미 거주 중인 가정에 신입 고양이를 데려올 때는 처음이 가장 중요합니다.

> 1 처음 2주 동안은 둘째 고양이를 케이지에 넣고 첫째 고양이가 냄새를 맡게 합니다.
> 2 첫째 고양이 냄새에 익숙해지면, 첫째가 평소 잘 가지 않는 방에 둘째 고양이를 풀어놓습니다. 둘째 고양이의 활동 범위를 서서히 넓혀가다 보면 서로에 대한 적대감이 점점 줄어듭니다.

궁합이 나쁘다면 신입 고양이를 닦은 수건으로 먼저 있던 고양이를 닦아서 냄새에 익숙해지게 하는 방법도 있어요. 그래도 효과가 없다면 '펠리웨이'를 활용한 페로몬 요법을 시험해 보기 바랍니다. 펠리웨이는 고양이의 뺨에서 분비되는 페로몬 성분을 연구해 개발한 제품입니다. 고양이에게 안도감을 주고 스트레스를 줄여줌으로써 문제행동을 억제하는 작용이 있어요. '고양이가 페로몬을 인식 → 스트레스 감소 → 행동 변화'를 유도하는 제품이므로 효과가 나타나기 전까지 2주 정도 모습을 살펴보기 바랍니다.

그래도 효과가 없을 때에는 둘 사이의 문제가 아니라 실내 환경에 문제가 있는 경우도 많아요. 화장실이나 물 마시는 곳 등 집 안 환경을 한번 점검해보세요.

고양이 입양

118 두 아이를 동시에 키우기는 힘든가요?

고양이 둘을 키우면 고생이 두 배? 다묘 양육만의 좋은 장점이 있습니다

보호센터에서 고양이를 데려올 때 사람을 잘 따르는 형제자매 고양이(같은 어미에게서 태어난)가 있다면, 두 마리를 함께 입양하는 것은 어떨까요?

"둘을 키우면 배로 힘들지 않나요?" 이렇게 생각할 수도 있습니다만 그렇지는 않아요. 두 배로 고생하는 일도 없고, 오히려 키우기 쉽다는 보호자가 많습니다. 사회화가 된 형제자매 고양이가 함께 지내면 서로에게 좋은 놀이 상대가 되고 긍정적인 영향을 미쳐 건강하게 성장하고 정서적으로도 안정됩니다.

사람을 비롯해 다른 동물이나 환경에 대한 순응도 빨라서 트러블도 적습니다.

입양 고양이는 어디서 어떻게 입양하나요

고양이 입양
119
> 고양이에게도 룸메이트가 있는 편이 나은가요?

동거묘가 있으면 나이 많은 고양이가 활발해져요! 인지기능장애 예방에도 도움이 됩니다

같은 어미고양이에게서 태어난 형제자매가 아니더라도 함께 생활하는 친구가 있을 때 얻는 효과는 많습니다.

특히 최근 고양이의 고령화가 진행됨에 따라 인지기능장애증후군을 앓는 사례도 많이 늘었습니다. 그런데 이때 동거묘가 있으면 인지기능장애증후군에 걸릴 확률이 상대적으로 낮다는 사실이 밝혀졌습니다. 뿐만 아니라 질병에 잘 걸리지 않거나 식욕이 개선되어 건강해지는 사례도 있습니다.

실제로 제가 진찰한 사례 중에서는 저녁에 큰 소리로 울거나 똑같은 장소를 빙글빙글 도는 등의 이상 행동을 보이던 고양이가 새로운 고양이가 들어온 뒤로 그런 증상이 말끔히 나은 일도 있었답니다.

입양 고양이는 어디서 어떻게 입양하나요

고양이 입양

120 백신 접종에 대해서 알고 싶어요

백신 접종으로 수많은 생명을 살릴 수 있어요
아는 만큼 중요성을 실감합니다

백신을 접종하면 감염증에 대한 면역력이 생깁니다. 특히 다음의 '3종 종합 백신'은 모든 고양이에게 접종할 것을 추천합니다. 예방되는 3종 질환은 다음과 같습니다.

> ● 고양이 바이러스성 비기관염
> ● 고양이 칼리시 바이러스 감염증
> ● 고양이 범백혈구 감소증

백신이나 의료 처치를 받지 못하는 고양이의 평균 수명은 6년 미만입니다. 반면에 백신을 접종하고 완전 실내 양육으로 질병 예방과 구충 및 의료 케어를 받은 반려묘의 수명은 약 17년이라고 해요. 이런 사실만으로도 백신의 중요성을 이해할 수 있을 겁니다.

"완전히 집 안에서만 키우면 백신 접종은 필요 없지 않나요?"라고 묻는 분도 종종 있어요. 하지만 보호자는 물론이고 집을 방문한 손님의 옷이나 신발에 묻은 이물질을 통해서 집 안으로도 쉽게 감염원이 들어옵니다.

완전 실내 양육일지라도 안전한 예방을 위해 백신을 접종할 것을 추천합니다.

입양 — 백신 접종과 중성화 수술이 궁금해요

고양이 입양
121 백신은 언제 맞으면 되나요?

어미고양이의 항체를 대신하는 것이
생후 1년 차에 접종하는 백신입니다

3종 종합 백신은 생후 16주까지 수차례 접종하고, 그 후 6~12개월령에 추가로 접종합니다.

그 이유는 이렇습니다. 갓 태어난 아기고양이는 어미의 모유에 함유된 항체를 통해 온갖 질병에 대한 저항력을 가집니다. 그러나 성장함에 따라 항체가 조금씩 줄어들고, 생후 3개월 무렵에는 사라지고 말아요. 그래서 백신 접종으로 고양이에게 새로운 면역력을 만들어줘야 합니다.

백신은 한 번 접종하면 끝이 아니에요. 계속 접종해야 하는데 앞에서 말했듯이 12개월까지 확실히 접종하면 그 후는 3년에 한 번으로도 충분한 면역을 유지할 수 있다고 합니다(단, 3종 종합 백신 외에 1년에 한 번 접종해야 하는 백신도 있습니다).

고양이의 백신 접종은 법으로 정해진 것은 아니지만 소중한 반려묘를 위한 최소한의 케어로 받아들이기 바랍니다.

입양 | 백신 접종과 중성화 수술이 궁금해요

고양이 입양
122 ◀ 백신 부작용은 없나요? ▶

드물지만 있습니다
부작용을 대비해 오전이나 오후 일찍
백신 접종할 것을 추천합니다

백신은 오전에 접종하는 것을 추천합니다. 이유를 설명하기 전에 백신의 부작용에 대해 잠시 살펴보는 것이 좋겠습니다.

고양이 백신도 사람의 예방 접종과 같습니다. 체내에 독성이 없는 병원체를 주사해서 면역체계(항체)를 만듭니다. 그래서 백신을 맞으면 몸에서는 병에 걸렸을 때와 비슷한 반응이 일어나지요. 물론 실제로 병에 걸리는 것은 아니지만, 백신 반응으로 열이 나거나 축 늘어지는 고양이도 있어요. 조금 안정을 취하면 몇 시간 후에는 활발해지는데 드물게 부작용이 나타나기도 합니다.

> 입양
> 백신 접종과 중성화 수술이 궁금해요

위험한 것은 아나필락시스 쇼크에요. 얼굴이 붓고 토하는 등의 증상이 나타났을 때 즉시 처치하지 않으면 생명이 위태로워지기도 해요. 이런 반응은 접종 후 30분 이내에 일어나기 쉬우므로 접종 후에는 바로 귀가하지 말고 30분 정도 병원 근처에 대기하다가 혹시라도 증상이 나타나면 즉시 병원으로 돌아갑니다.

그런 이유로 오전에 접종해야 한다는 것이죠. 진료가 끝나가는 시간에 접종하면 그 후에 문제가 생겨도 적절히 치료받지 못할 수 있기 때문이에요. 오전이 부담스럽다면 오후 이른 시간에 접종하세요.

고양이 입양
123 ▸ 중성화 수술에 대해서 알고 싶어요

평생 한 번인 중성화 수술은 믿을 수 있는 병원, '청결함'을 포인트로 선택하세요

번식 등 특별한 이유가 있는 상황을 제외하고는 고양이에게 중성화 수술을 해주세요. 평생에 걸친 스트레스를 줄이고 병을 예방하는 등 건강한 삶을 위한 장점이 많아요. 수술하는 시기는 첫 발정이 오기 전(성 성숙이 시작될 무렵) 생후 5~6개월 무렵이 기준입니다.

발정기 얘기를 좀 해볼게요. 고양이가 사시사철 발정하는 건 아닙니다. 봄부터 여름에 걸친 따뜻한 시기에 1~3주 간격으로 수차례 발정을 반복합니다. 밖에서 암컷을 둘러싸고 수컷끼리 싸우는 울음소리나 발정기 암컷 특유의 낮은 울음소리가 들리는 것이 이 시기예요.

중성화 수술은 평생에 한 번인 매우 중요한 수술이므로 병원을 선택할 때도 신중해야 합니다. 보호자가 판단할 수 있는 체크 포인트는 병원의 청결함이에요. 진료실이나 트레이가 깨끗하면 수술실이나 기구 등의 위생도 짐작할 수 있습니다. 흡입 마취가 몸에 부담이 적으며, 몸에 남지 않는 녹는 실을 사용하면 수술 후에 실을 뽑을 필요도 없어요.

암컷의 경우

▸ 입양 - 백신 접종과 중성화 수술이 궁금해요

고양이 입양
124 중성화 수술은 언제 해야 하나요?

첫 발정이 있기 전, 생후 6개월이 기준입니다
암에 걸릴 위험도 줄어들어요

개와 고양이의 사망원인 1위가 암이라고 합니다. 사람만큼이나 암 발병률이 높지요. 고양이 2마리 중 1마리는 암에 걸릴 확률이 매우 높다는 연구 결과도 있어요. 꽤 충격적이지 않나요?

중성화 수술은 암이나 질병의 위험을 줄여줍니다. 다른 동물과 비교해 암컷 고양이는 유방암에 잘 걸리는데 첫 발정 전, 생후 6개월 무렵에 중성화 수술을 하면 유방암 발병 위험이 대폭 줄어들어요.

또한 자궁 안에 고름이 차는 자궁축농증에도 효과적입니다(발정기가 끝난 지 2개월 안에 잘 생기며, 우리 병원도 가을부터 초겨울에 환자가 증가해요).

수컷 중에는 잠복 고환이라고 해서 선천적인 문제로 고환이 음낭 안으로 내려오지 않고 복강 안에 잠복해 있는 고양이가 있습니다. 체내에 머물러 고환이 따뜻해지면서 고환종양(암)을 일으켜 악성 전이될 수도 있어요.

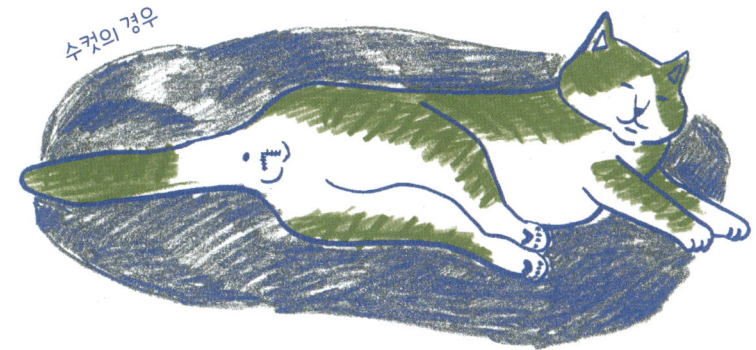
수컷의 경우

고양이 입양 125

중성화 수술을 하면 성격에도 변화가 생기나요?

굳이 말하자면 온순해져요
수술 후에는 살이 잘 찌므로
사료 종류나 급여량을 다시 점검해야 합니다

입양 — 백신 접종과 중성화 수술이 궁금해요

"중성화 수술로 성격이 달라질 수 있나요?" 이런 질문을 하는 분들이 종종 있습니다. 성격으로 봐야 할지 애매합니다만, 어쨌든 큰 소리로 울거나 공격적이 되거나 실내에서 스프레이 행위를 하거나 안절부절못하는 등 이른바 문제행동이 없어집니다.

"활달하고 장난꾸러기였는데, 이젠 놀아주지 않고 쌀쌀맞아요."라는 보호자도 있지만, 수술하지 않고 발정기를 맞으면 욕구가 충족되지 않아 고양이는 더 큰 스트레스를 받을 수밖에 없어요. 질병에 걸릴 위험을 줄이고 건강하고 쾌적하게 살 수 있는 처치는 역시 필요합니다.

중성화 수술 후에는 살이 쉽게 찌므로 주의하기 바랍니다. 생식기능을 유지하는 에너지를 쓰지 않게 되므로 기초 대사량이 저하되는데 지금까지와 똑같은 식사량을 주면 섭취 칼로리가 초과됩니다. 중성화 수술 후에는 체중 조절용으로 칼로리를 제한한 사료도 있으니 수의사와 상담해서 급여해보세요.

입양 백신 접종과 중성화 수술이 궁금해요

5장

스트레스 없이 지내는 게 중요해요

- 어떻게 관리하느냐에 따라 수명도 늘어나요
- 실내 환경은 고양이 우선주의로
- 너무 덥거나 너무 추워도 지내기 어려워요
- 집 안의 위험한 요소
- 벼룩·진드기 대책을 마련하는 봄
- 숙면하지 않고 오래 자는 게 고양이예요
- 고양이의 외출에 대비해요
- 이럴 때 어떻게 해야 하나요

고양이의 생활 126 어디를 만져주면 좋아하나요?

마사지 포인트는 네 군데! 페로몬이 나오는 부위를 만져주면 좋아해요

기본적으로 고양이는 누군가가 집요하게 몸을 만지는 걸 싫어하지만, 잘 만져주면 기분 좋아하는 부위도 있습니다. 평소 일상적인 소통 수단으로 마사지를 도입해보면 어떨까요?

고양이가 좋아하는 마사지 포인트는 주로 다음의 네 군데입니다.

- 턱 밑
- 귀 둘레(미간도 포함)
- 수염 뒤쪽(볼 주변)
- 꼬리 연결 부위

이 부위들의 공통점은 페로몬 분비선이 집중되어 있다는 거예요. 페로몬을 분비해서 비비는 것은 고양이의 본능이며, 생식 행위로 이어지기도 하는 '반드시 해야 하는 일'입니다. 그래서 해당 부위를 비비면 기분이 좋아지는 신체 구조를 가지고 있어요. 적극적으로 해당 행위를 하게 만들려는 몸의 메커니즘인 것이죠.

페로몬 분비선이 모여 있는 부위를 부드럽게 마사지해주면 페로몬이 분비되고 자신이 좋아하는 냄새를 맡은 고양이는 스트레스와 긴장이 풀리고 기분 좋은 편안함을 느낍니다.

생활 어떻게 관리하느냐에 따라 수명도 늘어나요

고양이의 생활 127

고양이 마사지에 요령이 있나요?

고양이를 위한 마사지 비결은
조금 더 만지고 싶을 때 그만두는 것

그럼 마사지 방법을 소개할게요.

- **턱 밑** : 네 손가락을 이용해 밑에서 위로 부드럽게 쓰다듬어 줍니다.
- **귀 둘레** : 귀 연결 부위나 이마 부근을 집게손가락으로 가볍게 문지릅니다. 고양이가 싫어하지 않는다면 엄지손가락과 집게손가락으로 귀를 감싸며 부드럽게 문지릅니다.
- **수염 뒤쪽** : 뒤쪽에서 고양이의 얼굴을 손바닥 사이에 끼우듯이 대서 수염 밑을 손끝으로 문지르거나 쓰다듬습니다.
- **꼬리 연결 부위** : 손바닥으로 쓰다듬거나 가볍게 톡톡 두드립니다.

손끝으로 양 눈 사이(사람으로 치면 미간)에서 머리 꼭대기 쪽으로 쓰다듬어도 좋아합니다. 치주 질환이나 구내염이 있을 때 턱이나 수염 주위를 만지면 아파해요. 고양이가 싫어하는 기색을 보이면 즉시 그만두세요. 또한 아로마 오일은 고양이에게 유해하므로 사용하지 말기 바랍니다.

생활 — 어떻게 관리하느냐에 따라 수명도 늘어나요

고양이의 생활

128 ▶ 발톱을 잘 못 깎겠어요 ◀

한창 자고 있을 때 덮쳐야 해요!
자는 동안 하루에 하나씩 재빨리 깎으세요

발톱 깎기가 어려운 보호자에게 소소한 요령을 알려드릴게요. 발톱을 한 번에 다 깎으려고 하지 말고 반려묘가 잠든 사이에 오늘 하나, 내일 하나…… 이렇게 나눠 깎습니다. 발톱을 깎으면서 안 좋은 기억이 남은 고양이가 다음부터 더욱 비협조적이 된 경험이 있지 않나요? 하루에 하나라면 순식간에 깎을 수 있으므로 고양이에게도 부담이 되지 않아요.

"스크래칭을 하면 발톱을 안 깎아도 되지 않나요?" 이런 질문도 자주 하는데 그렇지 않습니다. 스크래칭과 발톱 깎기는 애초 목적이 달라요. 스크래칭이 발톱을 예리하게 다듬는 것에 비해 발톱 깎기로는 그 예리한 부분을 잘라냅니다. 전혀 다른 목적임을 이해하기 바랍니다.

생활 — 어떻게 관리하느냐에 따라 수명도 늘어나요

고양이의 생활

129 발톱 깎을 때 주의할 점은 무엇인가요?

뾰족하고 투명한 부분을 조금만 자르면 OK
발톱을 깎지 않으면 여러 모로 위험해요

그럼 발톱을 깎는 방법을 소개하겠습니다. 사람의 발톱처럼 모양을 다듬을 필요는 없으며 날카롭고 투명한 부분을 조금만 잘라냅니다. 고양이의 발톱에는 모세혈관이 있어서 발톱을 바싹 깎으면 피가 나고 통증을 느낄 수 있으니 주의하세요. 모세혈관(분홍색을 띠는 부분)에서 2mm 이상 떨어진 끝부분을 자릅니다.

고양이 발바닥과 발등을 손가락 사이에 끼우듯이 부드럽게 눌러서 발톱을 내밀게 하세요. '잘 못 깎아서', '고양이가 싫어해서' 발톱이 자란 상태로 내버려 두면 모세혈관도 함께 자라서 자를 수 있는 범위가 줄어듭니다. 발톱 자체가 길어져서 위험해요. 긴 발톱이 가구나 커튼 등에 걸려서 발톱이 부러지거나 길어진 발톱으로 피부를 할퀴어서 세균이 감염되는 사례도 있습니다.

고양이의 발톱을 잘랐는데 발톱이나 피부, 발볼록살에서 피가 났을 때는 출혈 부위를 거즈로 닦고 청결하게 해서 녹말가루를 발라 눌러주세요. 그러면 출혈이 멈춥니다(발톱 깎기용 지혈제도 시중에서 판매하고 있어요). 지혈한 뒤 고양이가 안정을 찾으면 동물병원에 가서 진찰을 받아보세요.

생활 — 어떻게 관리하느냐에 따라 수명도 늘어나요

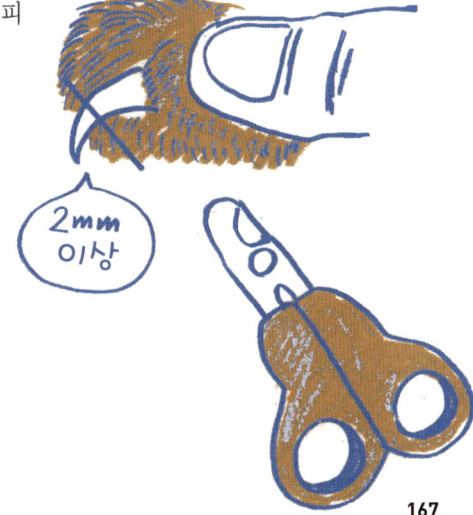

2mm 이상

고양이의 생활
130 양치질은 꼭 필요한가요?

양치질은 최소한 이틀에 한 번은 해주세요
치아를 제대로 관리하면
수명이 15%는 연장됩니다

생활 / 어떻게 관리하느냐에 따라 수명도 늘어나요

최근 고양이의 구강 관리가 주목받고 있습니다. 구강을 청결하게 유지하면 고양이의 수명이 15%나 늘어난다는 사실이 밝혀졌기 때문이에요. 사람도 치주 질환을 치료하면 각종 생활 습관병을 예방할 수 있잖아요? 같은 원리입니다.

고양이의 입안은 알칼리성이라서 충치가 잘 생기지 않지만, 대신 음식물 찌꺼기나 치태가 치석으로 바뀌는 속도가 빠릅니다. 치석은 잇몸에 염증을 일으켜 치주염을 유발합니다. 약 3일 정도면 치태가 치석이 되므로 최소한 하루 걸러 한 번은 양치질을 해주세요.

육식을 하는 야생 고양이는 고기를 많이 씹지 않고 삼키듯이 먹습니다. 한편 실내에서 키우는 고양이는 사료가 주식이에요. 사료는 부드럽고 입자가 작아서 찌꺼기가 입안에 잘 남기 때문에 방치하면 치주 질환을 일으키기 쉽습니다(습식 사료는 특히 그렇습니다).

치아 안쪽은 혀로 닦아서 청결하게 유지할 수 있지만 치아 바깥쪽은 못하므로 보호자가 양치질로 꼼꼼히 관리해주세요.

고양이의 생활
131 ▶ 구강 건강은 어떻게 확인하나요?

잇몸 색이나 건조함, 구취…… 입안에는 건강 이상을 알 수 있는 힌트가 가득해요

구강 건강을 확인해봅시다. 입안에는 다양한 질병을 알아차릴 수 있는 포인트가 있어요.

- **구취를 확인한다**
  평소와 다른 냄새가 날 경우에는 어떤 문제가 있습니다.
- **입술을 들어 올려서 잇몸 색을 확인한다**
  불그스름한 분홍색이라면 양호합니다.
- **잇몸을 만져본다**
  침으로 적당히 축축하면 문제없습니다. 건조하면 탈수증의 가능성이 있습니다.
- **침 흘리는 양을 확인한다**
  양이 많거나 끈적끈적하거나 냄새가 날 경우에는 구강 내 문제가 있습니다.

의심되는 증상이 있다면 병원을 방문해 진료를 받는 것이 좋아요. 미국에서는 반려묘에게 1년에 한 번은 치석 제거를 권하는 수의사가 많아서 이를 주기적으로 실시하는 보호자도 많습니다. 최근 미국에서 고양이의 수명이 큰 폭으로 늘어난 것은 구강 관리가 발전한 것과 분명 연관이 있습니다.

생활 | 어떻게 관리하느냐에 따라 수명도 늘어나요

고양이의 생활

132

**고양이가 질색해서
양치질을 잘 못하겠어요**

어릴 때부터 익숙해질 필요도 있어요
시트나 천을 이용해
보호자의 손가락으로 닦아 보세요

고양이의 입에 칫솔을 넣기란 상당히 힘든 일이므로 저는 양치 시트를 사용해 닦아내는 방법을 추천합니다.

보호자의 손가락에 고양이용 양치 시트를 감아서 치아와 잇몸의 경계를 닦습니다. 치주 포켓(잇몸 고랑이 깊어진 부분) 관리는 칫솔로도 어려워요. 치약이 이미 함유된 시판 제품을 사용하거나 집에 있는 천이나 장갑에 물을 묻혀서 닦아도 상관없어요. 장갑은 얇은 면으로 된 것이 쓰기 편합니다.

천이나 장갑에 치약을 묻힐 경우에는 고양이 전용 치약을 사용하세요. 사람이 쓰는 치약은 고양이에게 유해한 자일리톨이 포함되어 있어서 쓰면 안 돼요. 요오드가 포함되지 않은 저자극 소독약을 천에 묻혀서 닦아도 좋아요.

일상적으로 양치질을 하는 데도 치주 질환이나 치아 이상을 놓쳐 버릴 수 있습니다. 1년에 두 차례 정도 병원에서 구강 상태를 면밀히 검진받는 것이 좋습니다.

생활 — 어떻게 관리하느냐에 따라 수명도 늘어나요

반려묘가 양치질에 친숙해지도록 하는 아이디어

1 치주 질환에 걸리기 전에
당연한 말이지만 치주 질환이 발생하기 전에 관리하는 것이 가장 중요합니다. 치주 질환이 생긴 후에는 통증이 있어서 입을 만지지 못하게 해요.

2 입 주위를 만진다
입에 이물질이 들어가는 것을 싫어하므로 입을 만져서 익숙해지게 합니다. 개다래 등의 보상을 준비해서 입에 손을 넣는 횟수를 늘리세요. 어릴 때 시작하면 가장 좋습니다.

3 칫솔을 사용한다
고양이용 칫솔을 사용합니다. 치아 뿌리에 비스듬히 대고 조금씩 움직여 닦습니다. 힘을 주지 말고 부드럽게 살살 닦으세요. 고양이용 치약을 사용해도 되고, 안 해도 상관없어요.

4 면봉을 사용한다
면봉은 부피가 작아서 어금니도 닦기 쉽고 보호자도 쉽게 다룰 수 있습니다. 면봉 끝에 치약을 묻혀도 좋아요. 솜의 감촉을 좋아하므로 자칫 삼키지 않도록 주의하기 바랍니다.

5 양치용품을 활용한다
양치 시트나 1~4의 방법을 시도해도 양치하기 어렵다면 고양이용 양치 껌, 양치 장난감(우물우물 씹어서 노는 동안 양치할 수 있는 것) 등을 활용해봅니다.

생활 — 어떻게 관리하느냐에 따라 수명도 늘어나요

고양이의 생활 133
치아 양쪽의 치석 상태가 다른 것 같아요

양쪽 치아에 치석이 생긴 상태를 보고 씹는 습관을 알 수 있어요

고양이의 구강을 진찰해보면 양쪽의 치석 상태가 다름을 알 수 있습니다. 자주 사용하는 치아 쪽에는 치석이 잘 생기지 않아요. 고양이에게도 씹을 때의 습관이 있는 거죠.

 치석이 많이 생기는 쪽의 치아는 더욱 정성껏 양치질해 주세요. 치석은 '스케일러'라고 하는 끝이 뾰족한 기구로 깎아내는 방법이 일반적인데 보호자가 직접 하기란 어렵습니다. 그러므로 동물병원을 방문해 관리하기 바랍니다.

 동물병원에서는 치석을 제거할 때 전신 마취를 합니다. 보호자 중에는 마취를 꺼려하는 분도 있는데 치석 제거는 고양이에게 고통을 줍니다. 마취해서 통증 없이 단시간에 끝내는 편이 결과적으로는 고양이에게 좋은 치료입니다.

> 생활
> 어떻게 관리하느냐에 따라 수명도 늘어나요

고양이의 생활
134

치석은 꼭 동물병원에서
제거해야 하나요?

치석 제거는 사후 관리가 중요해요
그래서 전문 병원에서 하는 것을 추천합니다

최근에는 동물병원 이외의 장소에서 치석을 제거한다는 보호자도 늘었습니다. 그러나 수의사의 입장에서 말하자면 치석 제거는 역시 동물병원에서 하기 바랍니다.

앞에서 설명했듯이 치석 제거에는 스케일러라는 기구를 사용하는데 치아 표면의 치석만 제거하고 안쪽을 처치하지 않을 때가 있어요. 그래서 치조 농루(잇몸에서 고름, 피가 나오거나 이가 흔들리는 병)에 걸려 발치해야 하는 상황이 종종 발생합니다.

또한 치석을 제거한 직후의 치아는 표면이 거칠어서 치태나 찌꺼기가 붙기 쉽습니다. 그대로 두면 치석 제거를 한 의미가 없으므로 동물병원에서는 연마제로 닦아서 치아 표면을 매끄럽게 해줍니다. 그저 치석만 제거하고 끝나는 게 아닙니다.

물론 그 후 집에서의 양치질도 중요하다는 것을 잊지 마세요.

생활 — 어떻게 관리하느냐에 따라 수명도 늘어나요

고양이의 생활
135 ◀ 고양이는 목욕시키는 게 좋을까요? ▶

기본적으로는 필요하지 않습니다
고양이는 물을 싫어해서 스트레스를 받아요

기본적으로 고양이에게 목욕은 필요 없다고 생각합니다. 앞에서 말했듯이 고양이는 물에 젖는 것을 싫어해요. 스트레스에도 취약해서 최대한 고양이가 싫어하는 일은 피하는 것이 좋습니다.

평소 부지런한 그루밍으로 털은 청결하게 유지되어 불결한 냄새가 나지도 않아요. 다만 다음과 같은 때는 목욕시키는 게 좋겠습니다.

> ● **살이 쪘다**
> 비만 고양이는 엉덩이 주위를 스스로 핥지 못해요. 그루밍을 못하는 부분이 있습니다.
>
> ● **구내염이 있다**
> 입이 아파서 그루밍 횟수가 줄어듭니다.
>
> ● **설사를 한다**
> 엉덩이 주변이 더러워지면 고양이는 자신의 더러움과 냄새를 신경 씁니다. 젖은 수건으로 깨끗하게 닦아주거나 무서워하지 않게 달래며 목욕시켜 주세요.
>
> ● **산책한 날**
> 몸이나 발바닥에 유해 물질이 묻었을 수 있습니다.

털에 윤기가 없고 털이 뭉치거나 몸에서 냄새가 나는 등 정도가 심할 때도 목욕시키는 게 좋을 수 있어요.

생활 — 어떻게 관리하느냐에 따라 수명도 늘어나요

고양이의 생활 136

고양이에게 부담을 주지 않는 목욕 방법은 뭘까요?

샤워기 물을 무서워하므로 욕조에서 씻기고, 드라이기는 '냉풍 약'에 맞춰서 사용하세요

혼자서 고양이를 목욕시킬 자신이 없다는 보호자도 있습니다. 고양이는 샤워기에서 나오는 물을 무서워해요. 그러므로 다음과 같이 욕조에서 씻기는 방법을 추천합니다.

1. 고양이용 욕조에 35도 전후의 따뜻한 물을 붓고 고양이용 샴푸를 넣어서 섞습니다.
2. 목 언저리까지 물에 담가 털을 충분히 적십니다.
3. 욕조 안에서 목에서 등, 배 둘레, 다리, 꼬리, 항문 순서로 씻깁니다.
4. 젖은 수건으로 얼굴 주변을 닦습니다.
5. 목 아래를 따뜻한 물로 헹구고 수건으로 닦아줍니다.

드라이기를 사용할 경우에는 '냉풍 약'의 강도로 말리거나, 수건으로 닦아 말려주세요. 얼굴 주위를 말릴 때 열풍이 눈에 닿아서 각막 손상으로 병원을 찾는 사례가 있습니다.

어떻게 해도 물을 무서워한다면 젖은 수건으로 온몸을 꼼꼼히 닦아주세요.

생활 — 어떻게 관리하느냐에 따라 수명도 늘어나요

고양이의 생활

137 목욕 외에 고양이의 몸을 깨끗하게 하는 방법이 있나요?

목욕은 필수가 아니지만, 빗질은 추천해요
신진대사가 촉진됩니다

목욕은 반드시 필요하지 않지만, 빗질은 가능하면 날마다 해주세요. 죽은 털을 제거하는 동시에 마사지 효과로 피부 대사가 좋아집니다. 각 부위의 털 방향에 맞춰서 오른쪽 방법을 참고해 빗어줍니다.

피부병이나 기생충 감염이 늘어나는 초봄부터 장마철을 포함해 습도가 올라가는 시기에는 빗질하면서 습진이나 벼룩, 진드기가 없는지 확인하세요. 귀 앞쪽이나 꼬리 연결 부위는 벼룩과 진드기가 잘 모이는 부위이므로 세심히 관찰하기 바랍니다.

생활 어떻게 관리하느냐에 따라 수명도 늘어나요

장모종이나 고령이라서 그루밍을 제대로 못하는 고양이는 특히 털 뭉침이 생기기 쉬워요. 털 뭉침이 커지면 피부와의 경계를 잘 알 수 없고, 이걸 가위로 자르려고 하다 보면 자칫 피부에 손상을 줄 수 있습니다. 집에서 털이 뭉친 부분을 제거할 때는 벼룩 제거용 빗을 털 뭉치 아래쪽에 넣어서 그 위를 조금씩 가위로 자르면 안전합니다.

빗질하는 방법
- 등 … 등에서 꼬리 연결 부위 쪽으로
- 배 … 가슴에서 꼬리 쪽으로
- 옆구리 … 등에서 배 쪽으로
- 얼굴 주위 … 얼굴 중심에서 바깥쪽으로

벼룩 제거용 빗 사용법
- 등 … 등에서 꼬리 연결 부위 쪽으로
- 얼굴 주위 … 눈 위에서 귀 쪽으로

생활 — 어떻게 관리하느냐에 따라 수명도 늘어나요

고양이의 생활 138 추운 겨울에 목욕시키는 건 좀 불안한가요?

겨울철에 추천하는 드라이 샴푸제, 손쉽게 만들 수 있어요

겨울철에 목욕을 했다가 감기라도 걸리면 큰일이잖아요. 기온이 낮아지면 드라이 샴푸를 활용하세요. 샴푸제는 베이킹소다(탄산수소나트륨)와 옥수수 전분으로 쉽게 만들 수 있습니다. 실제로 시판되는 드라이 샴푸도 성분이 똑같아요. 사용법을 소개할게요.

> **샴푸 만드는 방법**
>
> ● **재료**
>   베이킹소다(탄산수소나트륨) ········ 1
>   옥수수 전분 ····························· 1
>
> ● **만드는 방법**
>   1대 1로 섞기만 하면 됩니다.
>
> **샴푸하는 방법**
> 1. 더러워진 털 부분에 도포해 충분히 묻히고 때를 흡착시킵니다.
> 2. 확실하게 털어내고 샴푸제가 남은 부분은 수건을 물에 적셔서 꽉 짠 다음 닦아냅니다.

털이 젖었다면 사용하지 마세요. 젖은 상태로 드라이 샴푸를 하면 화학 반응으로 열이 발생해서 화상을 입을 수 있습니다. 참고로 미국에서는 이런 수제용품 만들기가 유행해서 귀 세정제도 식초와 물을 1대 1로 섞어서 만들어 씁니다.

생활 — 어떻게 관리하느냐에 따라 수명도 늘어나요

고양이의 생활
139

잊고 넘어가기 쉬운 관리는 뭐가 있을까요?

목걸이가 너무 조이지는 않나요?
의외로 고양이 용품 관리를 쉽게 지나칩니다

반려묘가 사용하는 도구나 장난감은 정기적으로 관리해주세요. 목걸이나 하네스가 목을 파고들지는 않나요? 체중이 변하거나 근육이 붙어서 사이즈가 맞지 않는 경우가 있어요. 또 목걸이 잠금장치 등 금속이 부식되거나 튀어나와서 피부에 상처를 입는 일은 없는지 확인하기 바랍니다. 털에 가려져서 의외로 잘 안 보이거든요. 세심히 관찰하면서 개선해주세요. 마찬가지로 발톱 깎이나 빗 등도 확인하세요.

평소 바빠서 잘 잊어버리는 편이라면 주기적으로 날짜를 정하거나 특별한 기념일에 점검하는 것도 좋습니다. '반려묘가 내 곁에 와준 날', '연말 대청소날' 등은 어떤가요?

> **생활** 어떻게 관리하느냐에 따라 수명도 늘어나요

확인 항목

☐ **목걸이나 하네스**
목을 파고들거나 부식되지 않았는지 확인합니다.

☐ **목걸이 잠금장치**
금속 부분의 부식과 변형에 주의합니다.

☐ **식기, 화장실**
흠집이 생겨서 불결해지지 않았는지, 부서지지 않았는지 확인합니다.

☐ **좋아하는 담요**
보풀이 심하게 생기거나 실이 튀어나오지 않았는지 확인합니다.

☐ **캣 타워, 이동장**
헐거워지거나 부서지지 않았는지 확인합니다.

고양이의 생활
140
◀ 고양이가 지내기 좋은 공간이란? ▶

고양이와 집사 모두 스트레스 없이 지내는 집 만들기 7가지 포인트

생활 — 실내 환경은 고양이 우선주의로

☐ **높이가 다른 책장**
고양이는 복잡하게 얽힌 공간을 누비는 것을 좋아하므로 선반 등으로 단차를 만듭니다.

☐ **화장실은 두 군데**
1묘라도 2개를 준비합니다(2묘일 경우에는 3개). 2개가 있으면 늘 깨끗한 화장실을 사용할 수 있고 기분에 따라 원하는 쪽에서 볼일을 볼 수 있습니다. 좋아하는 화장실이 하나뿐이라는 사실을 확인하면 한쪽은 치워도 됩니다.

☐ **물 마시는 곳도 두 군데**
1묘라도 2개를 준비(2묘일 경우에는 3개). 고양이는 물을 잘 안 마시는 성향이 있으므로 좋아하는 장소를 고르게 해서 적극적으로 물을 마시도록 유도합니다.

☐ **은신처**
외부 손님이 왔을 때처럼 놀라거나 무서울 때 피할 수 있는 장소를 마련합니다. 좁고 어두운 장소가 딱 좋습니다. 골판지 상자라도 OK.

완전히 실내에서 지내는 반려묘가 스트레스 없이 지낼 수 있는 집은 이런 이미지입니다. 고양이는 청결함을 좋아하고 환경 변화에 민감하며 때로는 겁이 많은 면도 있어요. 고양이의 요구에 부응하는 공간 만들기를 목표로 합시다.

고양이는 건강해도 자주 토할 때가 있어요. 대소변 실수를 했을 때도 청소하기 쉽도록 비닐 타일이나 시트, 바닥재 등 닦기 쉬운 소재를 빈틈없이 깔아 놓으면 보호자가 관리하기 편합니다.

□ **높은 장소**
생활 공간을 내려다볼 수 있어야 안심합니다. 높은 가구가 마땅히 없다면 캣 타워 설치를 검토해야 해요. 공간을 위아래로 쓸 수 있으므로 동거묘가 있을 때도 추천합니다.

□ **밖을 바라볼 수 있는 장소**
새나 자동차 등 움직이는 사물을 눈으로 쫓는 행위가 뇌에 좋은 자극을 줍니다. 쾌적한 실내 생활은 '싫증 나지 않는 것'이 중요합니다.

□ **스크래처**
보호자 입장에서 '여기서 스크래칭했으면' 하는 장소에 설치합니다.

생활

실내 환경은 고양이 우선주의로

고양이의 생활

141 　방 구조를 바꿀 때 주의할 점이 있나요?

방 구조를 바꿀 때는 고양이를 먼저 배려! 가구를 옮기기 전에 동선을 확인합니다

생활 — 실내 환경은 고양이 우선주의로

방의 가구를 다시 배치할 때는 실행 전에 반려묘의 하루 행동을 잘 관찰해보세요. 낮 동안 집을 비우고 있을 때, 우리가 모르는 고양이만의 루틴이 있을지 몰라요.

예를 들어 늘 같은 창문이나 가구 모서리에 몸을 비비거나, 특정 선반 위에 앉아서 편히 쉬는 시간을 갖거나, 소파 위에서 시작해 침대 밑에 이르는 등 집 안 곳곳을 누비는 경로가 정해져 있을 수도 있습니다.

가구를 옮겨 고양이의 루틴을 방해하면 고양이가 큰 스트레스를 느낄 거예요. 침대가 은신처였는데 그곳이 현관에서 그대로 보이게 되면 은신처가 사라지는 것이죠.

작은 변화라면 곧 익숙해지겠지만 고양이가 선호하는 자리가 달라지는 배치 변화는 각별히 주의해야 합니다. 스트레스를 받아 과도한 그루밍을 함으로써 털이 빠지거나(오버 그루밍의 일종. 자세한 내용은 264를 참조) 지금까지 스크래칭하지 않던 곳에서 스크래칭을 하는 등 문제 행동이 나타날 수도 있어요.

고양이의 생활
142
집에 여러 손님이 올 때 주의할 점은 무엇인가요?

고양이는 홈 파티를 싫어해요
언제든지 피할 수 있는 장소를 마련해 놓아요

"함께 살기 시작한 반려묘를 모두에게 보여주려고 했는데 주인공이 나오지 않았어요." 이런 경험을 한 적이 있나요? 고양이는 홈 파티를 굉장히 싫어해요. 소중한 자신의 영역에 느닷없이 커다란 가구가 예고 없이 놓인 듯한 감각을 느낍니다. '뭐야? 여긴 늘 내가 지나다녔던 장소인데!', '내가 앉았던 장소를 돌려줘~' 하며 결코 좋은 기분이 아닐 거예요.

집에 손님을 초대할 때는 고양이를 위한 안전한 공간과 화장실 위치를 확보해주기 바랍니다. 절대 손님이 들어오지 않는 사적인 공간이나 벽장 같은 곳에 고양이만 자유롭게 드나들 수 있게 해놓으면 좋아요. 그와 함께 개다래나 캣닢 등 고양이의 마음을 편안하게 해주는 물건을 준비해주면 스트레스로부터 어느 정도 벗어나는 것이 가능합니다.

그렇게 고양이를 위한 공간을 마련해 놓으면 잠시 시간이 흐른 뒤 자신이 좋아하는 손님에게 고양이가 저절로 다가가기도 해요.

> 생활
> 실내 환경은 고양이 우선주의로

고양이의 생활
143 ◀ 고양이가 텔레비전만 봐요... ▶

고양이는 움직이는 사물에 흥미를 느껴요
사람처럼 계속 보지 않으면 괜찮습니다

생활
실내 환경은 고양이 우선주의로

자연 다큐 프로그램을 정신없이 보거나 화면 속 새나 동물에게 덤비는 고양이가 있습니다. 고양이는 움직이는 사물에 흥미를 보이므로 화면 속의 사물을 자신도 모르게 쫓아요.

그럼 고양이가 텔레비전을 봐도 괜찮을까요? 실제로 장시간 계속 보는 고양이는 드물 것이고, 단시간이라면 문제없다고 말할 수 있습니다. 하지만 사람이 텔레비전이나 컴퓨터 모니터를 오래 보면 좋지 않듯이 화면의 빛을 장시간 쬐면 뇌에 과도한 자극이 전해지는 등 아무래도 좋지 않은 영향을 미칠 가능성이 있겠지요.

고양이는 큰 소리도 싫어하기 때문에 높은 음량의 음악이 흐르는 환경에서 스트레스를 느낍니다. 텔레비전이든 음악이든 적당히 조절하고, 고양이가 언제든지 '으, 못 참겠다!' 하며 다른 장소로 피할 수 있게 해주세요.

생활

실내 환경은 고양이 우선주의로

고양이와 사계절

144 더운 날, 열사병에 걸리지 않을까 걱정이 돼요

기초 체온을 알아 놓으면 열사병을 예방하기도 쉬워요

고양이는 원래 체온이 높은 동물로 평균 체온이 38도 이상입니다. 흥분했을 때는 별개로 놓고, 기초 체온을 크게 웃도는 39.5도 이상의 병적인 발열은 보기 드물어요. 만약 고열이 있다면 전신 감염증이나 강한 면역 반응이 일어났을 가능성이 있어요. 반려묘가 기운이 없고 열이 날 때는 주의해야 합니다.

저는 보호자에게 체온 기록을 추천합니다. 평소 체온을 기록해 정상일 때의 체온을 알고 있으면, 열사병이나 다른 질병에 걸렸을 때 빨리 대처할 수 있기 때문이에요. 눈으로 봐서는 상태를 알기 어려워도 체온이라는 데이터를 보면 고양이의 몸 상태를 파악하기 쉽습니다. 체온은 아래의 방법으로 가정에서도 잴 수 있으니 꼭 해보세요.

고양이가 열사병에 걸리면 호흡이 거칠어지고 식욕 부진, 탈수 증상을 보입니다. 침을 많이 흘리고 비틀비틀 걷거나 설사 및 구토, 경련 등의 증상을 보이면 신속히 병원에 데려가야 합니다.

> **고양이의 체온 측정법**
> 1 고양이용 체온계에 윤활 젤이나 식용 오일 등을 발라서 항문에 넣어 측정합니다.
> 2 항문 체온을 측정하기 어렵다면 옆구리 아래쪽(앞다리 연결 부위)에서 측정합니다.
> 3 체온을 기록합니다.

사계절 너무 덥거나 너무 추워도 지내기 어려워요

고양이와 사계절
145

열사병 예방 대책으로
보냉제를 써도 될까요?

열사병 대책으로 보냉제를 사용하면 위험합니다

열사병에 걸리면 몸에 열이 나며 호흡이 거칠어지고 식욕 부진, 탈수 등의 증상이 나타납니다. 젖은 수건으로 온몸을 덮고 목이나 가슴 주위를 적셔서 차갑게 해 체온을 낮추는 처치를 합니다.

열사병 예방 대책으로 보냉제를 사용하는 사람이 있습니다. 그러나 일부 보냉제에는 자동차 부동액으로 널리 쓰는 '에틸렌글리콜'이라는 물질이 쓰이는데, 자칫 고양이가 먹게 되면 신부전으로 목숨을 잃을 수 있어요. 고양이의 치아나 발톱은 예리하기 때문에 깨물거나 할퀴어서 보냉제 포장재가 쉽게 찢어질 수 있습니다. 그래서 에틸렌글리콜이 새어 나오면 위험한 상황이 벌어질 수 있어요. 고양이용 보냉제로는 페트병이 안전해요. 물을 얼려서 사용합니다.

기온이 크게 높지 않아도 습도가 높으면 고양이는 열사병에 걸립니다. 장마 때나 초여름이 첫 고비예요. 비만 고양이나 코를 고는 고양이(호흡에 의한 열 대사가 떨어지기 때문) 또는 8세가 넘은 노령묘는 특히 주의 깊게 살피기 바랍니다.

> **사계절**
> 너무 덥거나 너무 추워도 지내기 어려워요

고양이와 사계절
146

> 탈수증은 어떤 위험이 있나요?

탈수증이 신장 질환을 유발할 수도 있어요
1년 내내 주의해야 합니다

고양이의 목숨을 앗아가는 가장 흔한 병 중 하나가 신장 질환입니다. 고양이가 물을 마시고 소변을 보는 습관과 관계가 깊은데, 탈수를 계기로 증상이 악화되는 사례도 많으며 특히 신장 기능이 약해지는 노령묘는 주의해야 합니다.

   이처럼 고양이의 발병률이 높은 신장 질환은 보호자가 관련 지식을 어느 정도 알아두어야 하겠지요. 우선 신장은 크게 두 가지 기능을 수행합니다. ① 혈액에서 노폐물을 제거해 배출하고 ② 노폐물 중에서 몸에 필요한 수분이나 미네랄을 걸러내서 체내로 되돌립니다. 이런 기능들이 약해지면 체내에 노폐물이 쌓여서 요독증을 일으키고, 소변으로 수분이 대량 배출되어 몸에 이상이 생깁니다.

   급성 신장병은 자칫 목숨을 잃을 수도 있고, 며칠 만에 낫기도 합니다. 만성화한 상황이라도 보호자의 관리로 평소대로 생활할 수 있어요. 어쨌든 계기를 만들지 않는 것이 중요하므로 탈수증에 빠지지 않도록 주의하는 것이 좋겠습니다.

> **사계절**
> 너무 덥거나 너무 추워도 지내기 어려워요

고양이와 사계절
147

> 고양이는 에어컨을 싫어한다고 하던데...

더위에 강하다는 고양이도 여름은 더워요! 에어컨과 사이좋게 지내세요

고양이에게 알맞은 온도는 25~30도로, 더위에는 강하다고 하지만 역시 30도가 넘는 여름철은 더운 모양이에요. 고양이 중에는 에어컨을 싫어하는 아이도 많아서 가급적 환기 등으로 온도를 조절하는 편이 좋아요. 하지만 최근 들어 여름 기온이 유례없이 높은 온도를 기록하고 있으니, 에어컨과도 사이좋게 지내봅시다. 온도 설정은 28도가 기준입니다. 에어컨을 트는 방과 틀지 않는 방을 고양이가 자유롭게 오갈 수 있게 해주세요.

냉풍이 고양이의 몸에 직접 닿지 않는 장소를 만들기 위해서 볏짚으로 만든 고양이 집이나 숨숨집, 바구니를 놓아도 좋아요. 벽장 문을 조금 열어 놓으면 그 안에서 잠을 자기도 합니다.

사계절 — 너무 덥거나 너무 추워도 지내기 어려워요

고양이와 사계절 148

여름에 고양이를 두고 집을 비울 때 무엇을 주의해야 하나요?

인체 감지 센서가 달린 에어컨은 개나 고양이에게 위험할 수도 있다?

인체 감지 센서가 달린 에어컨이 반려동물에게 생각지도 못한 문제가 될 수 있습니다. 사람에게는 편리한 기능이지만 개나 고양이에게는 반응하지 않아서 사람이 외출하면 '집에 아무도 없다'라고 판단해 에어컨 가동을 멈출 수 있어요. 그 때문에 가벼운 열사병에 걸린 개와 고양이를 여러 번 진찰했습니다.

반려묘를 집에 혼자 둘 때는 아래의 내용도 잘 신경 써주세요. 단 30분을 외출하더라도 필요한 부분입니다.

집에 혼자 있는 고양이를 위해서 해야 할 일
- 방 온도가 높아지지 않도록 커튼을 쳐서 햇빛을 차단합니다.
- 에어컨을 적정 온도로 맞춰 놓습니다(인체 감지 센서는 OFF).
- 물 마시는 곳을 세 군데는 설치합니다.
- 얼음 베개나 고양이용 보냉제(145번 참조)를 수건으로 감아서 잠자리 옆에 올려놓습니다.

고양이와 사계절 149 — 고양이에게도 자외선 차단 대책이 필요한가요?

고양이에게도 자외선 대책이 필요합니다! 귀 끝이나 코끝, 특히 흰 고양이는 피부가 햇볕에 그을립니다

봄부터 초여름은 일 년 중 자외선이 가장 강한 시기입니다. 피부가 털로 뒤덮여 있지만 고양이 피부도 햇볕에 노출되면 그을리므로 확실한 대책을 마련해주세요.

귀 끝이나 코끝 등 돌출된 부위에 자외선이 닿기 쉬우며, 특히 흰 고양이나 털색이 연한 고양이는 피부암에 걸리기 쉽다는 사실이 밝혀졌어요. 흰 고양이의 귀 끝이나 코끝에 딱지가 생겼다면 서둘러 병원 진료를 받아 보세요. 이 경우 피부암(편평상피암)이 의심되는데 조기에 발견하면 완치할 가능성도 높습니다.

고양이 전용 자외선 차단제나, 아기용이나 어린이용 저자극·무향료·무첨가 자외선 차단제라면 고양이도 사용할 수 있습니다. 원래 아기가 입에 넣어도 안전하게 만들어진 제품이므로 소량이면 고양이가 핥아도 무리가 없습니다. 단, 산화 아연이 함유된 자외선 차단제는 유독할 수 있으므로 성분을 확인해서 피해 주세요. 귀 끝이나 코끝에 쉽게 바를 수 있는 크림 타입을 추천합니다.

실내에서 즐겨 앉는 장소에 직사광선이 강하게 내리쬔다면 창문에 UV 차단 필름을 붙여서 고양이를 지켜주세요.

사계절: 너무 덥거나 너무 추워도 지내기 어려워요

고양이와 사계절
150
겨울을 날 때 주의할 점이 있다면 알려주세요

겨울에 마시는 물은 너무 차가워요!
약간 따뜻하게 데워 줘서 체온을 유지해주세요

더울 때뿐만 아니라 추울 때도 고양이는 탈수증에 걸립니다. 추우면 운동량이 훨씬 줄어들어 따뜻한 장소에서 잠을 자는 시간이 길어진다는 것, 체온 유지를 위해서 물을 잘 안 마시는 것이 주된 원인이에요.

더울 때와 마찬가지로 방 온도를 적정 온도로 유지해서 예방할 수 있는데, 마시는 물을 줄 때 조금 신경 쓰면 좋아요. 고양이에게 약간 따뜻한 물을 주는 게 좋습니다. 겨울철에 물을 그냥 두면 약 7도 정도의 찬물이 되는데, 고양이에게는 너무 차가운 온도라 잘 마시려고 하지 않아요. 따뜻할 때 마시게 해야 하므로 고양이에게 직접 물을 주거나 마시는 모습을 지켜봅니다. 이를 통해 물을 확실히 마시는 모습을 보호자가 확인하고 안심할 수 있습니다.

또 고양이는 시력이 나빠서 움직이지 않는 사물을 파악하기 어렵습니 이때 약간의 김이 서리면, 물이 있다는 것을 보다 쉽게 파악할 수 있다는 장점도 있습니다. 손가락으로 물을 휘저어 소리를 내어도 쉽게 찾아 마십니다.

물과 마찬가지로 사료도 조금 따뜻하게 해주거나 수프 등 수분량이 많은 음식을 주는 방법도 추천합니다.

사계절
너무 덥거나 너무 추워도 지내기 어려워요

고양이와 사계절

151 ▶ 기본 난방만으로는 춥지 않을까요? ◀

기본 난방만으로는 추울 수 있어요
담요나 숨숨집, 원적외선 히터를 준비하세요

겨울철이 되면 저체온증으로 다급하게 병원을 찾는 고양이 환자가 증가합니다. 차가운 공기는 아래쪽에 모이잖아요? 고양이가 주로 생활하는 바닥 부근은 사람이 체감하는 것보다 훨씬 더 썰렁하다는 사실을 놓치기 쉬워요.

특히 아기고양이나 노령묘, 마른 체형의 고양이가 있다면 온풍기나 바닥 난방에 더해서 담요와 숨숨집을 준비하세요. 사실 온풍기로는 몸속 깊은 곳까지 따뜻해지지 않으므로 개인적으로는 원적외선 히터를 추천합니다.

노령묘를 키우는 가정에서 전기장판을 사용할 때는 저온 화상에 주의하기 바랍니다. 노령묘는 잠자는 시간이 길고 감각이 상대적으로 둔화되어 저온 화상을 입는 경우가 있어요. 최소 4시간마다 자세를 바꿔 주세요.

특히 털이 젖은 채로 자면 화상을 입을 수 있으므로 소변 등으로 젖지 않았는지 확인합시다.

사계절 ▶ 너무 덥거나 너무 추워도 지내기 어려워요

고양이와 사계절
152
선조가 사막 출신이지만 건조한 공기는 싫어한다고요?

고양이가 기침하기 시작하면 건조 주의! 욕조에 뜨거운 물을 받아서 증기를 쐬어주세요

겨울철 대기가 건조해지면 기침하는 고양이가 있습니다. 원래 고양이는 기침을 잘 하지 않는 동물이지만 천식이 있거나 기관지가 약한 고양이도 있어요.

그런 고양이를 돌보는 보호자는 '기침을 좀 하네?'라고 생각되면 욕실에서 다음과 같이 수증기를 이용한 관리를 시도해보기 바랍니다. 증기를 흡인시키는 요법은 건조한 기관지를 촉촉하게 해주어 기관지염을 예방할 수 있어요.

> **사계절** — 너무 덥거나 너무 추워도 지내기 어려워요

> 1 욕조에 샤워기로 뜨거운 물을 받습니다. 수증기가 잘 생기는 고온의 물 추천.
> 2 고양이를 이동장에 넣어 10분 정도 수증기를 쐬며 지내게 합니다. 고양이가 불안해한다면 안아서 함께 들어가세요.

방의 습도도 50% 이상을 유지합시다. 그래도 기침이 낫지 않는다면 고양이 천식이나 기관지 질환일 가능성이 있으니 서둘러 진료받기를 권합니다.

고양이와 사계절
153

 고양이도 장마철에 불쾌지수가 올라가나요?

비가 오면 기온이 내려가서 배뇨량이 증가
장마철에는 화장실 청소를 자주 해주세요

비가 내려서 기온이 떨어지면 고양이의 배뇨량이 늘어납니다. 장마철에는 모래상자를 청소하는 빈도를 늘려서 평소 이상으로 청결하게 유지하기 바랍니다. 고양이는 화장실이 지저분하면 소변을 참기 때문에 방광염이나 비뇨기 질환의 발병 위험이 높아집니다. 스트레스로 설사와 구토를 할 수도 있습니다.

습도가 높은 장마철은 곰팡이도 잘 생기므로 화장실은 물론 물그릇과 밥그릇이 있는 환경도 신경 써야 해요.

앞에서 말했듯이 평균 체온이 높은 고양이는 25~30도가 적정한 실내 온도인데, 장마철에 기온이 저하되는 바람에 몸 상태가 나빠지는 고양이가 늘어납니다. 아침에 서늘하다 싶은 날은 난방을 가동해주세요. 실내 온도 25도 정도로 설정해서 아침저녁으로 틀어주면 좋을 거예요.

사계절 너무 덥거나 너무 추워도 지내기 어려워요

고양이와 사계절
154

컨디션이 나빠 보이는데 일단 상태를 지켜보는 편이 나을까요?

고양이의 며칠은 사람의 몇 개월과 같아요
건강 이상을 내버려 두지 마세요

'요 며칠 컨디션이 안 좋아 보이는데 상태를 지켜봐야겠어. 좀 지나면 괜찮아지려나…….' 이런 생각은 사실 조금 위험합니다.

성묘의 1년은 사람으로 치면 약 4~5년에 해당합니다. 고양이가 '요 며칠 상태가 이상'하다면, 사람이 '두어 달 정도 상태가 나쁜 것'과 같아요. 병의 진행도 생각보다 빠른 경우가 많습니다.

일단 잠깐 상태를 지켜보겠다는 생각은 의외로 위험하다는 것을 기억하기 바랍니다. 특히 초봄에는 고양이의 몸 상태가 나빠지기 쉽습니다. 평소대로 먹고 생활하는데 혈액 검사를 하면 탈수 증상이 있는 고양이가 눈에 띄어요. 체외로 배출되는 수분의 양을 음수량이 따라잡지 못하는 거예요.

특히 노령묘나 신장이 나쁜 고양이는 탈수를 계기로 몸 상태가 악화될 때가 있습니다. 초봄에는 특히 고양이의 배뇨 횟수와 음수량에 신경 쓰기 바랍니다.

사계절 너무 덥거나 너무 추워도 지내기 어려워요

고양이와 사계절 155

악천후 때문에 고양이가 겁을 먹었어요! 어떻게 해야 하죠?

태풍이 오면 고양이도 불안해해요
잘 놀아주고 말을 걸어서 진정시킵시다

태풍이 접근하자 반려묘가 안절부절못하고 있나요? 저기압의 영향에 더해 세찬 빗소리와 위력적인 바람 소리가 들리면 사람 못지않게 고양이도 불안해지는 모양이에요. 최대한 옆에 있으면서 소통합시다. 말을 걸거나 놀아주면 안정을 되찾아요.

천둥소리를 싫어하는 고양이도 있을 거예요. 침대 밑이나 벽장 등 몸을 숨길 수 있는 공간을 만들어주세요. 뇌전증을 앓아 발작을 일으키는 고양이가 있다면 태풍이 오는 날에는 정신을 바싹 차리세요. 발작을 일으키기 쉬우니 대비해 놓읍시다.

천둥 소리와 폭우에 집사가 놀라서 허둥대면 고양이는 더욱 불안해져요. 집사가 당황하지 않고 행동해야 고양이가 안심하므로 평소처럼 다정하게 말을 걸어주세요.

> **사계절** 너무 덥거나 너무 추워도 지내기 어려워요

156 고양이와 위험

바퀴벌레를 잡아서 논다는 게 사실인가요?

육식 동물의 피가 끓는 고양이에게 바퀴벌레는 최고의 사냥감이에요 해충이므로 철저하게 없애주세요

위험 | 집 안의 위험한 요소

본디 육식 동물인 고양이는 '뭔가를 잡아서 놀고 싶어!' 이런 마음이 가득해요. 특히 잽싸게 움직이는 곤충이나 동물에 흥미를 잘 보이는데 집 안에 있는 재빠른 곤충이라고 하면…… 바퀴벌레를 잡아서 놀 때가 있습니다.

고양이를 키우는 집에는 바퀴벌레가 없다는 설이 있는데 바퀴벌레가 고양이를 피해서 접근하지 않는 것인지, 고양이가 잡아서 그 후에 어떻게 하는지 잘 알려지지 않았어요. 어쩌면 붙잡아서 그대로 먹을 가능성도 있습니다.

바퀴벌레를 비롯한 해충은 고양이에게 기생충을 옮길 수 있어요. 예를 들어 위충이라는 기생충은 바퀴벌레를 먹음으로써 감염됩니다. 바퀴벌레는 온갖 균과 기생충을 매개하므로 고양이가 만지기만 해도 건강에 해가 될 수 있어요.

고양이 천식의 원인 중 하나로도 바퀴벌레가 거론됩니다. 역시 보호자가 확실히 없애야겠네요. 고양이 사료를 노리고 바퀴벌레가 찾아올 때도 있으니 보관 장소도 청결하게 유지하기 바랍니다.

157  자칫 잘못해서 살충제를 먹지 않을까 걱정돼요

찬장 안이나 냉장고 뒤쪽 등
살충제를 두는 장소에 유의합니다
붕산 경단은 좋아하는 냄새가 나므로 주의!

고양이가 있는 가정에서는 어떻게 바퀴벌레를 없애면 좋을까요? 살충용 약제를 반려묘가 무심코 입에 넣지 않을까 불안해하는 보호자도 많습니다.

  살충제는 바퀴벌레가 잘 나오는 장소에 두는데, 사실 그런 장소와 고양이의 행동 범위는 별로 겹치지 않아요. 특히 문을 닫아 놓은 주방 찬장이나 냉장고 뒤에 설치하면 고양이가 잘못 먹는 일을 방지할 수 있습니다.

  바퀴벌레 박멸에 붕산이 효과적이라고 해서 가정에서는 붕산을 섞어 경단 형태로 만들어 곳곳에 놓기도 하는데, 붕산 경단은 고양이가 좋아하는 냄새가 납니다. 자칫 고양이가 이를 먹으면 신부전을 일으키므로 사용하지 않는 편이 안전합니다. 또 플라스틱을 물어뜯는 감각을 좋아해서 플라스틱 용기에 든 살충제를 물고 놀 가능성도 있으니 취급에 주의하기 바랍니다. 살충제나 방충제 등 화학물질은 전반적으로 고양이에게 유해하므로 접근할 수 없도록 관리해야 합니다.

고양이와 위험

158

고양이가 잘못 삼키기 쉬운
물건은 뭐가 있나요?

비닐봉지를 보면 푹 빠져요
장난치는 사이에 무심코 먹을 수 있습니다

위험 | 집 안의 위험한 요소

고양이는 바스락바스락거리는 소리나 식감을 엄청 좋아합니다. 예를 들어 슈퍼마켓의 비닐봉지에도 반응하는데, 먹잇감의 뼈를 깨무는 소리와 닮았기 때문이라는 추측도 있어요. 야생시절의 습성이 잔재한 것이죠.

작은 상자나 봉투가 있으면 머리를 파묻지 않고는 못 참는 것도 마찬가지입니다. 일찍이 모래 굴이나 덤불 속, 바위 틈 등의 구멍에 은신처를 두고 생활했던 선조의 습성이 남은 것이죠. 그래서 슈퍼마켓 비닐봉지에 머리를 넣고 장난치는 사이에 먹어버리는 사태가 종종 일어납니다.

약 포장에 쓰인 알루미늄 포장재의 바스락거리는 소리도 좋아해요. 구토가 멈추지 않는 고양이를 내시경으로 살펴봤더니 위 입구의 유문부에서 별 모양의 스팽글이 발견된 적이 있었습니다.

드물지만, 궁금한 것을 일단 입에 넣고 보는 고양이도 있습니다. 지우개나 실리콘으로 만든 장난감, 스펀지…… 이런 것은 고양이의 입에 들어가는 작은 크기여서 삼키기 더 쉬워요. 이런 물건을 실내에 방치하면 안됩니다. 잘못 삼킨 경우에는 대부분 내시경을 사용해 적출합니다.

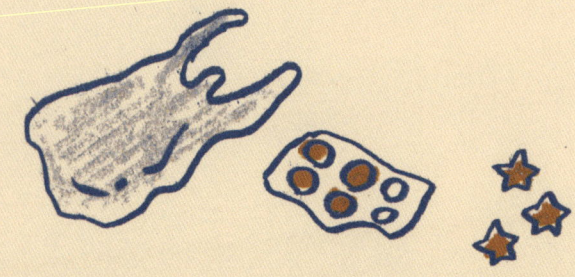

고양이와 위험
159
집 안에서 고양이에게
위험한 물건은 또 뭐가 있나요?

실을 가지고 노는 걸 무척 좋아해서
무심코 잘못 먹기도 해요
수술해야 하는 사례도 있습니다

위험
집 안의 위험한 요소

또 하나 잘못 삼키기 쉬운 것으로 끈 모양의 물건이 있어요. 끈 끝에 토끼털로 만든 모형 쥐가 달린 장난감을 삼켜서 병원을 찾는 고양이를 여러 번 진료했습니다.

끈 모양의 물건을 잘못 삼키는 원인은 고양이의 혓바닥에 있어요. 표면이 까슬까슬해서 음식을 핥거나 털을 정리하기 좋지만 그 때문에 장난치며 끈을 핥다가 빨아들여 삼켜버릴 수 있습니다.

끈 모양의 물건을 삼켰다가 장 폐색을 일으켜 응급 수술을 하는 사례도 있습니다. 고무줄을 잘못 삼키는 일도 주의하세요. 예전에는 낚싯줄과 낚싯바늘을 삼킨 고양이를 흔히 볼 수 있었습니다. 낚은 물고기를 옆에서 가로채 먹다 생긴 일이에요. 만화의 한 장면처럼 조금 웃기는 상황입니다만, 고양이에게는 재난이에요.

고양이와 위험

160 ▸ 모래나 흙을 핥아먹는 것 같아요

모래나 흙, 금속을 핥기 시작하면
내장 질환 등의 이상이 의심됩니다

위험 집 안의 위험한 요소

158과 159에서 소개한 것을 포함해 고양이가 무언가를 잘못 먹거나 마시는 행위가 '이식증'이라고 불리는 이상 행동일 수도 있습니다. 특히 모래, 흙, 벽, 금속을 핥는다면 소화기나 간 기능의 이상, 빈혈 등의 질환이 의심됩니다.

  위장의 상태가 좋지 않고 메슥거림을 진정시키려고 이것저것 삼키는 사례도 있어요. 잘못 먹는 행위가 '어쩌다 무심코'인지 '반복적'인지가 중요해요. 보호자가 잘 지켜봐 주세요. 반복할 경우에는 병원에서 진찰을 받으세요. 이식증은 스트레스성인 것과 병이 원인인 것이 있습니다.

  진찰 결과 위나 장 속에서 이물질이 발견된다면 앞에서 설명했듯이 내시경이나 개복 수술로 꺼냅니다. 이때 혈액 검사와 X선 검사를 미리 하는 것이 좋아요. 그래서 빈혈, 간 질환, 위장 질환, 기생충 등이 있으면 그에 알맞게 치료합니다.

  검사에서 이상이 발견되지 않는다면 스트레스가 원인일 가능성이 높습니다. 과도한 그루밍 등 다른 이상 행동이 없는지 확인하기 바랍니다. 그리고 함께 노는 시간을 늘리는 등 고양이의 스트레스를 완화하는 노력이 중요해요.

고양이와 위험
161
> 스웨터에 비정상적인 애착을
> 보이는 이유는 무엇인가요?

어미고양이의 젖이 생각나서
울 소재를 빠는 행위를 해요
애정 결핍이 원인일 수도 있습니다

스웨터 등 울 소재의 제품을 입에 넣어 핥고 빨다가 털을 삼킨다면, 스트레스로 유발되는 문제행동인 '울 서킹(Wool sucking)'일지 모르겠습니다. 울 소재의 물건 외에도 스펀지나 비닐봉지, 골판지 상자 등을 먹기도 합니다.

　울 서킹은 어미고양이와 이른 시기에 떨어져서 모유를 제대로 먹지 못한 고양이에게서 많이 볼 수 있다고 해요. 담요 등을 쭙쭙 빠는 이유는 어미고양이의 젖이 생각나기 때문입니다. 포유 반사(젖을 빨려는 행위)는 이유기 후에 사라지지만 어미고양이와 너무 일찍 떨어지면 해당 습성이 계속 남을 수 있어요. 담요를 물어도 화내지 말고 충분히 놀아주세요. 스트레스를 해소하고 외롭지 않도록 교감하는 스킨십이 중요합니다.

　보호한 아기고양이가 함부로 뭔가를 빨지 않나요? 울 서킹하는 것일 수도 있어요. 사람이 아기고양이를 키울 때 우유를 줄 수는 있어도 어미고양이를 대신할 수 없습니다. 입 주위를 손가락으로 쓰다듬어서 자극해주세요. 증상이 너무 심하다면 병원을 방문해 치료와 상담을 진행하는 것이 좋습니다.

위험 집 안의 위험한 요소

고양이와 위험 162 — 사람이 먹는 약은 고양이에게 어떻게 작용하나요?

아세트아미노펜이 들어간 해열진통제를 먹으면 목숨을 잃을 수도 있어요

항우울제, 항히스타민제, 수면유도제, 강압제 등 사람이 먹는 약을 고양이가 먹을 수도 있습니다. 약의 알루미늄 시트를 물고 노는 것을 좋아해서 무심코 삼킬 수 있지요.

항생물질이나 안정제 1회분 정도라면 그다지 문제없지만 감기약에 배합된 해열진통제는 주의해야 합니다. 사람이 먹는 해열진통제인 이부프로펜이나 아세트아미노펜은 고양이에게 매우 위험하고 치명적입니다. 고양이에게는 이런 약을 분해하는 효소가 존재하지 않으므로 간부전이나 신부전에 빠질 위험이 있어요.

특히 아세트아미노펜은 생명을 잃을 수도 있으니 주의하기 바랍니다.

위험 — 집 안의 위험한 요소

고양이와 위험
163

> 설마 세제를 핥아먹지는 않겠지요?

세제는 누수가 위험해요!
몸에 묻은 것을 핥으므로 주의하세요

제초제나 살충제, 세제에는 고양이에게 유독한 물질이 함유되어 있는데, 고양이가 스스로 입에 넣는 일은 없을 거예요.

문제는 때때로 용기 뚜껑에서 약제가 새는 경우가 있는데 이게 매우 위험해요. 용기 옆을 지나가던 고양이의 몸이나 발바닥에 약제가 묻고 그걸 고양이가 핥습니다. 몸을 핥아서 그루밍을 하는 고양이의 습성 때문에 생기는 위험성입니다.

특히 염소계(알칼리성) 세제나 표백제는 단백질을 용해하는 기능이 있어서 체내에 들어가면 소화기계에 문제를 초래할 수 있어요.

고양이의 몸이나 눈에 묻었을 때는 흐르는 물로 잘 씻어내고 수건으로 닦아주세요. 또 핥았을 때는 즉시 물이나 우유를 많이 먹이세요. 독성을 희석시키는 효과가 있습니다. 그런 다음 병원에 데려 갑니다.

위험 집 안의 위험한 요소

고양이와 위험 164 — 피해야 하는 식물은 어떤 것이 있나요?

고양이에게 백합은 맹독이에요 꽃병의 물조차 독이 됩니다

위험 / 집 안의 위험한 요소

고양이는 식물을 만지거나 물고 뜯으며 장난칩니다. 하지만 고양이가 입에 넣으면 위험한 식물도 있으므로 주의하세요.

백합류의 식물은 고양이에게 맹독이에요. 구근부터 잎, 줄기, 꽃, 꽃가루 심지어 꽂아 놓았던 꽃병의 물까지 독성이 있다고 합니다. 입에 넣으면 침을 흘리고 구토, 식욕 부진이 나타나며 24시간이 지나면 신장 기능 저하가 시작됩니다. 급성 신부전에 빠져서 최악의 경우 죽음에 이를 수도 있어요.

고양이를 키우는 가정에서는 백합과의 식물을 절대 놓지 말아야 합니다. 베란다나 정원에 있을지라도 위험해요.

그 밖에 고양이에게 독이 되는 식물은 아래와 같습니다. 잘 기억해두세요.

고양이에게 독성이 있는 식물

디펜바키아, 백합류, 수선화, 크로커스, 담쟁이덩굴, 풍접초(족두리꽃), 아마릴리스, 콜키쿰, 진달래속, 아잘레아, 아까시(가짜 아카시아), 피마자 열매, 시클라멘, 디기탈리스, 칼랑코에, 비연초(참제비고깔), 아코니툼, 협죽도, 사고야자, 주목류 등

고양이와 위험
165

개다래 외에 어떤 식물을 좋아하나요?

개다래뿐만이 아니다!?
사실은 키위 냄새도 좋아해요

고양이가 좋아하는 식물은 속칭 '고양이 마약'인 개다래가 유명하지만, 미국에서 실시한 실험※ 결과에 따르면 그 밖에도 좋아하는 식물이 있는 모양이에요. 고양이 100마리를 대상으로 한 테스트에서 다음의 식물 뿌리에 높은 확률로 좋은 반응을 보인다는 사실을 알았습니다.

- 개다래 … 79%가 반응
- 캣닢(일명 개박하. 꿀풀과) … 68%가 반응
- 분홍괴불나무(인동과) … 53%가 반응
- 서양쥐오줌풀(마타리과) … 47%가 반응

캣닢은 민트의 일종이에요. 고양이가 껌이나 치약에 흥미를 보이는 이유는 민트향에 홀리기 때문이지요(하지만 껌이나 치약에 함유된 자일리톨은 고양이에게 유해합니다).

고양이는 의외로 키위에도 좋은 반응을 보였습니다. 사실 키위는 개다래와 마찬가지로 다래나무속 다래나무과에 속한 식물이에요. 집에 키위를 놔두면 분명히 몸을 비비기 시작할 거예요.

※ 독일 브라운슈바이크 공대 유기화학연구소와 미국 캘리포니아대 수의대 공동 연구진이 고양이 100마리를 대상으로 식물 4종에 반응하는지 실험함. 해당 논문은 2017년 3월 16일 과학 전문지 '바이오메드 센트럴'에 게재됨(BMC Veterinary Research volume 13, Article number: 70).

위험 집 안의 위험한 요소

고양이와 위험

166 ▸ 귤 향기를 왜 싫어할까요?

'시큼한 냄새 = 독'이기 때문이에요
스크래칭을 막고 싶은 장소에 활용하기도 해요

위험 집 안의 위험한 요소

고양이는 레몬이나 귤 등 감귤계 향을 싫어하는데 그 이유에 미각도 관련되어 있습니다. 음식이 부패하면 시큼한 냄새가 나잖아요. 시큼한 냄새는 독이라고 인식하는 거예요.

감귤계 향을 싫어하는 고양이의 특성을 활용하는 방법도 있습니다. 스크래칭을 하지 말았으면 하는 장소나 접근하지 않았으면 하는 장소에 감귤계 향을 뿌리는 거예요. 길고양이들이 모여들면 곤란한 상황에서도 효과적입니다. 시중에서 판매하는 고양이 방지 스프레이의 원료도 감귤류가 많아요.

고양이에게 미움받고 싶지 않다면 감귤계 방향제는 쓰지 마세요. 또한 무향료 탈취제라고 해도 고양이가 장난치거나 실수로 넘어뜨릴 위험이 없는 장소에 올려놓기 바랍니다.

고양이와 위험
167 아로마 오일은 영 안 좋나요?

사람에게는 도움이 되는 아로마 오일이지만 고양이에게는 해롭습니다

고양이는 냄새에 매우 민감해서 향수나 방향제의 강한 향을 거북해합니다. 방에 놓인 방향제 냄새가 애써 마킹한 자신의 냄새를 방해해서 자신의 행동 범위로 가지 못할 수도 있어요. 그게 스트레스가 되어 문제행동을 일으키기도 합니다.

주의해야 할 것은 아로마 오일이에요. 아로마 오일의 향 분자는 공기보다 무거워서 방 아래쪽에 가라앉습니다. 그곳은 고양이의 생활권이라서 어쩔 수 없이 가득 들이마시게 되지요. 체내로 흡입된 성분은 최종적으로 간에서 대사되는데 드물게 간 장애를 일으킬 수도 있습니다.

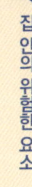

위험
집 안의 위험한 요소

고양이와 해충
168
벼룩, 진드기 구제는 언제 시작하면 좋을까요?

벚꽃 피는 계절이 되면 대책이 필요!
연례 행사처럼 습관으로 삼으세요

"벼룩, 진드기 구제는 언제부터 시작하면 좋은가요?" 보호자들로부터 흔히 받는 질문입니다. 고양이의 벼룩, 진드기 구제는 '벚꽃 필 무렵'이 시작할 때입니다. 카펫이나 패브릭 소파 등에서 겨울 동안 벼룩이나 진드기 알이 잠들어 있다가 봄에 부화해 고양이를 노립니다. 알 상태일 때는 완전히 없애기 어려우므로 성충이 되어 기생하기 전 미성숙한 상태의 벼룩을 예방약으로 없애야 합니다.

봄이 되어 고양이가 몸을 갑자기 긁어대거나 핥기 시작하면 털을 꼼꼼히 빗어보기 바랍니다. 까맣고 작은 알갱이가 몸에서 떨어지지 않나요? 그 알갱이를 물에 조금 적셨을 때 빨개지면 벼룩의 배설물입니다. 촘촘한 벼룩 제거용 빗으로 볼 옆과 꼬리를 빗은 후 물에 적신 티슈 위에서 빗을 탈탈 터는 방법으로도 확인할 수 있어요.

등에서 꼬리에 걸쳐 좁쌀 크기만 한 여드름이 생기는 피부염은 벼룩에 의한 알레르기일 확률이 높습니다.

해충 | 벼룩·진드기 대책을 마련하는 봄

고양이와 해충

169 어떤 타입의 구충제가 좋을까요?

바르는 구충제로 스팟 온 타입이 인기입니다
종합 구충제가 주류가 되었어요

벼룩, 진드기 예방약은 알약이나 스프레이 타입도 있지만 '스팟 온' 타입도 인기입니다. 고양이 몸에 약제를 발라 투여하는 편리함이 좋은 반응을 얻고 있어요.

알약을 먹인다면 최소한 물 6ml를 함께 먹이세요. 알약은 목에 잘 걸립니다. 삼킨 것처럼 보여도 목에 남아 서서히 녹으면서 식도염 등을 일으킬 수 있어요.

벼룩, 진드기 구제는 3월 하순부터 10월 무렵까지 계속하세요. 외부 기생충에 대한 예방은 유비무환이 최고예요. 예방약은 월 1회를 기준으로 투여하기 바랍니다.

최근에는 벼룩, 진드기뿐만 아니라 사상충증에도 대응하는 종합 구충제가 주류가 되고 있습니다.

해충 벼룩·진드기 대책을 마련하는 봄

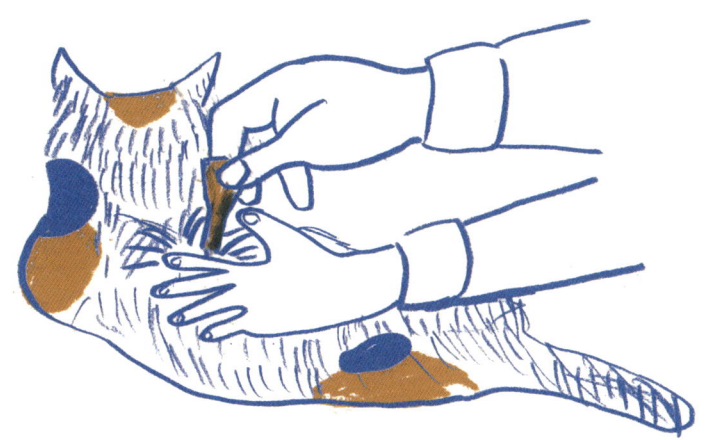

고양이와 해충

170 실내에서만 키우는데 벼룩, 진드기 구제가 필요하나요?

벼룩, 진드기는 관엽식물을 심은 흙에도 있어요! 의외의 장소에 숨어 있으니 대책이 필요합니다

'집 밖에 나가지 않으니까 벼룩, 진드기 예방은 필요 없지 않나?'라고 생각하는 보호자가 있는데 완전히 실내에서 키우더라도 안심할 수 없어요. 예를 들어 관엽식물을 심어 놓은 흙의 15%에 회충 및 구충의 알이 있다고 보고된 바 있습니다.

보호자와 가족이 밖에서 다른 동물을 만지고 벼룩, 진드기나 알을 옷 등에 묻혀서 들어올 가능성도 있어요. 완전 실내 양육일지라도 최소한의 대책으로 예방약은 투여해야 합니다.

집에서 키우는 고양이에게서 벼룩을 발견하면 성충용 구충제보다 성충과 알, 유충에게도 효과가 있는 구충제를 선택하세요. 알은 이미 겨울에 태어나므로 알과 유충에 효과가 없으면 효능이 약하기 때문입니다.

해충 | 벼룩·진드기 대책을 마련하는 봄

고양이와 해충

171 　벼룩, 진드기 대책을 마련할 때 주의할 점은 무엇인가요?

무서운 건 참진드기입니다
매개하는 감염병에 사람이 사망하는 사례도…

벼룩, 진드기 중에서도 가장 무서운 건 참진드기예요. 참진드기는 산책 다니는 개가 풀이 많은 곳을 다녀오면서 자주 묻혀 오는데, 고양이에게도 기생합니다. 육안으로도 확인할 수 있으며 피를 빨면 검붉어집니다.

고양이 몸에서 참진드기를 발견하면 만지지 마세요. 손으로 눌러 죽이거나 하면 입 부분만 피부에 남아서 염증을 일으킬 수 있습니다.

더 무서운 점은 중증 열성 혈소판 감소증후군(SFTS)이라는 병에 감염될 수 있다는 거예요. 참진드기가 매개하는 이 병은 치사율이 높은데, 개와 고양이 외에 사람에게도 감염을 일으켜 사망하는 사례가 나오고 있습니다.

구충제를 도포해서 떨어진 참진드기도 봉투에 넣어서 폐기하기 바랍니다. 불안하다면 동물병원에 제거를 부탁하면 안심할 수 있을 거예요.

고양이와 해충

172 고양이도 사상충증에 걸리나요?

사상충증은 개만 걸리는 병이 아닙니다
고양이도 일정 수가 감염되며 사망하기도 해요

모기가 매개하는 병인 '사상충증'은 개에게 발병하는 감염증이라는 이미지가 강할 거예요. 그러나 낮은 확률이지만 고양이에게도 분명 감염되는 질병입니다.

사상충증은 모기가 매개하는 사상충이라는 실 모양의 기생충이 폐동맥이나 심장에 기생해서 일어나는 병이에요. 발병하면 기운이 없고 입맛이 사라지며 호흡하기 괴롭고 살이 빠지기도 합니다.

고양이 사상충증은 개보다 감염 가능성은 낮지만, 일단 걸리면 예후가 좋지 않아 사망하는 고양이 수도 일정하게 보고되고 있으므로 예방해 놓아야 합니다. 앞에서 설명했듯이 벼룩, 진드기, 기생충 등을 예방하는 종합구충제가 사상충증에도 효과가 있으므로 이를 투여하면 됩니다.

특히 밖에 나가거나 베란다에서 노는 고양이, 털이 검거나 진한 색 고양이는 모기에 물리기 쉬우므로 예방에 주의해주세요.

해충 — 벼룩·진드기 대책을 마련하는 봄

부웅

고양이와 똑같은 가려움증이 나타나면 피부 질환이나 해충이 옮았을 수 있습니다

알아두면 예방할 수 있는 것도 많습니다. 마지막으로 고양이가 사람에게 옮길 가능성이 있는 피부 질환을 알아보겠습니다. 아래의 질병과 해충은 고양이로부터 사람이 감염될 수 있어요.

- 옴
- 피부 사상균증
- 발톱 진드기
- 벼룩

고양이가 피부염이 생겨서 가려워할 때 사람에게도 똑같은 증상이 나타난다면 신속히 피부과를 방문해 치료받기 바랍니다. 그리고 집 안을 철저히 청소하세요.

고양이의 수면

174 ▸ 항상 자고 있는 거 같아요... ◂

하루 14시간 잠을 자지만 숙면은 고작 3시간! 수면 시간이 줄면 몸 상태가 나빠집니다

고양이는 일반적으로 14~16시간 정도 잠을 자는 동물이에요. 그래서 낮에도 자는 모습을 보일 때가 많은데, 실제 숙면하는 시간은 3시간 정도에 불과하다고 해요. 이는 야생시절의 본능과 관계가 있습니다. 언제 적이 쳐들어올지 모르기 때문에 깊이 잠들지 않고 언제든지 반응할 수 있도록 얕은 잠을 자는 것이죠.

   이렇게 전체 수면 중 숙면하는 시간이 짧더라도, 총 수면 시간이 짧아지면 스트레스로 몸 상태가 나빠지는 고양이가 있다고 하니 신기하지 않나요? 예를 들면 평소 낮시간에 집을 비우던 집사가 집에 계속 머무르면 반려묘는 편히 낮잠을 잘 수 없어 스트레스가 쌓입니다.

   왠지 불안해하고 잠을 자도 안절부절못하며 몇 번씩 고쳐 앉거나 좀처럼 잠을 안 자는 행동(Restlessness)은 건강에 문제가 생겼다는 중요한 신호입니다. 사람에게도, 고양이에게도 잠은 정말 중요해요.

▸ 수면
숙면하지 않고 오래 자는 게 고양이에요

고양이의 수면
175

▶ 고양이의 심박수는 의외로 빠르네요 ◀

가끔은 고양이의 호흡수나 심박수를 측정해봅시다

고양이의 컨디션 저하나 질병의 조짐은 호흡으로 나타날 때도 많은데 평소 상태를 모르면 판단할 수 없겠지요. 다음 방법으로 고양이의 호흡수를 재 보세요.

> 1 고양이가 안정을 취했을 때 가슴이 위아래로 움직이는 횟수를 셉니다. 위아래 왕복을 1회로 하여 15초 동안 측정합니다.
> 2 15초간 측정한 횟수×4로 1분 동안의 호흡수를 계산합니다.

가슴의 움직임을 알기 어렵다면 손바닥을 가슴에 대고 재보세요. 평균값을 잡는 것이 중요하므로 날을 달리해서 여러 번 재 보세요. 며칠에 걸쳐서 심박수가 빠르다면 병원에 가 볼 것을 추천합니다.

고양이는 보통 코로 호흡하기 때문에 입으로 호흡하는 일은 거의 없어요. 입을 벌려 호흡하는 모습을 보인다면 주의해야 합니다.

참고로 왼쪽 가슴(왼쪽 앞다리의 팔꿈치가 닿는 가슴 부근) 아래쪽에 손을 대면 심박수도 잴 수 있습니다. 똑같이 15초 동안 세고 4를 곱해 계산합니다.

> **평균적인 수치**
> ● 호흡수(1분간)
>   정상 시 … 20~40회
>   안정 시 또는 수면 시 … 15~25회
> ● 심박수(1분간)
>   120~240회

수면 — 숙면하지 않고 오래 자는 게 고양이에요

고양이의 외출

176 ▶ 고양이도 산책하는 게 좋은가요?

완전 실내 양육이 기본이에요
노령묘에게는 뇌에 좋은 자극이 될 수 있어요

최근 해외에서도 고양이 산책이 유행하고 있습니다. 개와 달리 고양이는 낯선 장소, 즉 밖에서 배설하지 않는 것도 편리한 점입니다.

어릴 때부터 밖에서 놀던 22세의 한 장수 고양이는 지금도 집사와 함께 동네를 한 바퀴 돈다고 해요. 시시각각 변화하는 집 밖 풍경과 정보가 뇌에 좋은 자극을 주는 게 아닐까 합니다.

기본적으로 고양이는 완전 실내 양육을 추천하는데, 이는 고양이가 집 안팎을 자유롭게 드나들다가 좋아하는 장소로 혼자 가버릴 때 문제가 생길 수 있기 때문입니다. 하네스를 확실히 장착해서 달아날 염려가 없다면 상황에 따라 가끔씩 산책을 도입해도 좋습니다.

만약 산책을 한다면, 첫 산책은 다음과 같은 순서로 진행하세요. 밖에 나갔을 때 겁을 먹거나 혼란스러워하는 고양이는 산책시키지 않도록 합시다.

> **첫 산책을 위한 사전 연습**
> 1 먼저 고양이를 마당에 내보내 봅니다. 주위를 둘러보며 즐기는지 확인하세요.
> 2 산책 범위를 넓힙니다. 자동차의 왕래가 적고 갑자기 큰 소리가 나지 않는 장소, 풀이 있는 장소를 추천합니다(몸을 숨길 수 있어서 고양이가 좋아하는 장소).

외출 고양이의 외출에 대비해요

고양이의 외출 177 — 산책할 때는 무엇을 주의해야 하나요?

산책 데뷔에 필요한 용품과 마음가짐이 있어요 예행연습도 해놓습니다

산책할 때는 적절한 준비를 갖춘 후에 나갑시다. 흔히 목걸이에 리드 줄을 다는 보호자를 볼 수 있는데 하네스 사용을 추천합니다. 앞다리를 꿰어서 몸통을 덮는 구조이므로 목걸이처럼 어느 한 부분에 부담이 쏠리지 않고, 쑥 빠져서 고양이가 달아나는 것을 방지할 수 있어요.

반복하지만 고양이 산책에 대해서는 의견이 분분합니다. 고양이에게 집 밖 환경은 가혹합니다. 고양이가 무서워하거나 꺼리는 행동을 보이지 않고, 반려묘가 고령이라 뇌에 신선한 자극을 주고 싶다면 좋은 효과를 얻을 수도 있어요. 하지만 '계속 집 안에만 있어서 불쌍하다'는 보호자의 생각만으로 산책시킬 필요는 없습니다. 고양이에게 오히려 스트레스가 될 수도 있어요.

호기심이 왕성한 고양이는 한 번 산책하러 다녀오면 '또 데리고 가줘~'라는 듯이 조르기도 합니다.

> **산책 전의 준비 사항**
> - 고양이가 밖을 무서워하지 않는지 확인합니다.
> - 견고한 고양이용 하네스를 채웁니다(다른 고양이와의 싸움 등을 방지).
> - 벼룩, 진드기 예방 대책을 마쳐야 합니다(밖에서 감염될 가능성이 있음).

외출 — 고양이의 외출에 대비해요

고양이의 외출

178 산책 후에는 일단 발바닥만 닦으면 되나요?

유해물질이 묻었을 수 있으므로 산책에서 돌아오면 반드시 온몸을 깨끗이 닦습니다

산책을 마치고 돌아오면 반드시 고양이의 온몸을 수건 등으로 닦으세요. 실외에서 노출된 담배 등의 화학물질이나 유해물질이 몸에 묻게 되므로 그대로 두면 그루밍할 때 독성 물질을 섭취합니다.

보기 드물게 고양이의 몸이나 발바닥에 껌이나 페인트, 타르 등이 묻어서 지워지지 않을 때도 있어요. 그때는 다음과 같은 방법을 시도해보기 바랍니다.

> 외출 고양이의 외출에 대비해요

1. 더러워진 부분에 샐러드 오일을 도포하고 잘 흡수시켜 유분이 녹입니다.
2. 유분이 잘 배면 밀가루를 묻혀서 유분을 흡착시키고, 떼어냅니다.
3. 고양이용 샴푸를 사용해서 세정합니다(유분이 남아 있으므로 세제가 필요해요).

알코올 살균 시트는 사용하지 마세요. '밖에서 돌아오면 몸 닦기'를 습관화합시다.

고양이의 외출

179 〈 고양이도 차멀미를 하나요? 〉

멀미는 크게 하지 않지만 흥분해요
2시간마다 화장실, 1시간마다 물을 주세요

긴 연휴나 연말연시의 귀성길 등 고양이가 장시간 차를 타고 이동하는 상황이 생기기도 하지요. 반려동물과 함께 차를 타고 외출한다면 도로가 정체될 때도 두 시간에 한 번은 차를 멈추고 휴식을 취해야 합니다. 물과 화장실 때문입니다.

스트레스로 흥분한 고양이가 토하기도 하는데 아무것도 주지 않으면 탈수증에 빠지므로 한 시간에 한 번씩 물을 먹입니다. 소량의 물을 자주 주는 것이 효과적이에요. 휴게소에 들렀을 때도 고양이 혼자 차 안에 방치하면 안 돼요. 여름에는 열사병, 겨울에는 저체온증에 걸릴 위험이 있습니다.

개는 차멀미를 하지만 사실 고양이는 크게 하지 않아요. 반고리관이 발달했기 때문인지도 모르겠습니다. 다만 스트레스와 불안으로 패닉 상태에 빠질 수 있으므로 동물병원에서 상담 후 멀미약 등을 처방받아 미리 투약하기도 합니다.

외출 고양이의 외출에 대비해요

고양이의 외출
180

 실내에서만 키우는데 이동장이 필요한가요?

집사의 냄새가 밴 물건을
이동장 속에 넣어주면 한결 편안해합니다

완전 실내 양육을 하는 고양이에게도 이동장은 필요합니다. 병원을 갈 때 대중교통을 이동하거나 재해가 발생했을 때 보호자가 운반하기 쉽다는 편리성 이상으로 고양이를 위한 이점이 있기 때문이에요.

  고양이는 야생시절의 영향이 남아서 어두컴컴한 곳이나 좁은 곳을 선호한다고 말했지요. 이동장 속은 딱 그런 환경이에요. 이동장에 넣어주면 고양이의 흥분을 진정시키고 안심시킬 수 있어요.

  특히 대중교통을 이용할 경우 여러 사람의 목소리와 전동차 소음으로 고양이가 패닉 상태에 빠지기 쉬우므로 이동장은 필수입니다. 집사의 냄새가 나는 옷가지 등을 함께 넣어주면 고양이는 한결 안심합니다.

외출 — 고양이의 외출에 대비해요

고양이의 외출 181 ◀ 고양이가 이동장에 들어가지 않아요! ▶

평상시는 물론 재해 시를 대비해서 어떤 고양이든 이동장 훈련이 필요합니다

이동장의 필요성과 별개로 고양이가 순순히 이동장에 들어가느냐 마느냐는 또 다른 문제이지요. 그래서 다음과 같이 이동장 훈련을 합니다.

외출 / 고양이의 외출에 대비해요

> 1 먼저 방 안에 이동장을 놔둡니다. 문을 연(떼어낸) 상태로 방 안에 놓고 이동장의 존재를 의식하게 하세요.
> 2 간식을 넣어서 '이동장에 들어가면 간식을 먹을 수 있다'고 고양이가 기억하게 합니다. 이렇게 하면 스스로 들어가게 됩니다.
> 3 날마다 문을 조금씩 닫아서 개구부를 좁혀 갑니다. 한 번에 다 닫으면 경계하므로 서서히 닫으세요.
> 4 고양이가 들어온 상태에서 문을 닫고, 그대로 조금씩 머무는 시간을 늘립니다.
> 5 들어 올려서 실내를 걸어 봅니다. 익숙해지면 밖으로 나가세요.

집 밖에서도 문제가 없으면 훈련은 끝납니다. '여기에 들어가면 낯선 곳(병원)에 가서 아픈 경험을 했다'는 등의 기억이 있으면 그 이동장을 싫어할 수 있어요. 그런 경우에는 새로 구입하는 수밖에 없습니다.

진료실에서 때때로 이동장에서 나오지 않는 고양이를 만나는데 이때 위쪽에 문이 달린 이동장이면 진찰하기 좀 더 수월합니다.

고양이와 돌발상황

182 비상시를 대비해 훈련해두면 좋은 게 있을까요?

비상시에 도움이 되는
고양이 행동 훈련 세 가지

고양이가 말을 듣지 않으면 곤란해지는 비상 상황은 충분히 발생할 수 있습니다. 예를 들어 피난소에서 제멋대로 구는 고양이의 행동이 민폐를 끼칠 수 있어요. 지진이나 태풍 등의 재해에 놀라 실내의 좁은 곳에서 나오지 않거나 어딘가를 벗어나다가 보호자와 떨어질 수도 있어요.

이때를 대비해 다음 세 가지를 기억하도록 훈련할 것을 추천합니다.

> 1 자기 자리로 되돌아가게 하기 : 잠자리나 케이지에 돌아가게 해야 할 때 활용합니다.
> 2 이름을 부르면 옆에 오도록 하기 : 이름을 부르며 '이리 와'라고 하면 고양이가 곁에 오도록 합니다.
> 3 앉아 : '기다려'와 같은 지시의 일종으로 활용합니다.

이때 손가락을 사용하는 것이 포인트예요. 고양이가 와 주었으면 하는 곳(장소나 집사)을 손가락으로 가리켜 고양이를 유인합니다. 이때 손끝에 멸치가루나 가다랑어포 등 고양이가 좋아하는 간식을 준비해, 잘 따르면 먹게 하고 머리를 쓰다듬어 주세요.

처음에는 잘 안 되더라도 반복하는 동안 '제대로 하면 보상을 받을 수 있다'라고 깨달아 점점 익히게 됩니다. 개와 비교해서 인내와 시간이 필요하지만, 끈기를 가지고 알려주면 중요한 순간에 도움이 될 거예요.

고양이와 돌발상황

183 접근 금지 장소에 들어가려고 해요!

접근 금지 장소에 들어가지 않도록 하는 요령, 비밀 병기는 양면테이프입니다

반려묘가 자유롭게 생활하는 집 안에서 식탁 위나 조리대, 취미로 모은 소중한 컬렉션이 진열된 선반처럼 보호자가 '여기만큼은 오지 말아 줘!' 하는 장소가 있을 거예요.

그럴 때는 기본적인 '기다려' 훈련을 통해 접근하면 안 되는 장소를 가르쳐봅니다. 그래도 소용없다면 고양이가 해당 구역으로 가까이 가기 위해 발을 내딛는 위치에 양면테이프를 붙여보세요. 끈끈하게 달라붙는 것이 싫어서 다가가지 않을 거예요.

돌발상황 이럴 때 어떻게 해야 하나요

고양이와 돌발상황
184
재해를 대비해서 할 수 있는 것은 뭐가 있을까요?

고양이용 방재용품은 최소 3~5일분을 갖춰 놓습니다

최근 들어 급격한 기후 변화 등으로 자연 재해가 발생하는 빈도가 잦아지고 있습니다. 사람을 위한 생존 배낭처럼 반려동물을 위한 대비책도 마련해두면 좋겠지요. 고양이용 생존 키트도 준비해 놓기 바랍니다. 최소 3~5일치를 비축해 놓으면 안심할 수 있어요.

일본에서는 재해 시 반려동물과 함께 대피소로 가게 되는데 그 후는 각 지자체의 판단에 맡깁니다. 울음소리나 알레르기 문제가 있어서 같은 공간에서 함께 지낼 수 있을지는 알 수 없어요. 인명이 최우선시되므로 동물용 물자는 도착이 늦는 경우도 많은 모양이에요. (※한국은 현재 반려동물을 동반한 대피소 입소는 어렵습니다. 다만 예외로 시각장애인 안내견 등 봉사용 동물은 동반 입소가 가능합니다.)

> **재해를 대비해 마련해 놓아야 할 물건**
> - 최소 3일치의 식량과 물
> - 목걸이나 하네스
> - 미아 방지용 이름표(미아가 되었을 때를 대비)
> - 간이 화장실, 고양이 모래
> - 반려동물용 시트
> - 수건
> - 비닐봉지(식사나 배설물을 처리)
> - 처방약(평상시에도 2주 분량을 상비해두면 안심)

돌발상황 이럴 때 어떻게 해야 하나요

고양이와 돌발상황 185 ◀ 미지의 바이러스가 유행한다면… ▶

보호자가 할 수 있는 일은
반려묘에게 옮기지 않는 것입니다

고양잇과 동물은 신종 코로나바이러스에 대한 감수성이 높아 감염에 취약하다는 여러 가지 보고가 있습니다. 다만 고양이에서 사람으로의 감염 사례는 없었으며 고양이끼리는 감염됩니다. 일본 환경성에서도 '반려동물로부터 사람이 감염된 사례는 보고되지 않았다(해외에서는 감염된 보호자가 반려동물에게 전염시킨 사례가 있음)'는 내용이 공식 발표되었습니다(2020년 7월).

그런 상황에서 대비해 두어야 할 것이 있습니다.

---

1 맡길 곳 확보
만일의 상황이 생겼을 때 가족이나 지인 등 고양이를 맡길 곳을 정해 놓습니다. 보호자가 병에 걸렸을 때도 안심할 수 있어요.

2 동물과의 과도한 접촉은 삼간다

3 위생 관리를 철저히 한다
- 밖에서 돌아오면 반드시 손을 씻은 후에 고양이를 만집니다.
- 신발 바닥을 통해 감염되지 않도록 현관 바닥을 자주 닦습니다.
- 손 소독제, 과산화수소 등의 살균제로 반려동물을 닦는 경우가 있는데 절대 금물. 일부 성분은 치명적인 독성이 있습니다.

만약에 가족 중에 감염자가 나왔다면 고양이와 접촉하지 않도록 하세요. 미지의 감염증에 대해서 사람이 할 수 있는 일은 단 하나입니다. 보호자가 감염되어 고양이에게 옮기지 않는 것이에요.

고양이와 돌발상황
186 고양이 알레르기가 생기는 원인은 뭔가요?

고양이 알레르기의 원인은 털이 아니라 침! 암컷보다 수컷일 때 유발되기 쉬워요

고양이 알레르기는 고양이의 침에 포함된 단백질 성분 'Feld 1'이 원인입니다. 고양이 알레르기의 원인이 '털'이라고 생각하는 수의사도 의외로 많은데 정확한 원인은 고양이의 '침'이에요. 고양이가 몸을 핥고 그 침이 공기 중에 떠다니거나 침이 묻은 털이 사방에 퍼짐으로써 알레르기를 유발합니다.

암컷보다 수컷, 그리고 수컷 중에서도 중성화 수술을 하지 않은 고양이가 알레르기를 일으킬 확률이 높다고 해요.

아무래도 취향이 우선하겠지만 고양이 알레르기가 있음에도 고양이를 키우고 싶다면, 오리엔탈 쇼트헤어나 데본렉스, 시베리아 고양이, 발리네즈 등 알레르겐이 비교적 적은 품종묘를 선택하는 방법도 있습니다.

돌발상황 이럴 때 어떻게 해야 하나요

고양이와 돌발상황
187 고양이 알레르기가 있어도 고양이를 키울 수 있나요?

고양이가 침 흘리는 것을 정성껏 관리하고 증상 악화를 방지하며 생활하기도 합니다

반려묘를 키우기 시작한 후에야 자신이 고양이 알레르기가 있음을 알게 되는 경우도 있습니다. 그렇다고 해서 사랑하는 반려묘를 포기할 수도 없고 난감해지지요.

알레르겐이 완전히 사라지지는 않겠지만, 다음과 같이 고양이를 정성껏 관리하면 고양이 알레르기 증상을 줄일 수도 있습니다.

- **매일 고양이의 몸을 닦는다**
  물에 적셔서 꽉 짠 수건으로 털에 묻은 침을 닦아내서 알레르겐 확산을 막습니다.
- **장모종은 특히 조심한다**
  브러싱을 자주 해주면서 털을 정리해주세요.
- **구강을 관리한다**
  구내염에 걸리면 침 흘리는 양이 늘어나 알레르겐도 증가합니다. 구내염 치료, 치석 제거 등 구강을 청결히 하세요. 입 주위에 흘리는 침도 잘 닦아줍니다.

공기청정기를 놓거나 자주 청소하는 것은 기본 중의 기본입니다.

고양이와 돌발상황

188 고양이를 맡길 때 주의할 점은 무엇인가요?

펫 시터에게 맡길 때는 사전 만남을 추천합니다

불가피한 사정으로 반려묘를 잠시 다른 사람에게 맡겨야 할 때가 있습니다. 이때 주의할 점을 알려드릴게요.

펫 호텔에 맡긴다면, 익숙하지 않은 장소에서는 고양이가 흥분하기 쉬우므로 집사가 사용하던 담요나 쿠션을 함께 맡깁니다. 집사의 냄새가 고양이의 불안을 가라앉히고 안심시키는 데 도움이 됩니다. 요즘은 펫 호텔을 병설하는 동물병원도 많아요. 가능하면 맡기기 전에 안을 살펴보면 좋습니다. 개와 고양이의 공간이 나뉘어 있는지가 중요한 체크 사항입니다.

펫 시터를 고용하면 정해진 시간에 집을 방문해 식사와 물, 화장실 처리 등을 해줍니다. 고양이로서는 낯선 공간에 가기보다는 자신의 영역에 있는 편이 안심할 수 있고 패닉에 빠질 확률이 덜합니다. 하지만 고양이가 자신을 돌봐주는 존재로서 펫 시터의 냄새를 인식하지 못한다면, 화장실을 깨끗하게 치워줘도 '모르는 사람의 냄새'가 더 신경 쓰이는 탓에 화장실 실수를 하기도 해요. 펫 시터와 사전에 미리 '만남'을 갖고 냄새를 기억하게 하는 것도 좋은 방법입니다.

고양이와 돌발상황

189

고양이가 밖에 나가고 싶어 하는데 어떻게 해야 하나요?

'이 방은 질렸어'라는 신호예요
좀 더 놀아주거나 시야를 잠시 차단하세요

"베란다로 들어온 고양이를 반려묘로 들였는데, 자꾸 밖에 나가고 싶어서 울어요."라고 말하는 보호자와 상담한 적이 있어요. 이처럼 밖에서 생활하던 길고양이를 실내에서 키울 때는 시간과 끈기가 필요할 수 있습니다.

처음부터 실내에서 생활한 고양이가 밖에 나가고 싶어 하는 건 단순히 지루해서일 가능성이 커요. 구체적인 이유는 다음과 같습니다.

> **1 기분 전환을 하고 싶다**
> 이 방은 질렸어, 장난감도 시시해.
>
> **2 새와 곤충이 있다!**
> 놀고 싶어, 잡고 싶어.
>
> **3 고양이가 있다!**
> 내 영역을 지켜야 해.

1은 새로운 놀이터나 장난감을 도입하거나 집사가 좀 더 많이 놀아줌으로써 해결할 수 있어요. 2와 3은 밖이 잘 안 보이도록 일단 커튼을 치는 등 시야를 차단하면 고양이도 안정을 되찾을 거예요.

돌발상황 이럴 때 어떻게 해야 하나요

고양이와 돌발상황
190 ◀ 고양이가 달아나 버렸어요! ▶

24시간 이내의 대응이 가장 중요!
보호자를 잘 따르는 고양이라도 기회가 있으면
탈주할 수 있음을 염두해 두세요

고양이가 탈주했을 때는 처음 24시간이 골든 타임입니다. 24시간 이내라면 고양이가 사라진 최초 장소로부터 반경 1km 안에 있기 때문이에요. 그 범위라면 찾을 가능성이 커요. 고양이를 잃어버렸을 때는 다음 수색 절차를 참고하세요.

> **1 가까운 친구나 이웃에게 도움을 요청해 함께 찾아본다**
> 수색 인원이 많을수록 찾을 가능성이 커집니다.
>
> **2 동시에 특징을 기록한 전단지를 만들어 붙이거나 SNS를 활용한다**
> 고양이 사진을 큼직하게 넣고, 이름, 특징, 사라진 장소와 일시, 연락처를 적은 전단지를 만들어 붙입니다. SNS를 한다면 적극 활용하세요. 많은 정보가 실시간으로 모여 빨리 발견하는 사례도 있습니다.
>
> **3 동물보호센터나 구청 등 관할 기관에 문의와 실종 신고를 한다**
> 어딘가에서 포획되었거나 교통사고를 당한 경우를 대비합니다.

어쩌다 집 밖으로 나가버린 뒤 미아가 된 고양이도 많으므로 고양이의 귀소본능에 기대하기란 어렵습니다. 환기를 위해서 문을 여는 여름은 특히 주의해야 해요. 아무리 잘 따르던 고양이라도 문이나 창문이 조금이라도 열려 있으면 호기심에 이끌려 나가버립니다. 방충망을 찢고 나가는 고양이도 있으니 안심할 수 없어요.

돌발상황 이럴 때 어떻게 해야 하나요

고양이와 돌발상황 191

고양이를 찾을 때의 포인트를 알려주세요!

아래만 보지 말고 위도 보세요!
큰 소리로 부르지 말고 냄새로 유인합니다

미아가 된 고양이를 본격적으로 수색할 때의 포인트도 소개할게요.

- **숨을 만한 장소를 찾는다**
  사라진 장소 주변에 있는 실외기나 자동판매기, 자동차 밑, 덤불, 화단 등 구석진 곳에 숨어 있을지 몰라요.
- **위쪽도 살펴본다**
  나무 위나 창고 위 등 높은 곳에 올라가는 경우도 있어요.
- **평소의 목소리로 부른다**
  걱정되고 다급한 마음에 큰 소리를 내며 찾을 수 있는데, 그러면 무서워서 나오지 않습니다. 평소 목소리로 이름을 부르세요.
- **고양이의 냄새가 나는 물건을 지참한다**
  '자신의 냄새=영역=안심'해서 나올 수도 있어요.
- **저녁~밤 시간대에 집중적으로 수색한다**
  고양이가 활동하는 시간대를 노립니다. 고양이가 움직이면 만날 확률도 높아집니다.

돌발상황 이럴 때 어떻게 해야 하나요

늘 먹던 사료를 몇 군데에 놓고 사용하던 고양이 모래를 사료 주위에 뿌려서 '평소와 같은 장소'로 유인해 고양이를 찾은 사례도 있어요.

고양이와 돌발상황 192 — 마이크로칩을 도입하는 편이 낫나요?

반려묘와 슬픈 이별을 하지 않기 위해서…
마이크로칩을 추천합니다

고양이가 무사히 구조되었지만, 보호자를 확인할 수 없는 때가 있어요. 그런 사태를 방지하기 위해 개체 식별용 마이크로칩이 개발되었습니다. GPS 기능은 없으므로 실종됐을 때 위치를 확인할 수는 없지만 누군가가 고양이를 보호하게 된다면 재회할 수 있습니다.

    고양이의 행동 특성상 목걸이 등으로 부착하는 외장 마이크로칩은 유실 우려가 있으므로 체내에 삽입하는 내장 마이크로칩이 확실한 대책입니다. 내장 마이크로칩의 크기는 지름 약 2mm, 길이는 8~12mm입니다. 쌀알보다 길이가 좀 긴 정도로 목 주위의 피부 밑에 주사기로 삽입합니다. 순식간이라서 마취도 필요 없어요.

    한 번 삽입하면 반영구적으로 사용할 수 있습니다. 칩에는 식별번호가 등록되며 이 번호를 토대로 고양이의 신분을 조회할 수 있어요. 고양이가 탈주했을 때뿐 아니라 누가 납치하거나 재해 시에 뿔뿔이 헤어졌을 때도 도움이 됩니다.

    일본은 2019년 동물애호법 개정으로 개와 고양이에 대한 마이크로칩 장착이 의무화되었습니다. (※한국은 반려견에 한해 의무 등록을 실시하고 있으며, 반려묘의 식별 마이크로칩 등록 의무제는 시범 사업 진행과 함께 논의 중에 있습니다.)

돌발상황 이럴 때 어떻게 해야 하나요

고양이와 돌발상황
193

그런데 정말 제대로
찾을 수 있을까요…

하와이에서 발견된 미아 고양이, 마이크로칩 덕분에 무사히 재회했어요

예전에 이런 일이 있었어요. 하와이에 사는 동료 수의사로부터 '길 잃은 고양이를 발견해서 구조한 뒤 조사했더니 일본의 마이크로칩이 들어 있었어.'라는 메일을 받은 거예요.

제가 그 마이크로칩 번호를 검색했더니 등록된 보호자의 이름과 일본에서의 주소를 알 수 있었습니다. 도쿄 신주쿠에서 하와이로 고양이와 함께 이주했더군요. 마이크로칩 덕택에 고양이는 하와이에서 무사히 보호자 곁으로 돌아갈 수 있었어요.

이런 사례 외에도 마이크로칩은 지진이나 재해 시에 유용합니다. 일본 환경성 조사에 따르면 동일본대지진 때 미아가 되었다가 보호된 개와 고양이 중 미아 방지 이름표를 달지 않은 동물은 대부분 보호자를 찾지 못했다는 보고가 있어요.

미아 방지 이름표나 목걸이는 벗겨지거나 파손되는 상황도 생길 수 있지만, 몸에 삽입하는 마이크로칩은 그럴 염려가 없습니다.

요즘에는 건강 측면에서의 단점도 거의 보고되지 않습니다. 소중한 가족인 반려묘와 헤어지지 않기 위해서라도 마이크로칩 도입을 검토해 보기 바랍니다.

돌발상황 이럴 때 어떻게 해야 하나요

6장

건강 이상 신호를 놓치지 마세요

- 컨디션이 안 좋은 걸까요
- 병에 걸렸으면 어쩌죠
- 슬기로운 병원 치료

고양이의 건강
194
고양이의 건강 이상은
왜 알아채기 어려울까요?

고양이는 병을 숨기려는 습성이 있어요 겉보기로 알 수 있을 때는 증상이 꽤 진행된 때도 있어요

건강 컨디션이 안 좋은 걸까요

고양이는 몸의 이상이나 통증을 잘 숨깁니다. 약한 모습을 보이면 적에게 틈을 준다고 생각하기 때문이에요. 사람에게도 '만지지 마', '내버려 둬' 하며 거리를 두려고 합니다.

겉보기로 알 만큼 상태가 나빠졌을 때는 증상이 상당히 진행된 경우가 많습니다. 소중한 반려묘의 건강 이상 신호를 놓치지 않으려면 매일 쓰다듬고 안아주세요. '만지는 행위'는 가장 좋은 예방법입니다.

고양이는 다른 동물과 비교해 종양이 잘 생기며 특히 암컷은 유선 종양의 발병률이 높습니다. 이런 질병은 몸을 만져서 어딘가에 멍울이 있는 것을 감지함으로써 극히 초기 단계에 검사하고 치료할 수 있어요.

털의 윤기와 질감에서도 이상 신호가 나타나는데, 자주 만져봐야 뻣뻣하고 부드러움의 미세한 변화를 알아차릴 수 있습니다. 식욕 부진이나 배뇨 이상 등은 눈으로 봐도 알 수 있지만, 직접 촉진해봐야 알 수 있는 병이 많습니다.

게다가 반려묘와의 스킨십은 신뢰 관계를 강화하지요. 질병을 조기에 발견하는 열쇠는 반려묘와 집사의 소통에 달렸다고 할 수 있겠습니다.

고양이의 건강 195 · 최근 들어 털이 뻣뻣해진 것 같아요

털 상태를 보면 컨디션부터 질병까지 여러 가지 문제를 알 수 있습니다

보호자는 매일 반려묘를 쓰다듬는 시간을 꼭 마련했으면 합니다. 고양이의 각종 건강 이상은 먼저 털 상태로 드러납니다. 수시로 쓰다듬으며 스킨십함으로써 알 수 있는 점이 있어요.

털 상태에 따라 다음과 같은 문제를 의심할 수 있습니다.

> ● **털이 푸석푸석하고 윤기가 없다**
> 과식이나 소화불량 또는 내장 계통 질환에 따른 설사일 수 있어요. 만성 신장병, 간 기능 장애, 면역 매개성 질환일 가능성도 있습니다.
>
> ● **털 뭉침이 많아졌다**
> 구내염이 있을지도 몰라요. 침을 많이 흘리는 탓에, 그 상태로 그루밍을 하면 침이 잔뜩 묻어서 털 뭉치가 잘 생깁니다.

털 상태를 확인하면서 만성 질환을 발견하는 계기를 마련할 수 있습니다. 실제로 우리 병원에 진료를 받으러 오는 고양이 대부분은 털 상태가 좋지 않아요. 몸 상태가 나빠서 병원을 찾아온 것이니 당연하기는 하나, 많은 보호자가 이를 알아차리지 못합니다. 털의 형태나 윤기를 주시하면서 스킨십을 하면 고양이의 컨디션 변화를 보다 일찍 알 수 있어요.

건강 · 컨디션이 안 좋은 걸까요

고양이의 건강 196 — 몸을 쓰다듬는데 멍울이 만져졌어요!

고양이 종양은 악성이 많습니다
매일 몸을 쓰다듬으며 이상 유무를 확인하세요

고양이를 쓰다듬거나 만지다 보면 응어리 같은 게 느껴질 때가 있습니다. 고양이 몸의 응어리, 즉 멍울을 신경 써야 하는 이유는 종양일 가능성이 크기 때문입니다. 유선 종양일 경우에는 약 90%가 악성이에요. 멍울을 조기에 발견하면 고양이의 생명을 구할 확률이 큽니다. 특히 8세를 넘은 암컷은 유선 종양이 염려되므로 보호자는 매일 만져서 확인하기 바랍니다.

머리 위부터 꼬리 끝까지 빠짐없이 확인하는데 특히 배(앞다리 연결 부위, 겨드랑이 아래에서 넓적다리 안쪽까지)나 가슴 주변에 멍울이나 콩알만 한 사마귀가 만져진다면 빨리 동물병원에서 세포진 검사를 받으세요. 이 부분에 생기는 멍울은 유선 종양일 경우가 많으며 드물게 수컷에게서도 발견됩니다.

몸의 표면에는 쓰다듬는 것만으로 확인할 수 있는 림프절도 몇 가지 있습니다. 림프절 주변에 염증이 있거나, 때로는 종양이 전이되어 림프절이 부어 있을 수 있어요.

어쨌든 늘 쓰다듬고 만져주면 알아차릴 수 있습니다. 고양이와 스킨십은 소통 이상의 의미가 있어요.

고양이의 건강 197 멍울을 만져도 아파하지 않으니 괜찮지 않을까요?

통증이 없는 멍울이 오히려 더 위험합니다

만약 고양이의 몸에서 멍울을 찾으면 세게 만지거나 누르지 마세요. 부드럽게 어루만져서 아파하는 듯하면 상처나 타박상 등에 따른 염증을 생각할 수 있습니다. 곪을 수도 있는데 이런 경우는 대체로 양성이에요.

문제는 '통증이 없는' 멍울입니다. 만져도 아파하지 않는다면 앞에서 설명한 종양 외에 림프종, 분비물 축적, 지방종 등일 가능성이 있습니다. 멍울을 만져도 고양이가 아파하지 않으면 보호자는 대체로 '걱정하지 않아도 된다'고 판단합니다. 하지만 아파하지 않는 멍울이 더 중증 질환이 될 수 있어요.

멍울은 고양이의 몸 어디에나 생길 수 있습니다. 머리 위부터 꼬리 끝까지 만져서 응어리나 콩알만 한 사마귀를 찾았는데 고양이가 아파하지 않는다면 즉시 병원에 데려가 진찰을 받으세요.

건강 · 컨디션이 안 좋은 걸까요

고양이의 건강
198 병원에서는 어떤 치료를 하는 건가요?

동물병원에서는 어떤 멍울이든, 전부 세포진 검사를 합니다

병원에서 실시하는 멍울 치료 방법을 간략히 소개할게요. 멍울은 분비선 등에 지방이 쌓인 양성 종양부터 악성 종양에 이르기까지 종류가 다양합니다. 사마귀처럼 보이는 멍울도 나중에 암이 될 수 있어서 눈으로 본 것만으로는 정확히 알 수 없어요.

그래서 기본적으로 세포진 검사를 실시합니다. 멍울에 바늘을 꽂고 성분을 조금 뽑아내서 현미경으로 검사한 뒤 그 결과로 치료 방침을 정합니다.

'1년 전부터 있었다', '만져도 아파하지 않는다'라는 이유로 종양을 간과하기 쉬운데 동물의 1년은 사람의 4~5년에 해당합니다. 진행이 빠르다는 것을 잊지 마세요.

건강 컨디션이 안 좋은 걸까요

고양이의 건강
199 　코를 골며 잠을 자는데 괜찮나요?

규칙적으로 코를 골면 상관없습니다
'불규칙, 저음, 큰 소리' 삼박자를 주의하세요

'피유— 피유—', '크— 크—' 이런 숨소리와 함께 일정한 리듬으로 작고 높은 소리를 내며 코를 곤다면 괜찮습니다. 잘 잔다는 증거예요.

　문제가 되는 코골이는 불규칙적이며 낮고 큰 소리가 납니다. 잠을 잘 때뿐만 아니라 일어났을 때도 호흡에 소리가 섞여 나기도 해요.

　코를 고는 원인은 비만이나 바이러스 감염에 따른 비염 등 여러 가지가 있습니다만, 보호자가 특히 주의할 것은 종양 때문에 생기는 코골이입니다. 이 경우는 코골이 외에도 식욕 부진이나 체중 감소가 나타날 수 있습니다. 코에 종기가 생길 때도 있는데 노란색이나 피가 섞인 콧물을 보인다면 즉시 병원에 데려가 진찰을 받아보세요.

　코골이는 비강 내 공기가 잘 통하지 못하고 기도가 진동해 발생합니다. 이그저틱 쇼트헤어 등 눌린 듯한 얼굴이 매력적인 고양이는 코를 잘 고는 경향이 있습니다.

건강 컨디션이 안 좋은 걸까요

고양이의 건강
200 눈에 눈물이 고이는 건 왜 그런 건가요?

눈에 눈물이 고이는 건 고양이 감기의 신호! 방을 따뜻하게 하고 습도를 50%로 유지하세요

추운 계절에 아침에 일어난 고양이의 눈에 눈물이 고이는 일이 늘어나면 고양이 감기를 의심하기 바랍니다. 고양이 감기란 고양이 헤르페스 바이러스나 고양이 칼리시 바이러스 때문에 생기는 감염증을 의미합니다. 특히 헤르페스 바이러스는 낫더라도 완전히 죽지 않고 신경 등에 숨어 있어요. 그러다 면역이 떨어지거나 몸 상태가 좋지 않으면 눈에 눈물이 고이거나 재채기, 콧물, 결막염 등의 증상으로 재발합니다.

방을 따뜻하게 하고 습도는 50% 전후로 유지하며 식사와 물을 잘 섭취하도록 신경 씁니다. 식욕 부진이 있다면 병원에 가는 편이 좋지만, 다른 문제가 없다면 아무 것도 하지 않아도 나을 때도 많아요.

이 외에도 다음과 같은 질환 때문에 눈물이 고일 수 있습니다.

> ● **결막염**
> 눈꺼풀 안쪽의 결막에 염증이 생겨서 눈 주위와 눈꺼풀 안쪽이 빨갛게 붓거나 눈물이 흐르고 눈곱이 낍니다. 심해지면 눈꺼풀이 안구에 들러붙어서 눈이 안 떠질 수도 있어요. 고양이끼리 감염됩니다.
>
> ● **이소성 속눈썹**
> 눈꺼풀 안쪽인 결막 표면에 자라난 눈썹이 각막을 끊임없이 자극해 만성적인 각막염을 유발합니다. 늘 갑갑해하고 스트레스성 건강 이상이 잘 생겨요.

두 증상 모두 병원에서 치료를 받고 집에서는 안약(점안액)이나 연고로 관리합니다.

건강 컨디션이 안 좋은 걸까요

고양이의 건강
201 사람용 안약을 넣어도 되나요?

고양이에게 쓸 수 있는 안약도 있으나, 사용 전에 수의사와 상담합시다

고양이도 사람과 마찬가지로 안구 건조증에 걸립니다. 눈이 충혈되거나 눈곱이 껴서 자주 깜박이는 증상이 나타나요.

눈의 표면을 덮고 있는 눈물층은 지질층, 수성층, 점액층으로 구성되는데 이중 지질층, 말하자면 기름 성분이 잘 분비되지 않는 게 눈이 건조해지는 원인이에요. 눈물이 나와도 눈의 표면에 머무르지 않고 흘러버리거나 증발합니다.

현재 시중에서 판매하는 고양이용 안약은 없으며, 사람용 안약을 사용할 수는 있어요. 하지만 방부제 등의 성분이 나쁜 영향을 미칠 수 있으므로 사용할 때는 먼저 수의사와 상의하기 바랍니다(병원에서 처방하는 고양이용 안약은 있어요).

고양이는 눈에 불쾌감이나 가려움이 느껴질 때 앞발로 눈을 긁거나, 벽이나 바닥에 비빕니다. 그러면 오히려 염증이 더 심해지므로 넥카라를 씌워서 비비지 못하게 하세요.

안구 건조증이 진행되면 결막염을 일으키기도 합니다. 눈의 이상이 느껴지면 빨리 검진을 받으세요.

건강 컨디션이 안 좋은 걸까요

고양이의 건강
202 눈곱이 까매요

눈곱 색으로도 몸 상태를 알 수 있어요
흰색, 검은색, 회색은 '건강'
노란색이나 녹색은 '이상'이 있다는 신호

건강 — 컨디션이 안 좋은 걸까요

반려묘의 얼굴에서 눈곱을 발견하면 색을 확인해 보세요. 흰색, 회색, 검은색이면 건강 상태는 좋은 거예요. 커피를 내리고 남은 찌꺼기처럼 적갈색을 띨 때도 있어 언뜻 보면 놀라지만 이 또한 문제없습니다.

그런데 눈곱이 노란색이나 녹색이라면 주의해야 해요. 사람도 감기에 걸리면 노란색이나 녹색을 띤 가래가 나오잖아요? 이런 색의 분비물은 세균에 감염되어 나온 경우가 허다해요. 또한 외상 때문에 생긴 눈곱은 긴급을 요하는 상황도 많습니다.

눈곱을 방치하면 굳어서 피부염을 유발할 수 있으므로 발견하면 그 즉시 떼어 주세요. 굳어서 잘 안 떨어지면 다음과 같은 방법이 있습니다.

> 1 미지근한 물에 사람용 세안제를 소량 넣어 섞어줍니다.
> 2 면이나 거즈를 1의 액에 담갔다 꺼내서 꽉 짠 뒤 고양이의 눈언저리를 닦아줍니다. 눈에 직접 닿지 않도록 주의합니다.

물티슈는 알코올 등 화학 성분 함유된 제품이 있어서 눈을 자극하므로 사용하지 마세요.

고양이의 건강
203 눈 건강을 집에서 체크할 수 있나요?

안 질환은 겉으로 크게 드러나기 어려우므로 매일 반려묘와 눈을 맞춰 응시하세요

평소 보호자가 반려묘의 눈 건강을 확인하는 방법을 소개합니다.

- 눈꺼풀 안쪽(결막)이 빨개지지 않았나요? 충혈되었다면 결막염일 가능성이 있습니다. 양쪽의 색이 다르지 않은지도 확인합니다.
- 동공은 세로로 긴 모양을 하고 있나요?
- 눈동자는 또렷한가요?
- 가장자리가 일그러지거나 흠이 생기지는 않았나요?
- 양쪽 동공의 크기가 다르지는 않은가요?
- 눈동자가 탁하지 않은가요?

건강 컨디션이 안 좋은 걸까요

어느 하나라도 이상이 있으면 노화나 질병 중 무엇인지 원인인지 병원에서 검진받아 보세요. 특히 양쪽 눈에 차이가 있다면 눈의 노화나 안 질환뿐 아니라 그 외의 질환(외이염 등 귀 질환, 신경계 질환, 종양성 질환 등) 때문에 나타난 증상일 수 있습니다.

고양이의 건강 204 눈이 잘 보이는지 걱정되기 시작했어요

솜으로 만든 작은 공을 떨어뜨려 시력이 정상인지 확인할 수 있어요

고양이도 나이가 들면 시력이 떨어집니다. 정상적으로 보이는지 확인해 봅시다.

> 1 솜으로 작은 공을 만듭니다.
> 2 고양이의 얼굴 옆에서 솜으로 만든 공을 떨어뜨립니다. 양쪽에서 실시합니다(양쪽 눈을 각각 확인하기 위해서).

떨어지는 솜을 눈으로 쫓으면 잘 보이는 것이므로 괜찮습니다. 얼굴 정면에서 떨어뜨려도 반응하지 않으면 눈이 아예 안 보이거나 시력이 많이 떨어진 거예요. 그럴 때는 병원에서 검진을 받아보세요.

그런데 솜으로 만든 공을 사용하는 이유는 무엇일까요? 천천히 떨어지는 데다 떨어졌을 때 소리가 나지 않기 때문이에요. 고양이가 소리에 반응하면 눈의 기능을 확인할 수 없으니까요. 수의사도 똑같은 방법으로 시력을 검사합니다.

빛 아래에서 동공이 작아지지 않는 것도 이상 증세입니다. 눈의 기능이 저하되었거나 보이지 않을 수 있어요.

참고로 고양이는 노령견에게서 볼 수 있는 백내장이나 녹내장에 걸리는 일이 거의 없습니다. 하지만 수정체가 딱딱해지고 하얗게 보여서 백내장으로 착각할 수 있어요.

건강 컨디션이 안 좋은 걸까요

이는 핵경화증이라는 노화 현상 중 하나로 시각에는 문제가 없지만, 증상이 염려되는 경우에는 병원에서 상담하세요.

건강

컨디션이 안 좋은 걸까요

고양이의 건강
205 고양이는 어디까지 볼 수 있나요?

시력은 나빠도 시야가 넓어요
초당 4mm 정도의 미세한 움직임도 감지해요

사람의 시야는 전방 180도 정도지만, 고양이의 시야는 약 250도나 된다고 합니다. 참고로 개는 약 220도, 말은 357도예요. 말은 바로 뒤를 제외하고 거의 다 보이는 셈이네요.

앞에서 말했듯이 고양이는 눈이 별로 좋지 않아요. 시력은 0.1~0.4로 사람의 10분의 1 수준입니다. 색을 식별하는 능력이나 선명도도 그리 높지 않습니다.

하지만 야행성 동물답게 어둠 속에서 사물을 보는 능력이 뛰어납니다. 사람이 사물을 보는 데 필요한 밝기의 6분의 1만으로도 물체를 인식할 수 있으며, 동체 시력이 매우 뛰어나서 1초에 4mm 정도의 미세한 움직임도 감지할 수 있어요.

또한 50m 떨어진 장소에서 움직이는 것을 분간하는 등 놀라운 능력을 지니고 있답니다.

건강 컨디션이 안 좋은 걸까요

고양이의 건강

206 눈 앞머리에 하얀 막 같은 게 나왔는데 괜찮나요?

제3의 눈꺼풀, 순막입니다
짧은 시간이면 괜찮지만
오랜 시간 보인다면 병원에 가보세요

졸려 보이는 고양이의 눈머리 부근에 얇고 하얀 막이 보일 때가 있잖아요? '엄청 졸려 보이네. 눈을 감을 것 같……은데 안 감네. 아니 감았다. 또 떴어!' 바로 이럴 때입니다.

이 하얀 막은 '순막'이라고 하며 제3의 눈꺼풀로 불립니다. 눈을 깜박여서 각막을 촉촉하게 만들고 눈에 들어온 먼지를 제거합니다. 순막 안에는 순막샘이라는 눈물 분비선이 있는데 그곳에서 나오는 누액은 전체 눈물의 30~40%를 차지할 정도예요.

일반적으로 아래쪽 눈꺼풀과 안구 사이에 있기 때문에 거의 보이지 않습니다. 가끔 보이는 것도 문제는 없습니다만, 원래대로 돌아가지 않고 계속 드러나 있다면 어떤 이상 증세를 의심할 수 있으므로 신속히 병원에서 검진받기를 바랍니다.

건강 — 컨디션이 안 좋은 걸까요

고양이의 건강

207 ▸ 코가 말랐는데 아픈 걸까요?

잠잘 때나 쉴 때는 분비액이 감소해서 마를 수도 있어요
반드시 병이라고 할 수는 없습니다

건강 — 컨디션이 안 좋은 걸까요

고양이의 코를 잘 보면 울퉁불퉁한 무늬가 있습니다. 이를 '비문'이라고 하는데 사람의 지문과 마찬가지로 그 고양이만의 독자적인 무늬예요. 평생 달라지지 않습니다.

　고양이의 코는 냄새 입자를 흡착하기 쉽도록 항상 분비액으로 촉촉하게 젖어 있습니다. 하지만 잠잘 때나 편히 쉴 때는 분비량이 감소해 건조해지는 경향이 있어요. 코끝이 말랐다고 병에 걸린 것은 아니니 걱정하지 마세요. 덧붙이자면 운동할 때나 흥분할 때는 분비량이 증가합니다.

　사실 고양이나 개에게는 코털이 없습니다. 그리고 냄새를 감지하는 점막조직인 '후상피'의 표면적은 사람보다 약 7배나 넓어요. 그만큼 화학물질이나 담배 등에 함유된 발암물질이 비강 내에 쉽게 흡착되고 암이나 림프종이 생기는 쉬운 특성이 있습니다.

　특히 집 밖에는 온갖 냄새가 넘쳐납니다. 밖에 나가면 의도치 않게 여러 가지 냄새에 노출되므로 조심하세요.

고양이의 건강

208 재채기를 했는데 문제없나요?

고양이 감기에 걸리지 않았다면
딱히 문제는 없습니다
사람과 똑같이 이물질을 배출하기 위함이에요

고양이의 후각은 사람보다 훨씬 뛰어나지만, 개만큼 냄새를 흡입하는 힘이 세지는 않습니다. 따라서 고양이가 냄새를 맡을 때는 조금 시간을 들여서 차분히 맡게 해주세요.

재채기를 걱정하는 보호자가 있는데 냄새를 맡은 후에 재채기하는 건 코에 들어간 이물질을 배출하기 위함이에요.

알레르기가 있거나 고양이 감기 같은 증상을 유발하는 바이러스(헤르페스 바이러스)에 감염되지 않았다면 재채기 자체는 크게 염려하지 않아도 괜찮습니다.

참고로 고양이 감기라면 ① 눈에 눈물이 고이는 증상이 심하고 눈물량이 많으며 ② 눈곱이 노란색이나 녹색 ③ 맑은 콧물 또는 누런 콧물 등의 증상이 나타납니다.

건강 | 컨디션이 안 좋은 걸까요

고양이의 건강

209 ◀ 침이 끈적끈적한데 괜찮나요? ▶

구내염일 수 있어요
밥을 먹지 않으려고 한다면 틀림없어요

고양이가 끈적거리는 침을 흘린다면 먼저 구내염을 의심할 수 있습니다. 정확히는 '치은 구내염'이라고 하며 고양이에게 흔한 질환이에요. 대략 4세 이후부터 나이가 듦에 따라 80~90%의 확률로 걸립니다.

고양이가 구내염에 잘 걸리는 이유는 명확히 밝혀지진 않았지만 치주 질환 외에 고양이 백혈병 바이러스, 고양이 면역 결핍 바이러스, 고양이 칼리시 바이러스 등의 감염증과도 연관이 있다고 합니다. 이 때문에 백신 접종으로 좋아지는 사례도 간혹 있어요.

사람의 구내염과 마찬가지로 잇몸이나 구강 내 점막 부분에 염증을 일으켜 궤양(빨갛거나 흰 부분)이 생깁니다. 입안 전체에 궤양이 가득 생긴 고양이도 종종 진찰합니다. 심해져서 곪으면 입을 벌리거나 먹을 때 '갸아―' 하고 울음소리를 내며 아파해요. 출혈을 동반하며 식사도 어려워지는 심각한 병이므로 조금이라도 빨리 치료해주세요.

> **건강** 컨디션이 안 좋은 걸까요

고양이의 건강 210

구내염이 있으면
또 어떤 증상을 보이나요?

앞발의 끈적임도 중요한 힌트입니다
구내염의 확인 포인트를 기억하세요

침이 끈적거리는 등 눈에 보이는 신호가 바로 나타나면 좋겠지만, 고양이는 최대한 병을 숨기려고 합니다. 구내염 초기 단계에서는 보호자도 알아채기 어려울 수 있어요. 반려묘에게 다음과 같은 증상이 있으면 구내염을 의심하기 바랍니다.

- **침 흘리는 양이 늘어난다**
  입안이 아파서 침을 잘 삼키기 어렵기 때문이에요. 흐르는 침을 앞발로 닦으려고 해 앞발이 끈적거릴 수도 있습니다.

- **식욕이 줄어든다**
  입을 움직이는 행위 자체가 괴로워서 점점 먹지 못하게 됩니다.

- **입 냄새가 난다**
  구취의 원인은 대개 세균 감염 때문입니다. 세균이 가득한 침이 나오므로 냄새가 심해요.

- **그루밍을 하지 않는다**
  입을 움직이기 괴로울 뿐만 아니라 혀에도 구내염이 생길 때가 많기 때문이에요.

건강 — 컨디션이 안 좋은 걸까요

고양이의 건강 211 — 핥은 곳에서 이상한 냄새가 나요…

입안의 냄새도 맡아 보세요
악취가 나면 치주 질환이 있는 거예요

고양이가 핥은 부분에서 냄새가 난다면 입 냄새가 심해졌을 가능성이 있습니다. 식후도 아닌데 냄새가 신경 쓰인다면, 고양이가 하품할 때 입안의 냄새를 맡아서 판단할 수도 있어요.

  원인 중 하나는 구내염이나 치주 질환이에요. 함께 진행되는 경우가 많으며 세균 번식으로 인해 강렬한 악취가 발생합니다.

  우려되는 점은 입 냄새에 내장 질환이 숨어 있다는 점이에요. 입안에 이상이 없는데 냄새가 날 때는 가능성이 있습니다. 고양이가 잘 걸리는 신부전의 초기 증상은 입 냄새가 심해지거나 음수량과 배뇨량이 증가한다는 점이에요. 이런 증상이 있으면 가능성을 의심하는 게 좋습니다.

  어미고양이나 다른 고양이에게 균을 얻어 원래부터 입 냄새가 심한 고양이도 있어요. 그런 경우 보호자는 '입 냄새가 많이 나네.'라고 느껴도, 일반적인 일이라서 이변을 잘 감지하지 못합니다.

  구강을 청결히 유지하는 일은 장수로 이어지므로 정기적으로 병원에서 검진받을 것을 추천합니다.

건강 — 컨디션이 안 좋은 걸까요

고양이의 건강
212 집에서 할 수 있는 구내염 치료는 무엇이 있나요?

집사가 할 수 있는 구강 내 트러블 케어는 식사를 제대로 하도록 돌보는 거예요

구내염의 치료법을 소개하겠습니다. 병원에서는 다음과 같이 치료를 합니다.

- 치아 치료
- 백신 접종

특히 고양이의 구내염은 치주 질환과 함께 진행되는 경우가 많기에 치아 치료가 중심이에요. 치석을 제거하고 구강을 청결히 합니다.

감염증이 원인이 되어 생긴 구내염은 백신 접종으로 해결할 수도 있어요.

평소 보호자가 할 수 있는 관리는 '밥을 잘 먹이는 것'입니다. 고양이가 구내염에 걸리면 사료를 먹다 통증을 느끼는 탓에 식사를 잘 하지 않는 게 일반적입니다. 그러면 면역력이 저하되어 증상이 더욱 악화될 수 있어요. 수분이 포함된 부드러운 습식 사료를 주세요. 따뜻하게 데워주면 자극을 줄일 수 있습니다.

구내염이 심할 때는 양치질을 못할 수 있지만, 증상이 나으면 두 번 다시 재발하지 않도록 철저한 덴탈 케어가 이루어져야 하겠습니다.

건강 | 컨디션이 안 좋은 걸까요

고양이의 건강 213 — 고양이도 이갈이를 하겠죠?

빠지지 않고 남은 젖니는
나중에 문제를 일으키므로 보이면 뽑아주세요

고양이의 영구치는 총 30개입니다. 보통 생후 6~7개월령에 유치가 빠지고 대부분 영구치로 교체됩니다.

그러나 간혹 이갈이가 제대로 되지 않아서 6개월이 지나도 젖니가 빠지지 않은 채 영구치가 같이 자라는 경우가 있어요. 이를 잔존유치라고 합니다. 잔존유치를 그대로 두면 영구치가 제자리를 잡지 못해 부정교합이 생길 수 있고 영구치와 유치 사이에 치석이 쌓여서 치주 질환을 유발하므로 발치해주어야 합니다.

잔존유치 증상은 중성화 수술을 할 때 발견해서 치료하는 경우가 많습니다. 이 시기가 가장 좋아요. 발치할 때는 마취가 필요한데, 중성화 수술을 할 때 발치하면 마취를 한 번으로 끝낼 수 있어서 고양이 몸에 부담이 덜 갑니다.

고양이의 건강 214 — 고양이에게는 송곳니가 제일 중요한가요?

어금니를 반드시 사수하세요!
보호자가 매일 양치질해줘야 합니다

고양이가 건식 사료를 먹을 때는 '와삭와삭' 깨물어 먹는 귀여운 소리가 들립니다. 하지만 잘 관찰해보면 그렇게 많이 씹는 건 아니에요. 조금 씹다가 통째로 삼켜버립니다.

고양이는 사람처럼 음식을 갈듯이 으깨서 삼킬 필요가 없으며, 실제로 이빨이 없어도 먹을 수 있습니다. 그래서 치주 질환 등을 치료할 때 비교적 큰 우려 없이 발치하기도 합니다.

하지만 어금니(안쪽의 가장 큰 어금니)는 예외입니다. 어금니가 없으면 부정교합이 악화되어 입 앞쪽에 있는 송곳니가 잇몸에 직접 닿습니다. 뾰족한 이에 잇몸이 찔려 상처가 생기고 통증이 수반되며, 치은염에 걸리는 등의 문제가 따릅니다(치아를 모두 발치하면 이런 걱정은 안 해도 됩니다). 집사는 치주 질환이 생기지 않도록 관리해서 어금니를 지켜주세요. 고양이가 직접 핥지 못하는 부위이므로 꼼꼼하게 양치질을 해주세요.

고양이의 건강 215

발치하지 않고 치료하는 방법은 없나요?

치주 질환은 고양이의 '국민병'입니다
발치가 최선의 해결법일 때도 있어요

치주 질환은 고양이의 '국민병'이나 다름없습니다. 4세 이후부터 치주염이나 구내염에 걸리는 고양이가 늘어나 약 80~90%가 구강 문제에 시달립니다.

사람과 마찬가지로 고양이 치주 질환은 입안에 세균이 번식해 잇몸이나 치근 등에 염증을 일으킵니다. 심장 질환이나 신장 질환의 원인이 되기도 해요.

초기에는 양치질이나 치석 제거 등으로 관리하지만 악화되면 전악 발치라고 해서 송곳니보다 뒤에 있는 치아를 전부 뽑을 수밖에 없어요. 발치라고 하면 보호자는 '어떻게 이런 일이……' 하며 크게 낙심합니다. 하지만 고양이는 이가 없어도 먹을 수 있으니 그 점에서는 안심하세요.

고양이 앞니의 치근은 치아 1개당 하나라서 치근에 문제가 생기면 이가 빠집니다. 그러나 어금니의 치근은 치아당 두세 개라서 그중 하나가 곪아도 빠지지 않고 입안에서 심한 염증을 일으킵니다. 이런 경우에는 발치합니다. 그러는 편이 고양이에게 좋은 치료입니다

참고로 송곳니는 균이 잘 침투하지 않아서 뽑지 않을 때가 많지만, 그 경우 214와 같은 일이 발생할 수 있습니다. 다만 상태가 나쁘지 않은 송곳니를 뽑으면 고양이가 급격히 쇠약해지는 사례도 있습니다. 최선의 치료를 위해 여러 모로 신중한 판단이 필요한 부분입니다.

건강 | 컨디션이 안 좋은 걸까요

치아 표면의 불순물뿐만 아니라 치아의 변색도 신경 써 주세요

고양이의 치아의 오염을 걱정하는 보호자는 많은데 치아 자체의 변색에 관해서는 신경을 많이 쓰지 않는 듯합니다.

고양이의 치아는 흰색이나 상아색이 일반적이며, 플라그나 치석이 생겨도 치아 자체가 변색되는 일은 거의 없습니다. 만약에 치아 하나만 갈색이나 연분홍색으로 변색했다면 치아 속에 이상이 생겼을 확률이 큽니다. 치아가 부서지거나 깨져서 치아 내부의 치수(무른 섬유성 조직)가 염증을 일으켜 치아가 죽은 상태입니다. 그 때문에 치아의 변색이 시작됩니다.

치아 변색을 알아채면 병원을 방문해 상담해보기 바랍니다.

고양이의 건강 217 — 귀밑을 자꾸 긁는 행동은 문제가 없나요?

머리를 자주 흔들거나 귀밑을 긁는다면 귓속에 이물질이 있을 수 있어요

고양이의 귀는 나팔 모양으로 되어 있어서 공기 중의 미세한 먼지 등이 들어가기 쉽습니다. 하지만 귀를 자주 청소할 필요는 없어요. 고양이의 귀 구조는 안으로 바깥 공기가 잘 들어와 땀이 차지 않고, 귀지도 자연스럽게 배출되게끔 이루어져 있기 때문입니다. 섣불리 세정액 등을 주입하면 자칫 중이염이 생길 수도 있어요.

다만 머리를 자주 흔들거나 귀밑을 긁을 때는 신경 써야 합니다. 귀 주위에 자란 굵은 털이 귓속에 들어간 경우가 많은데, 심하게 가려워할 때는 병원에서 제거하세요.

073에서 고양이에게 전복이나 소라를 먹이면 안 된다고 설명한 이유는 귀 질환을 유발하기 때문입니다. 전복이나 소라의 내장에 함유된 피로페오포르바이드 A가 귀의 혈관에 도달해 자외선의 자극을 받으면 염증이 생겨 귀 끝이 괴사할 수 있습니다.

건강 — 컨디션이 안 좋은 걸까요

고양이의 건강
218
고양이의 귀 질환, 어떻게 주의해야 할까요?

고양이의 귀 질환은 대부분 외이염이에요 귀에 손가락을 넣어 냄새를 맡아보면 알 수 있어요

보호자가 주의해야 하는 고양이의 귀 질환은 외이염입니다. 이는 외이도가 세균에 감염되어 염증이 생기는 질환입니다. 귀지가 저절로 배출되지 않고 쌓여서 진드기나 세균이 번식하면, 긁힌 상처에서도 염증이 발병할 수 있어요. 방치하면 고름이 나오고 통증이 생기며, 상태가 심하면 외이도를 절제해야 합니다.

외이염은 귀 냄새를 맡아보면 알 수 있어요. 귓구멍에 손가락을 넣어 본 다음 손가락의 냄새를 맡으면 됩니다. 양쪽 귀 냄새가 다르거나 코를 찌르는 듯한 냄새가 난다면 외이염 등의 감염증에 걸렸을 가능성이 있어요.

특히 아메리칸컬, 스코티시폴드 품종은 귓구멍이 좁아서 외이염으로 오랫동안 고생하는 사례가 많습니다. 보호자는 평소에 귀 상태를 각별히 신경 쓰기 바랍니다.

다른 고양이도 여름철이나 가려움증 때문에 긁다가 상처가 생길 수 있으므로 주의하세요.

건강 컨디션이 안 좋은 걸까요

고양이의 건강 219

입을 벌리고 '하아하아' 호흡하는데 아픈 걸까요?

입을 벌리고 거칠게 호흡할 때는 혀의 색을 살펴보세요

건강 — 컨디션이 안 좋은 걸까요

고양이도 실컷 달리거나 흥분했을 때 '하아하아' 하고 호흡할 때가 있는데, 나이가 어리고 일시적이라면 걱정하지 않아도 됩니다. 병원에 온 것만으로 긴장해서 '하아하아' 호흡하는 고양이도 있는 걸요.

하지만 아무것도 하지 않았는데 호흡이 거칠면 걱정이 되죠. 그럴 때는 혀의 색을 살펴보세요.

- **선명한 붉은색**
  문제없습니다. 덥거나 흥분한 상태입니다.

- **지나치게 빨갛다**
  열 대사를 촉진하기 위함입니다. 몸을 만져서 뜨거우면 열사병이 의심되는데 젖은 수건으로 몸을 덮고 방을 시원하게 해서 관리합니다.

즉시 병원에 가야 하는 상황은 다음과 같을 때입니다.

- **벽돌색이나 청자색**
  산소 결핍으로 호흡이 괴로울 때. 산소 흡입을 해야 할 수도 있습니다.

- **뿌연 분홍색**
  빈혈일 가능성이 있습니다.

혀의 색에 문제가 없다면 호흡기 외에 다른 이상이 있을지도 몰라요. 갑상샘 기능 항진증, 대사나 호르몬 이상의 가능성이 있으니 병원에서 검진받아 보세요.

고양이의 건강 220 — 겨울이 되면 재채기나 기침을 해요

스웨터를 입는 계절이 왔어요
고양이에게는 알레르기가 발병하는 시기예요

사람이 울로 된 옷을 꺼내 입는 계절이 되면 고양이에게 알레르기 증상이 나타날 수 있습니다. 원인은 집먼지인데 주로 재채기나 기침 같은 증상이 나타납니다.

  실내가 건조하면 집먼지가 공중으로 흩어지기 쉽고, 고양이에게 미치는 영향이 커집니다. 가습기를 준비하거나 공기청정기, 항균 이불을 도입하면 증상을 완화할 수 있습니다.

  특히 천식이 있거나 기관지가 약한 고양이는 이 시기에 주의해야 합니다. 증상이 심할 경우에는 152에서 소개한 미스트 케어를 추천합니다.

건강 — 컨디션이 안 좋은 걸까요

고양이의 건강

221 초봄에 재채기 연발! 혹시 꽃가루 알레르기?

고양이의 꽃가루 알레르기는 아직 증명되지 않았지만 초봄에 재채기나 콧물이 늘어납니다

고양이와 꽃가루 알레르기에 관해서는 사실 정확한 관계가 밝혀지지 않았습니다. 개와 고양이 모두 알레르기 물질이 삼나무 꽃가루인지 진단할 수 없어요. 단, 초봄에 재채기와 콧물이 많아지거나 눈에 눈물이 어리는 고양이가 확실히 많습니다. 원래 몸에 지니고 있던 헤르페스 바이러스가 이 시기에 활성화하기 때문일 수도 있어요.

알레르기성과 비알레르기성 콧물은 차이가 있습니다.

> ● **알레르기성 콧물**
> 코 양쪽에서 투명한 콧물이 많이 나옵니다.
>
> ● **비알레르기성 콧물**
> 한쪽에서만 나오며 노란색이나 녹색을 띱니다. 피가 섞인 끈적끈적한 콧물은 치조 농루, 종양, 이물질 등이 원인일 수 있습니다.

콧물이 나오거나 눈물을 흘리면 증상이나 기간을 기록해놓기 바랍니다. 진단 기준이 됩니다. 비알레르기성 콧물로, 만성적으로 고름이 나오는 타입의 비염은 완치가 매우 어렵습니다. 조기 발견이 중요해요.

건강 — 컨디션이 안 좋은 걸까요

이유 없이 가려워하고 긁는다면 음식 알레르기를 의심해보세요

벼룩, 진드기 예방을 했는데 고양이가 몸을 핥거나 긁지 않나요? 어쩌면 음식 알레르기일 수도 있습니다.

고양이의 음식 알레르겐으로 상위를 차지하는 것은 다음과 같은 식품입니다.

> 소고기, 생선, 닭고기, 양고기, 밀가루, 옥수수, 유제품 등

증상이 있다면 고양이 사료의 성분 표시를 확인해보세요. 사실 시판되는 사료 대부분이 육류 등을 주원료로 사용하고 있을 거예요.

이때는 알레르겐이 들어있지 않은 처방식, 제거식을 이용합니다. 말이나 캥거루 등의 고기를 사용하거나 단백질을 아미노산 단계로 분해해서 알레르겐이 되지 않도록 만든 사료입니다. 또는 의사의 지도를 받아 사료를 직접 만드는 방법도 있습니다.

알레르기 검사를 해서 알레르기 유발 물질이 들어가지 않은 사료를 먹기 시작한 후 2주에서 2개월가량 지나도 좋아지지 않는다면, 항알레르기 약물 치료를 받아야 합니다.

고양이의 건강

223 캣 타워에 올라가지 않는 이유는 무엇일까요?

캣 타워에서 뛰어내렸을 때 다친 경험이 트라우마가 되었을 수도 있어요

높은 곳에 올라가지 않게 되었군요……. 이런 행동은 고양이의 나이에 따라 원인이 다를 수 있습니다.

> ● **어린 고양이일 경우**
> 먼저 부상을 의심합니다. 올라가지 않게 된 장소에서 뛰어내렸을 때 어딘가를 다쳤을지 몰라요. 그때의 나쁜 기억이 남아 있으면 올라가지 않습니다.
>
> ● **중년기(7세 이상)**
> 관절 통증이 나타나기 시작하는 나이입니다. 올라가는 것도 내려오는 것도 부담스러울지 몰라요.

높은 곳에 올라가지 않는 것 외에 걷는 것이 느리거나 발톱을 갈지 않는 것도 관절염의 징후입니다. 이런 증상을 보인다면 검진을 받아보기 바랍니다.

어찌 됐든 좋아하는 장소에 가지 않는다고 한다면, 가고 싶은데 갈 수 없는 안타까운 상황인 거죠.

건강 컨디션이 안 좋은 걸까요

고양이의 건강
224

올라갈 수 있게 도와주는 게 좋은가요?

사실은 지금도 높은 곳에 올라가고 싶을 것! 작은 상자를 겹쳐서 발판을 만들어주세요

높은 곳에 올라가지 않게 된 반려묘를 위해 집사가 할 수 있는 일은 반려묘가 힘들어하지 않게 환경을 정비해주는 거예요.

낮은 캣 타워를 설치하거나 높은 위치도 순조롭게 올라갈 수 있도록 단계적으로 발판을 두는 방법 등을 고려할 수 있습니다. 고양이는 높은 곳을 좋아해요. 가고 싶은 장소에 갈 수 있게 함으로써 고양이의 스트레스를 줄이고 건강을 유지하는 데 도움을 줄 수 있어요.

참고로 동거묘가 있는 경우에는 사정이 조금 다릅니다. 관계의 변화가 원인일 수도 있어요. 이전까지는 자신이 우위에서 높은 장소를 확보했는데 이제는 상대가 우위에 서서 그 장소를 양보했을 수 있습니다. 고양이의 세계도 여러모로 힘드네요.

건강 컨디션이 안 좋은 걸까요

고양이의 건강

225 다리를 약간 저는 것 같아요

관절 질환은 간과하기 쉬워요
7세 이상이 되면 가능성을 의식하세요

고양이의 관절 질환은 알아채지 못하고 지나쳐버리기 쉬워서 다른 건강 이상으로 엑스레이를 찍었을 때 우연히 발견하는 경우가 대부분이에요. 몸을 만지면 화내고 화장실 실수를 하거나, 그루밍이나 스크래칭을 하지 않는 등 평소 행동과 달라지면 관절 이상도 의심하기 바랍니다.

특히 추운 계절이나 자고 일어났을 때의 걸음걸이를 주목하세요. 다리를 약간 절룩거리거나 끌거나 머리를 위아래로 흔들며 걷지 않나요? 조금 걷다 보면 정상으로 돌아가므로 보호자도 신경 쓰지 않을 때가 많습니다. 하지만 관절 통증이 만성화된 노령성 질환이나 만성 관절염일 가능성이 있어요.

7~10세 이상이 되면 고양이의 70% 이상에서 변형성 관절증이 나타납니다. 지금은 건강하더라도 때때로 다음과 같은 기준으로 관절의 움직임을 확인하세요.

> - 발목이 180도 구부러지고 발바닥이 다리 쪽에 달라붙는다.
> - 팔꿈치를 구부리면 딱 붙는다. 팔꿈치가 똑바로 펴진다.
> - 양쪽 관절의 움직임에 차이가 없다.

건강 컨디션이 안 좋은 걸까요

고양이의 건강 226 — 콧등에 붉게 부어오른 습진 같은 게 생겼어요!

사실 사상충증보다 흔한 것이 모기 알레르기! 모기 물림 과민증일지 몰라요

여름이 되면 콧등이나 귀에 좁쌀같은 습진이 생겨서 심하게 가려워하는 고양이가 있습니다. 이는 모기에 물려서 생기는 '모기 물림 과민증(모기 알레르기)'일 가능성이 있어요.

실외에서 저녁 바람을 쐬는 고양이, 모기에 잘 물리는 검은색이나 진한 색 털의 고양이에게 잘 발생하며 대부분은 귀 주위에 짓무름과 딱지를 동반한 상처가 생깁니다. 피부가 부어올라 중간 부분에 딱지가 앉은 듯한 습진이에요.

가려움 때문에 귀를 긁어서 피가 날 수도 있습니다. 사실 일본에는 사상충증에 걸리는 고양이가 거의 없지만(30년 이상 진료하면서 한 번도 만난 적이 없습니다), 모기 알레르기로는 연간 20~30마리가 병원을 찾습니다.

사상충증의 예방약으로는 모기 알레르기를 예방할 수 없으므로 모기에 물리지 않도록 보호자가 신경 써줘야 해요.

바르는 약은 핥아서 안 되고, 모기향이나 스프레이 형태의 모기 퇴치제도 고양이에게는 좋지 않습니다. 콘센트에 꽂아 쓰는 은은한 디퓨저 타입의 모기 퇴치제를 놓으세요. 여름에 저녁 바람을 쐴 때도 방충망 안쪽의 실내에서 쐬는 방법을 추천합니다.

> 건강 — 컨디션이 안 좋은 걸까요

전과 비교해서 어떤가요?
집에서 간단히 실시하는 소변 체크 포인트

고양이의 소변 색은 일반적으로 진한 편입니다. 음수량이 적은 데다 그걸 농축해서 배출하기 때문이에요.

　색을 비교할 때는 어디까지나 해당 반려묘의 '평소 소변 색'과 비교해야 합니다. 그렇게 비교했는데 진해졌다면 하부 요로 질환이나 당뇨병의 가능성을 의심하세요.

　또 하나 소변으로 확인할 수 있는 질병을 소개하면, 고양이 중에는 체질적으로 소변 속에 모래(결석)가 생성되는 고양이가 있습니다. 요도 폐색까지 발병하면 방광 안에서 깜짝 놀랄 만한 양의 소변 결정이 나오기도 합니다.

　아래에 체크 포인트를 실었습니다. 소변에서 이상한 변화가 보인다면 병원에서 검사해볼 것을 추천합니다.

> **소변 체크 포인트**
> ☐ **색이 연해진다, 배뇨 횟수가 늘어난다**
> 　신장병일 가능성이 있습니다.
> ☐ **색이 진해진다, 냄새가 지독해진다**
> 　하부 요로 질환이나 당뇨병일 가능성이 있습니다.
> ☐ **피가 섞여 있다**
> 　방광이나 신장 질환(경증부터 중증까지), 요관 결석 등의 상부 요로 질환 등을 의심할 수 있습니다.

고양이의 건강 228 ◀ 소변을 보는 횟수가 늘었어요 ▶

배뇨 횟수는 적든 많든 문제가 됩니다
고양이의 신장 문제는 주의 깊게 살펴야 해요

'배뇨 횟수가 적은 것은 문제지만 많으면 좋다'고 생각하는 보호자도 많습니다. 사실 그다지 좋은 징후는 아니에요. 고양이는 신부전을 앓는 경우가 많은데 고양이 신장의 특징을 알면 쉽게 이해할 수 있습니다.

고양이의 선조는 건조한 사막지대에서 생활했습니다. 그래서 적은 물로 생활할 수 있도록 몸의 구조가 발달했는데, 그 기능을 주로 신장이 담당합니다.

고양이의 신장은 매우 부지런히 일합니다. 일을 많이 하는 만큼 나이를 먹을수록 부담이 커져서 신부전에 걸리는 고양이가 많은 거예요.

다시 앞의 이야기로 돌아가자면, 소변을 많이 보는 고양이는 물을 많이 마십니다. '다음다뇨' 상태예요. 신장 기능이 저하되어 체내에서 수분을 재흡수하지 못해 배뇨량이 증가하는 것이죠. 그래서 체내의 수분 부족을 보충하기 위해 물을 다량으로 마시고 소변도 많이 보는 행동을 반복합니다.

다음다뇨은 신장 이상으로 일어나는 경우가 대부분이에요. 고양이의 소변을 채뇨해 병원에서 요검사를 받아 보세요.

건강 병에 걸렸으면 어쩌죠

고양이의 건강 229 ▸ 간단한 채뇨 방법을 알려주세요

반려묘의 건강 체크를 위해
집사가 꼭 익혀두면 좋은 채뇨 기술

그럼 소변을 쉽게 채취하는 방법을 소개할게요. 다음과 같은 방법이 있어요.

> ● **국자 등으로 채취한다**
> 고양이가 소변을 볼 것 같을 때 다리 사이에 끼워 넣어서 채취합니다. 소변 보는 것을 방해하지 않도록 손잡이가 긴 것이 좋아요.
>
> ● **화장실 모래에 랩을 깐다**
> 화장실 모래 위에 랩이나 투명한 비닐 시트를 깔아서 그곳에 소변을 모읍니다.

참고로 시스템 화장실을 사용하면 간단합니다. 상단과 하단으로 나눠진 2층 화장실이에요. 상단에는 고양이 모래를 넣고 하단에는 소변을 처리할 흡수 시트를 깔아서 사용하는 구조입니다. 고양이가 배뇨할 때 흡수 시트를 빼놓으면 그대로 소변을 모을 수 있습니다. 화장실 상태도 평소와 똑같아서 고양이가 스트레스를 느끼지 않아요.

소변 검사는 정기 검진 등에서 꼭 해야 하는 검사지만, 동물병원에서 소변을 채취하기는 힘들어요. 고양이는 배뇨 횟수가 적은 탓에 언제 할지 모르거든요. 그래서 결국 가정에서 채뇨해 오게 합니다.

올바른 채뇨 기술은 '집사가 꼭 마스터했으면' 하고 수의사가 바라는 기술 중 하나랍니다.

고양이 품종에 따라 주의해야 할 병이 있나요?

장모종 고양이는 1세까지 반드시 요비중 검사를 받으세요

페르시안(친칠라) 등의 장모종 고양이는 선천적으로 '다발성 낭포신'이라는 신장 질환에 걸리기 쉽습니다. 이는 신장에 수많은 낭포(액체 등이 고인 주머니)가 생겨서 신기능이 조금씩 저하되는 유전성 질환이에요. 악화되면 만성 신부전으로 발전하고 생명을 잃을 수도 있습니다.

이런 품종을 키우는 보호자는 1세까지 '요비중' 검사를 받아볼 것을 권합니다. 요비중 검사는 물의 질량 대비 소변의 질량 값을 측정하는 것으로, 소변의 농축력을 확인할 수 있습니다. 이를 통해 건강 상태를 판단하지요(일반적으로 소변 색이 진할수록 더 농축되었다고 봅니다).

사람에 의해 인위적으로 유지되는 순혈종은 유전성 질환의 발병 위험이 큽니다. 동종 교배를 반복하면서 유전적인 특징이나 결함, 질병도 그대로 이어지기 때문이에요. 각별히 주의하세요.

최근에는 아메리칸 쇼트헤어, 스코티시폴드 등에서도 다발성 낭포신의 발병을 볼 수 있습니다.

고양이의 건강 231 — 화상을 입었어요!

환부를 차갑게 식히는 게 최우선!
따뜻한 곳에 오랜 시간 자리 잡고 있다가
모르는 새 저온 화상을 입을 수도 있습니다

화상을 입었다면 먼저 환부를 차갑게 식히는 게 최우선입니다. 얼음물을 넣은 비닐봉지(혹은 얼음주머니)를 환부에 대는데, 전신이라면 냉수로 적신 거즈나 수건으로 덮어주세요. 열을 식히면서 신속히 병원에 가기 바랍니다.

여름철 강한 직사광선으로 달구어진 아스팔트나 자동차 위는 생각보다 온도가 매우 높아요. 고양이가 디디면 발바닥에 화상을 입을 수 있습니다.

이런 직접적인 화상만큼이나 주의해야 하는 것이 저온 화상입니다. 날이 추워지면 전기장판이나 온열기를 사용하잖아요? 그런 난방제품 가까이에 오랜 시간 같은 자세로 있다가 화상을 입는 고양이가 많습니다. 뜨거워지면 몸을 움직여야 하는데 고양이는 열에 강한 탓에 개의치 않아요. 그래서 저온 화상을 입는 일이 일어납니다.

저온 화상은 처음에는 별다른 증상이 없다가 어느 순간 털이 빠지고 피부가 거칠어지는데, 털로 덮여 있어 발견이 늦는 바람에 1~2주 후에야 병원을 찾는 상황이 흔해요. 치료가 늦어서 증상이 심해지는 사례도 많습니다. 겨울철에는 저온 화상을 입을 가능성은 없는지 잘 살피고 수시로 점검하기 바랍니다.

건강 — 병에 걸렸으면 어쩌죠

고양이의 건강 232 ▸ 우유를 줬더니 배탈이 났어요 ◂

고양이는 우유의 유당을 분해할 수 없어요 설사를 하기도 합니다

만화나 드라마에서 아기고양이를 보호하면서 우유를 주는 장면을 본 적이 있을 거예요. 그런데 사실 고양이에게 우유는 적합하지 않아요. 주면 잘 먹는 것처럼 보이지만 우유에 함유된 유당을 분해하는 효소가 없으므로 소화 불량을 일으킵니다. 알레르기 반응을 보이거나 설사를 할 때도 있어요(고양이 전용 우유는 괜찮습니다).

참고로 고양이의 설사는 두 종류로 구분할 수 있으며, 다음과 같은 차이가 있습니다.

> **□ 소장성 설사**
> ● 증상
> 배변 1회의 양이 많고 묽음. 화장실에 오래 머물고 잔변감은 없음.
>
> ● 원인
> 소화 불량이나 식중독, 바이러스성 감염증이 원인일 때가 많음. 간 기능 장애와 신장병 때문에 발생하기도 함.
>
> **□ 대장성 설사**
> ● 증상
> 배변 횟수가 많음. 몇 번이고 화장실을 가려고 함. 긴급하게 화장실로 달려감. 잔변감이 있는 편. 배변 후에도 배변 자세를 취하기도 함.
>
> ● 원인
> 내장 계통 질환이 원인일 수도 있지만 그보다 세균성 질환이 많음.

설사가 며칠씩 지속된다면 병원에서 검사를 받아야 합니다. 이때 배변한 지 얼마 안 된 변이나 사진을 가져가면 진찰에 도움이 됩니다.

건강 · 병에 걸렸으면 어쩌죠

고양이의 건강

233

설사를 한다면,
변비가 생길 수도 있는 건가요?

배변 시 작은 소리로 운다면 변비일 수도 있어요
변의 양은 얼마나 되나요?

혹시 배변 시에 반려묘가 작은 목소리로 울지 않나요? 배변 시간이 오래 걸리는 데 비해 배변량이 적은가요? 이런 증상을 보이면 변비 시작입니다.

  섬유질 섭취량이 적고, 체내에 수분을 남기는 신체 구조상 고양이의 대변은 딱딱해지기 쉽습니다. 변비인 고양이를 촉진하면 맹장에서 직장까지 변이 이어져 있기도 합니다.

  매일 배변한다는 고양이도 같은 증상이 있을 수 있어요. 날마다 배변하는 것보다 하루를 건너뛰더라도 쉽게 변을 보는 것이 중요합니다. 날짜만으로는 판단할 수 없어요. 또 토끼똥처럼 자잘하고 딱딱한 변보다는 가늘어도 부드럽게 나오는 상태가 좋다고 할 수 있습니다.

  일시적인 변비라면 소화기 보조용 사료 등을 먹이면 48시간 이내에 개선될 때가 많아요.

  설사와 변비의 증상을 비교할 때 설사가 큰 질환의 신호일 때가 많아서 상대적으로 변비는 덜 신경 쓰일 수 있어요. 하지만 변비 역시 고양이가 괴로운 상태임은 틀림없지요. 개선되지 않는다면 검사를 받아보세요. 진료를 하다 보면, 특히 노령묘에게서 자주 문제가 되어 정기적으로 관장을 해줘야 하는 사례를 많이 접합니다.

건강 병에 걸렸으면 어쩌죠

234 건강한 대변이란 어떤 건가요?

형태, 색, 양이 포인트!
화장실 모래를 청소할 때 대변을 손으로 눌러 단단한 정도를 확인하세요

대변의 색이나 모양도 고양이의 건강을 확인할 수 있는 바로미터이므로 보호자는 매일 신경 써주세요. 여기서 중요한 것은 '평소와 다른 점이 있는가?'예요. '건강한 대변'의 체크 포인트를 살펴봅시다.

- **형태**
  모래가 묻을 정도로 촉촉합니다. 지나치게 무르지는 않아서 티슈로 집어도 크게 얼룩이 남지 않습니다.

- **색**
  먹은 사료보다 조금 진한 갈색, 초콜릿색

- **양**
  단단함과 배변 횟수가 정상이면 신경 쓰지 않아도 됩니다.

- **냄새**
  형태가 정상이면 신경 쓰지 않아도 됩니다. 방귀 횟수가 늘면 장에 문제가 생겼을 가능성이 있습니다.

- **이물질 여부**
  실, 돌, 씨앗 등 먹으면 안 되는 것이 섞여 있지 않은지 확인합니다.

- **혈변 여부**
  피가 섞인 혈변이 나온다면 즉시 병원에 데려갑니다.

고양이의 건강 235  대변에 벌레가 있어요!

배출했으니 문제없습니다
잊지 말고 매월 구충제를 투약하세요

고양이의 대변이나 토사물에 벌레가 보인다면, 그건 대부분 회충이에요. 사상충 예방약은 뱃속의 기생충도 함께 없앨 수 있는데, 투약 후 대변으로 나올 때가 있어서 놀라는 보호자도 많은 모양이에요.

회충은 즉시 알 수 있습니다. 고양이의 변에 묻은 하얗고 긴 벌레예요. 보호자가 눈으로 확인했다는 것은 배출되었다는 뜻이므로 걱정하지 않아도 됩니다. 사상충을 제거할 수 있는 스폿 온 타입의 구충제를 달마다 쓰면 대개 괜찮아요.

위생적으로 생활해도 체내에 기생충이 들어올 수 있으므로 구충제는 정기적으로 사용합시다.

고양이의 건강
236. 많이 토했는데 괜찮을까요?

일주일에 두 번 정도라면 생리적으로 정상이에요

고양이는 자주 토하는 동물입니다. 일주일에 두 번 정도라면 생리적으로 정상이므로 문제없지만 언제, 어떤 상황에서 토하는지 알아두면 당황하지 않고 대처할 수 있습니다.

주로 다음과 같은 상황에서 토하는 사례가 많으며, 보통은 흰색 거품(위액)이나 노란색 및 갈색 액체(담즙)를 토합니다.

- **공복 때**
  식사와 식사의 간격이 길어서 허기가 심하면 담즙이 위에서 역류해 토할 수 있습니다. 또 추위가 심하면 에너지 소비가 늘어나 금방 허기가 져서 토하는 고양이도 있어요.
- **빨리 먹거나 과식했을 때**
  식사 중에 혹은 먹자마자 소화가 안 된 상태에서 토합니다. 갑작스러운 위 확장(사료 팽창)이 원인이므로 한 번에 급여하는 양을 줄여 조절합니다. 토해낸 것을 다시 먹을 수도 있어요.
- **털을 토해낼 때**
  그루밍을 하면서 삼킨 털이 위 속에서 뭉치면 구토로 배출합니다.

토사물에 혈액이나 이물질이 섞여 있다면 병원에서 검사를 받아봐야 합니다.

고양이의 건강 237 — 늘 토하고 싶어 하는데 어디가 아픈 건 아닐까요?

사실은 기침한 것일 수도 있어요
토하려는 듯한 동작과 매우 비슷합니다

고양이는 때때로 숨이 막힌 듯이, 뭔가가 목에 막힌 것처럼 '켁켁' 기침을 합니다. 그런데 이 모습이 보호자에게는 마치 토하려는 듯이 보이기도 해요.

"어젯밤부터 몇 십번이나 토하고 싶어 했어요…"라며 보호자가 걱정해서 진찰했더니 기침이었던 적이 많아요.

실은 정말로 토하고 싶어 한 것이라면 사정이 나은 편입니다. 고양이의 기침은 심장병이나 천식 등 중증 질환의 징후일 가능성이 있기 때문입니다. 고양이는 평소 기침을 거의 하지 않아요.

기침인지 토하고 싶어 하는 것인지 판단이 서지 않을 때는 동영상을 촬영해서 병원을 방문하기 바랍니다.

건강 — 병에 걸렸으면 어쩌죠

고양이의 건강
238
병원에 가야 할 만큼 심각한 구토 증상은 어떤 건가요?

구토 횟수가 많다고 느끼면 기록해보세요
토사물을 사진으로 남깁니다

'고양이는 자주 토한다'라고 하면 자칫 지나치게 낙관적으로 보기 쉬운데, 다음과 같은 상황에서는 병원에서 반드시 검사를 받아야 합니다.

- 토하는 횟수가 늘었다.
- 분사하듯이 토한다.
- 토사물에 피가 섞였다.

고양이에게 흔히 발병하는 신부전의 초기 증상 중 하나로 구토 횟수의 증가를 들 수 있습니다.

또 갑자기 구토가 잦다면 입을 벌려서 목 안쪽을 살펴보세요. 혀나 목 안쪽에 실이나 뼈 등의 이물질은 없나요?

토사물에 혈액이 섞여 있으면 위염, 종양, 위궤양(소염진통제 과다 복용도 포함), 이물질을 삼키거나 그에 따른 상처, 기생충, 독극물 중독, 신부전 등이 의심됩니다.

토하는 횟수가 걱정되면 토한 날짜, 횟수, 식사 내용, 식사 전인지 후인지 시간대 등을 기록하세요. 또 토사물을 촬영해 놓으면 병원에서 진찰할 때 도움이 됩니다.

건강 / 병에 걸렸으면 어쩌죠

고양이의 건강

239 턱 밑에 까만 여드름이 생겼어요

이른바 '고양이 턱드름'이에요
과도한 피지를 관리해주면 개선됩니다

고양이의 턱 밑에서 까만 여드름을 발견할 때가 있습니다. '좌창'이라고 하는데 흔히 '고양이 여드름'이라고 불립니다. 턱 밑에 생기는 이유는 피지샘이 발달해 분비물이 많은 데다, 사료 등을 먹으면서 유분이 잘 묻는 반면 위치상 그루밍이 제대로 이뤄지지 못하기 때문이에요. 피지로 털이 뭉치기도 합니다.

경증이라 고양이가 가려워하지 않으면 수건을 따뜻한 물에 적셔서 꽉 짠 다음 잘 닦아주세요.

검은색에서 붉은색의 오돌토돌한 형태로 변해서 피부가 짓무르기 시작하면 세균 감염이 생길 수 있어요. 그럼 항생제로 치료해야 합니다.

흔하진 않지만, 증상이 심해질 경우 턱 주위의 피부가 부어올라 두꺼워지고 감염과 치료의 반복으로 자국이 남을 수 있습니다. '검은색에서 붉은색으로 변화'하면 병원에서 진료를 받아 확실히 치료하세요.

건강 — 병에 걸렸으면 어쩌죠

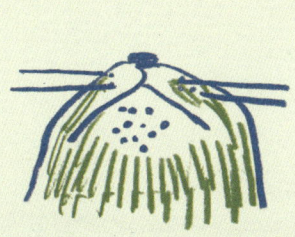

240 큰일이에요 코피가 났어요!

즉시 병원으로! 멈췄으니 괜찮다는 이유는 고양이에게 통하지 않습니다

고양이가 코피를 흘리면 망설이지 말고 병원에 가세요. '멈췄으니 괜찮다'는 이유는 고양이에게 통하지 않아요.

사람은 종종 코피가 날 때가 있으므로 그리 심각하게 생각하지 않지요. 하지만 고양이가 코피 나는 일은 거의 없어요. 코피 난 것 자체가 큰일입니다. 종양 질환 등이 숨어 있을 가능성이 있어요.

고양이 감기가 중증으로 변한 아기고양이의 콧물에 피가 섞여 나올 때도 있습니다. 어쨌든 코피는 주의해야 합니다! 묻어나오는 소량의 피일지라도 서둘러 병원을 방문하세요.

고양이의 건강
241

> 산책하다가
> 다른 고양이에게 물렸어요!

길고양이는 여러 바이러스를 지녔을 수 있어요 만일을 대비해 동물병원에 가세요

고양이끼리 싸우다가 물릴 때도 있잖아요. 물린 직후는 출혈이나 붓기 없이 물린 흔적만 남습니다. 그러나 그냥 방치하면 감염을 일으켜서 증상이 악화될 수 있어요.

고양이 구강에는 잡균이 많아서 상처가 난 피부 아래 염증이 생기고 부을 때가 많습니다. 고양이의 입안을 살펴보세요. 앞쪽의 송곳니는 무척 예리하고 길어요. 이 송곳니에 물리면 자국이 작아 보여도 상처는 깊습니다. 물려서 상처가 생겼다면 빨리 항생제로 치료해야 해요.

특히 길고양이는 면역 결핍 바이러스(고양이 에이즈)나 범백혈구 감소증 바이러스를 지녔을 가능성이 높고 동종 간에 옮기므로 물리면 감염 위험성이 있습니다.

긁힌 상처 등으로도 감염될 가능성이 있으므로 고양이끼리 싸우다 다쳤을 때는 고양이 면역 결핍 바이러스 검사를 받아봐야 안심할 수 있어요. 만약에 양성일 경우에는 반려묘를 밖에 내보내지 않아야 합니다.

이러한 감염 등의 위험을 피하기 위해서라도 밖을 자유롭게 다니는 양육 방식은 추천하지 않아요.

건강 병에 걸렸으면 어쩌죠

고양이의 건강 242 ⟩ 누가 설사하고 토했는지 모르겠어요!

우선 각자의 화장실을 확인하세요
모르겠다면 엉덩이를 확인합니다

'집에 왔더니 토한 흔적이 있었다', '화장실에 피가 묻어 있었다' 이럴 때 다묘 가정의 집사는 고민이 될 거예요. 누구의 것인지 분간하기 어려운 상황이지요.

 이럴 때는 고양이의 입과 엉덩이 주변을 살펴보세요. 토사물이나 변으로 더러워지지 않았는지 몸과 엉덩이에서 냄새가 나지 않는지 확인해 봅니다.

건강 · 병에 걸렸으면 어쩌죠

혈뇨가 나온 고양이를 판별할 때는 각자 화장실이 정해져 있으면 알기 쉽지만, 그렇지 않으면 판단하기 어려울 수 있어요. 이 경우는 소변을 본 직후가 기회입니다. 배뇨하자마자 엉덩이에 티슈를 대 보세요. 붉은색이 묻으면 그 아이가 혈뇨를 본 것이죠.

밥을 먹는 기세나 행동의 기민성으로도 판별할 수 있어요. 평소보다 힘이 없거나 계속 어두운 곳에 숨는 고양이가 컨디션이 좋지 않은 고양이입니다.

고양이와 병원

243 ▸ 어떨 때 병원에 가야 할까요?

병원 | 슬기로운 병원 치료

평소와 행동이 다르고 식욕과 체중이 줄면 건강 이상이 의심됩니다

'평소와 다르다'는 것은 역시 문제입니다. 예를 들어 한 달에 두 번 토하던 고양이가 일주일에 두 번 토하게 됐다고 합시다. 횟수로 따지면 일반적으로는 정상이지만 그 고양이에게는 비정상적인 상황이에요.

'평소와 다르긴 한데, 꼭 병원에 가야 할 정도의 상황일까?' 하고 망설일 때도 있잖아요? 평소와 다른 모습을 보이면서 다음과 같은 증상이 있다면 망설이지 말고 병원에 데려 가세요.

- 식욕 부진
- 체중 감소

물론 호흡 곤란이나 경련 발작, 골절이나 큰 상처 등 보기에도 심각하거나 이상할 때는 즉시 병원에 가기 바랍니다.

244 우리 고양이만 병원을 싫어하는 건 아니겠죠?

병원에 가는 일은 어쨌든 스트레스지요
너무 싫어서, 너무 무서워서
땀을 흠뻑 흘리는 고양이도 있어요

고양이에게 '병원 가는 일'은 엄청난 스트레스예요. 진료할 때 공포를 느껴서 공격적으로 행동하기도 하는데 그런 아이는 수건을 덮어서 시야를 차단해주면 비교적 안정을 찾습니다.

일례로 우리 병원은 등쪽에 구멍이 뚫린 '고양이 수건'을 준비해서 겁먹은 고양이를 감싼 다음, 구멍으로 주사 등을 놓아 치료합니다. 오랜 경험을 거쳐 고안한 방법이에요.

병원에 오면 당황한 게 역력한 모습으로 도망치려는 고양이가 있는가 하면 움직이지 않고 가만히 있는 고양이까지 매우 다양합니다. 잘 보면 긴장한 고양이는 발바닥에 땀을 흠뻑 흘립니다. '어라? 진찰대가 젖었네' 하고 생각할 정도로 땀을 뻘뻘 흘리는 고양이도 있어요.

고양이와 병원

245

병원을 방문했을 때 증상을 잘 설명하는 포인트가 있어요?

증상을 설명할 때는 동영상과 사진이 도움이 됩니다

병원 | 슬기로운 병원 치료

고양이가 병원을 싫어하는 건 모두가 아는 사실이지요. 30년 넘게 수의사로 일하면서 '병원이 너무 좋아!'라는 듯한 고양이는 본 적이 없어요. 개처럼 1년에 한 번 광견병 예방 주사를 맞아야 하는 의무도 없어서 '마음 편히 병원에 오세요'라고 말하기가 쉽지 않아요(※한국은 백신 접종 의무 대상).

그래도 가능하면 1년에 한 번 정도는 정기 검진을 받기를 권합니다. 혈액 검사나 초음파 검사, 엑스레이 검사 등 여러 가지 검사를 반드시 할 필요는 없어요. 수의사는 촉진만으로도 알 수 있는 부분이 많으니까요.

평소 궁금했던 점은 사소한 것이라도 메모해 놓고 수의사에게 질문하세요. 증상이 겉으로 나타난 후에는 이미 병이 어느 정도 진행되어 고양이가 감당해야 하는 치료 부담이 큽니다. 상황에 따라서는 치료 시기를 놓치고 맙니다.

설사한 변이나 토사물을 지참하는 보호자도 있어요. 실물을 가져오는 게 무리라면 사진을 찍고, 고양이 행동에 변화가 있을 때는 동영상을 촬영해 놓으세요. 그런 사진이나 동영상이 진료할 때 큰 도움이 됩니다. 정확한 진단을 할 수 있어 수의사로서는 매우 고마운 일이에요.

사진을 찍어 놓는다
- 대변(설사나 변비)
- 소변
- 토사물

동영상을 찍어 놓는다
- 다리를 들고 다닌다.
- 일어서는 자세가 이상하다.
- 호흡이 이상하다.
- 기침을 한다.
- 울음소리가 이상하다.
- 배회한다.

병원
슬기로운 병원 치료

246 가능하면 마취시키고 싶지 않은데…

마취 없이 하는 치료는
위험과 부작용이 큽니다

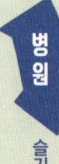
병원
슬기로운 병원 치료

보호자는 반려묘에게 마취나 진정제를 사용하는 것이 불안할 수 있습니다. 하지만 고양이가 통증을 느끼며 두려워하는 상태로 치료를 받는 것이 오히려 더 큰 위험 요소가 될 수 있어요.

공포를 느껴 발생하는 혈압 변동이나 심박수 증가는, 사실 마취제나 진정제를 놓는 것보다 고양이 몸에 더 큰 부담이 되기도 해요. 마취하거나 진정제를 놓으면 고양이가 받는 스트레스도 최소한으로 줄어듭니다.

특히 나이 든 고양이를 마취해야 할 때 고령이라서 걱정된다는 보호자도 많습니다. 그러나 나이가 많다고 마취 위험이 꼭 높은 것은 아니에요. 마취 위험은 심폐 기능이나 대사 기능 저하 등의 질환이 있을 때 높아집니다. 수술 전 검사를 정확히 해서 몸 상태를 면밀히 평가하는 것이 중요해요.

최근 마취 없이 치석을 제거하는 등의 처치를 한다는 이야기를 종종 접합니다. 마취의 목적은 통증을 없애는 것이에요. 마취 없이 치료하면 고양이가 통증을 느끼고 극심한 공포감에 사로잡힙니다. 치아 바깥쪽만 깨끗이 하고 끝내 버리면 치근 쪽은 여전히 문제가 진행돼요. 마취 후 확실히 치료해야 의미가 있습니다.

동물 의료 선진국인 미국에서는 간단한 치료라도 통증이나 공포를 느끼지 않게 하려고 마취나 진정제를 쓰는 것이 일반적입니다. 아픔을 참고 치료할 때와 견주어 어느 쪽이 더 위험할까요? 당연히 후자입니다.

고양이와 병원

247 매일 병원 면회를 가는 게 혹시 민폐는 아닌가요?

단 며칠을 입원하더라도 면회는 빼먹지 마세요
보호자와의 스킨십이 가장 좋은 치료입니다

입원해야 하는 치료는 보통 마취가 필요한 처치로, 대개 수술인 경우가 많습니다. 고양이에게 입원은 엄청난 일이에요. 집사의 냄새가 밴 물건을 입원실 케이지에 넣어주세요. 고양이가 직접 사용하던 담요보다도 집사의 냄새에 안심합니다.

얼마 전 우리 병원에서 퇴원한 한 아이는 입원한 동안 순하게 있으면서 다른 고양이들과도 사이좋게 지냈어요. 그래도 퇴원할 때 집사의 얼굴을 보더니 좋아하는 모습이 확연히 다르더군요.

매일 병원을 방문해 케이지에서 꺼내 꼭 안아주거나 쓰다듬어 주세요. 병으로 약해졌을 때는 집사와의 스킨십이 가장 힘이 됩니다. 그래서 입원 기간을 짧게 잡고 집에서 요양하도록 권할 때도 많아요. 보호자가 주의해야 할 사항은 늘어나지만 고양이는 그 편이 훨씬 편안하고 행복할 테니까요.

> **주요 수술에 따른 평균 입원일**
> - 수컷 중성화 수술
>   당일 퇴원
> - 암컷 중성화 수술
>   1일 입원
> - 교통사고 등의 상처, 골절, 추간판 헤르니아, 종양 적출, 장 절개 수술
>   경과 관찰을 위해서 수일간 입원

병원 슬기로운 병원 치료

248 약을 잘 먹게 만드는 방법이 있나요?

목에 걸릴 수 있으므로 알약을 먹일 때는 반드시 수분과 함께 먹이세요

병원에서 처방하는 약은 알약, 액상 등 제형이 다양합니다. 다만 공통적인 것은 어떤 제형이든 고양이에게 먹이기란 쉽지 않다는 점이지요. 사료에 섞어줘도 바로 이상함을 눈치채서 외면합니다. 결국 직접 먹이거나 투약용 간식(알약을 간식 속에 넣음)을 사용하는 수밖에 없어요.

최근에는 맛을 첨가한 약도 많은데, 참고로 저는 쓴맛이 강한 약에 새우나 정어리, 닭고기, 소고기 등 고양이가 좋아하는 맛을 조합해서 조제합니다(가끔 저도 침이 고이는 것 같아요).

다시 말하지만 고양이에게 알약을 먹일 때는 수분도 함께 주세요. 이를 위해서 다음 방법을 이용하기 바랍니다.

- 식사와 함께 줍니다.
- 알약을 단독으로 준다면 약을 준 후 물 5~6ml를 반드시 먹입니다.

알약만 먹이면 식도에 걸려 버려요. 고양이는 목의 절반 정도만 괄약근이 있어서 작은 조각을 완전히 삼키는 게 힘들 수 있어요. 그래서 자칫 식도에 걸린 상태가 됩니다. 특히 벼룩·진드기 구충제나 항생제 등이 식도에 걸리면 서서히 녹으면서 점막을 자극해 문제를 일으킬 수 있습니다.

고양이와 병원 249

약과 함께 물을 먹이는 요령이 있나요?

입 옆에서 스포이트를 찔러 넣고 여러 차례 나눠서 주입하세요

알약과 함께 물을 먹일 때 스포이트를 사용하면 좀 더 수월하게 먹일 수 있습니다. 시판품도 있지만 보통은 병원에서 상담하면 스포이트나 10mm 정도가 들어가는 작은 주사기를 줍니다. 거기에 물을 6mm 정도 넣어서 사용합니다.

고양이의 얼굴을 위로 향하게 하고 입 옆으로 주사기 끝을 찔러 넣어 대여섯 차례에 나눠 조금씩 주입하면 물을 꿀꺽꿀꺽 마십니다.

쓴맛이 나지 않는 알약이라면, 소량의 물로 알약 겉부분을 살짝 불려 목에 걸리지 않게 해서 먹이는 방법도 있어요.

병원 — 슬기로운 병원 치료

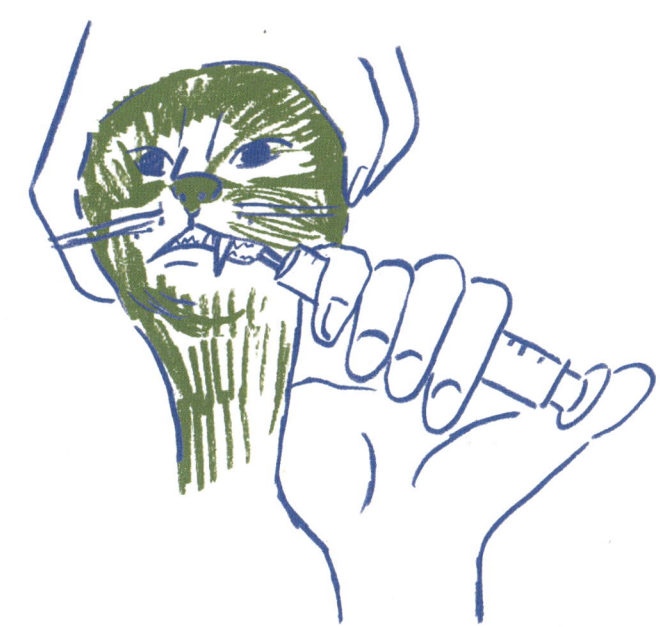

고양이와 병원
250 ▸ 항생제는 꼭 필요한가요? ◂

항생제를 남용하면
오히려 효과가 약해집니다

항생제는 체내에 악영향을 미치는 세균을 사멸하는 기능을 합니다. 우리는 각종 감염증이 우려될 때 항생제를 처방받지요. 그러나 이를 지나치게 남용한 탓에, 약에 대한 내성이 생겨 약효가 듣지 않는 '약물 내성균'이 증가하는 문제가 생겼습니다.

고양이의 세계도 마찬가지예요. 원인은 항생제의 과다 투여입니다. 불필요하게 장기적으로 투여하거나 일단 항생제부터 처방하는 치료는 권하지 않습니다. 수의사의 안이한 처방으로 내성균을 키울 수 있어요.

앞에서 설명했듯이 고양이에게 약을 먹이기란 여간 힘든 일이 아니므로 가급적 적은 횟수로 투여하는 것을 선호하기 마련입니다. 그래서 요즘은 하루 한 번만 투여하는 뉴퀴놀론계의 항생제를 쓰는 수의사가 늘었습니다. 광범위하게 사용할 수 있는 편리한 항생제지만 내성균이 생기는 것이 문제입니다.

또 3세대 세펨계라는 강력하고 새로운 항생제가 있는데, 한 번 주사하면 2주 동안 효과가 지속되는 편리한 약입니다. 하지만 이 또한 내성균이 생겨서 약효가 잘 듣지 않는 일이 일어나고 있어요.

참고로 말씀드리면, 기본적으로 설사 등의 증상에 항생제를 사용하는 일은 거의 없습니다. 중성화 수술 시 처방하는 사례도 많지만 적절한 처치를 하면 이 부분도 항생제 없이 회복할 수 있어요.

병원 — 슬기로운 병원 치료

감염증이라면 어쩔 수 없지만, 보호자도 항생제를 처방받으면 '무엇에 효과가 있는지' 수의사에게 자세한 설명을 구하고, 잘 이해해두는 것이 좋겠습니다.

병원 | 슬기로운 병원 치료

1장

대표적인 현대병, 비만과 우울증으로 고양이도 괴로워요

- 현대 고양이에게도 다이어트는 필수
- 제멋대로 행동하는 것처럼 보여도 실제로는 섬세해요

고양이의 비만
251 ◂ 고양이의 적정 체중을 알고 싶어요 ▸

이상적인 체중은 3~5kg이며, 15% 이상 늘면 대개 비만입니다

고양이는 보통 생후 6~12개월 사이에 성장을 마칩니다. 따라서 약 1세 때의 체중이 적정 체중이며(표준 체형일 때의 기준. 마른 체형이라면 1.2배로 계산한 체중이 적정 체중), 가급적 그 체중을 유지해야 건강하게 지낼 수 있습니다.

참고로 품종이나 체격에 따라 개체 차이가 있으므로 완전히 일률적으로 말할 수는 없겠지만, 일반적인 성묘의 적정 체중은 3~5kg이라고 해요(시베리안 고양이처럼 체격이 큰 품종은 8kg이 이상적입니다). 여기서 15~20%가 증가하면 대개 비만이라고 생각하면 됩니다.

통통한 고양이는 겉으로 보기에 동글동글하고 귀여울 따름이라 보호자도 위기감을 갖기 어려울 수 있어요. 하지만 고양이의 비만은 사람과 마찬가지로 갖가지 병을 초래합니다. 당뇨병에 지방간, 암, 관절 질환, 비뇨기 질환(방광염이나 요도 폐색, 요관 결석 등), 피부 트러블도 잘 생깁니다.

반려묘가 오래도록 건강하기 위해서는 보호자가 먼저 '고양이의 비만은 만병의 근원'임을 인식해야 합니다. 반려묘가 과체중이라면 다이어트를 시작하세요.

비만 현대 고양이에게도 다이어트는 필수

고양이의 비만
252 살찌면 병에 걸리기도 쉬운가요?

비만을 개선하기만 해도
치유되는 병이 있습니다

비만을 해소한 것만으로도 고질적인 질환이 극적으로 개선된 사례가 있습니다. 어떤 고양이가 다이어트로 체중을 10kg에서 7kg까지 뺐더니 여러 차례 재발하던 방광염이 깨끗이 나았습니다. 특히 비뇨기 질환은 다이어트로 증상이 개선된다는 사실이 지금까지의 진료 결과로도 확실히 입증되었습니다.

저는 1980년대에 미국에서 유학 생활을 하면서, 통통하게 살찐 고양이가 많은 것을 보며 '미국은 고양이까지 살이 쪘구나' 하고 느꼈습니다. 당시는 미국인의 비만 문제가 대두되던 시기예요. 그리고 현지의 고양이들은 완전 실내 양육되고 있었지요. 그 후 일본도 완전한 실내 양육이 표준이 되었고 고양이 비만이 증가했습니다. 실내에서 지냄에 따라 운동량이 줄어든 것도 비만의 원인 중 하나이지요.

비만 | 현대 고양이에게도 다이어트는 필수

고양이의 비만
253

우리 고양이는 마른 걸까요, 뚱뚱한 걸까요?

전문 지식은 필요 없습니다 보호자의 손만으로 할 수 있는 체형 확인법을 따라해 보세요

비만 — 현대 고양이에게도 다이어트는 필수

말랐는지 뚱뚱한지 고양이의 체형을 체크할 때는 보통 '보디 컨디션 스코어(Body Condition Score)'라는 측정법이 자주 사용됩니다만, 보호자의 '손'만으로 판단할 수 있는 더욱 간단한 방법이 있어서 소개합니다.

> 1 고양이의 갈비뼈를 만집니다.
> 2 1의 감각과 자신의 손을 비교합니다.
>
> ● **손등의 감촉과 똑같다**
> 딱 알맞은 보통 체형. 손등은 뼈의 존재가 조금 느껴집니다. 그 정도 감촉이 이상적이에요.
>
> ● **손으로 주먹을 쥐어서 돌출된 부분을 만진 감촉과 똑같다**
> 뼈가 울퉁불퉁하지요? 그 감촉과 비슷하면 마른 체형입니다.
>
> ● **손바닥의 감촉과 똑같다 또는 그보다 더 부드럽다**
> 살찐 체형이에요. 손바닥은 부드럽고 탄력이 있습니다. 즉 비만이라는 뜻입니다.

보호자의 손에 따라 약간의 오차는 있겠지만, 별도의 측정표도 필요 없고 자신의 손만 있으면 어디서든 확인할 수 있어요. 매일 확인하는 습관을 들이기 바랍니다.

고양이의 비만
254

살이 찌더니 피부가 거칠어진 것 같아요

몸의 면적이 늘어나면 혈관도 함께 늘어나요 심장의 부담도 커집니다

비만과 피부 트러블의 관계를 살펴볼게요. 고양이는 앉아 있을 때 바닥과 맞닿는 부분에 땀이 차기 쉬워요. 털이 있기 때문이죠. 과체중인 고양이는 바닥과 맞닿는 면적이 더 넓으므로 피부염에 걸릴 위험도 높아집니다. 사람도 처진 뱃살이나 피부가 겹치는 부위에 가려움증이나 트러블이 생기기 쉽잖아요. 그와 똑같습니다.

한편, 개는 체지방 1kg이 증가하면 이를 감당하는 모세혈관이 4km가량 늘어난다고 합니다. 고양이의 데이터는 없지만 비슷한 현상이 일어난다고 예측할 수 있어요. 늘어난 혈관의 양만큼 심장에 부담이 가서 각종 병에 걸릴 위험이 높아지는 것은 당연하겠지요?

비만 — 현대 고양이에게도 다이어트는 필수

고양이의 비만
255 고양이의 다이어트 방법을 알려주세요

우선 식사부터!
정량을 지켜서 조금씩 먹는 것이
다이어트의 지름길입니다

비만 현대 고양이에게도 다이어트는 필수

비만 고양이의 보호자는 대체로 살찐 상태의 체중에 맞춘 양만큼 사료를 주는 듯합니다. 원래는 적정 체중에 맞춰서 줘야 하는데 말이죠. 예를 들어 본래의 적정 체중이 3kg이면, 3kg인 고양이가 먹을 만큼의 양을 줍니다.

하루에 먹는 양을 한 번에 다 주지 않고 시간을 정해 여러 번 나눠서 주는 것만으로 살이 빠지는 경우도 꽤 많아요. 한 번에 주면 다 먹지 못한 사료는 계속 공기 중에 노출되지요. 그러면 풍미가 떨어져서 도중에 먹지 않게 되거나 '다른 것을 달라'고 요구하는 상황이 벌어집니다. 그래서 먹을 것을 주면 섭취 총량을 가늠하기 어렵고, 자연히 식사 총량이 늘어나기 쉬워요. 하루에 먹는 양을 한 번에 다 먹어 치우고는 더 달라고 요구하는 고양이도 있습니다.

만약 여러 번 나눠서 사료를 줘도 살이 빠지지 않는다면, 일단 한 달만 평소 식사량을 10% 정도 줄여보세요. 그래도 살이 안 빠진다면 10%를 더 줄입니다. 대부분은 이 방법으로 조금씩 살이 빠져요.

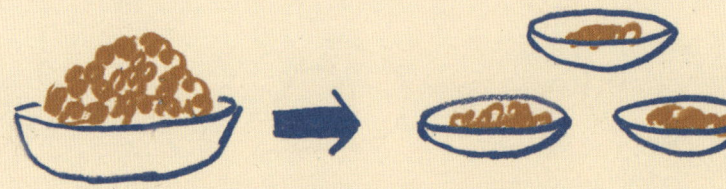

고양이의 비만
256 체중을 감량하기 좋은 계절이 있어요?

겨울에 살이 잘 빠집니다
포인트는 높은 기초 대사량!

어느 때든, 비만을 자각했을 때가 다이어트를 시작할 적기지만 '기초 대사'의 관점에서 볼 때 다이어트에 알맞은 계절이 있습니다.

바로 겨울이에요. 추위에 맞서 체온을 유지하기 위해서는 더 많은 에너지가 필요해서 기초 대사량이 올라가기 때문입니다. 대사가 좋아야 살이 잘 빠지는 것은 사람과 똑같아요. 반대로 날이 따뜻해지면 상대적으로 에너지가 덜 소모되지요. 그래서 다이어트 효과를 얻기 어려워요.

비만 현대 고양이에게도 다이어트는 필수

고양이의 비만
257 다이어트 중에 간식을 줘도 되나요?

다이어트할 때 간식은
과일과 채소가 좋습니다

비만 — 현대 고양이에게도 다이어트는 필수

한 달간 급여하는 사료의 양을 10% 줄였는데 체중이 늘었다면, 그 원인은 대개 사료량을 줄인 만큼 간식을 줬기 때문이에요. '간식을 포함한 전체 식사량의 10%를 줄이는 것'이 포인트입니다.

가족 중 누군가가 몰래 주기도 해요. 그래서 반려묘의 다이어트는 가족의 협력이 반드시 필요합니다. 간식을 줄 때는 일일 섭취 칼로리의 10% 내로 한정합니다(식사와 교환하는 이미지). 사람에게는 소량일지라도 고양이에게는 고열량인 것이 많으니 주의하세요. 예를 들어 단 30g의 치즈라 해도 고양이(체중 5kg) 하루 섭취 칼로리의 3분의 1, 햄 한 장은 5분의 1에 해당합니다.

저칼로리 간식으로는 다음과 같은 식품을 추천합니다.

- **소고기, 닭고기**
  저지방 부위. 고기가 간식이냐며 의아해할 수 있는데 영양 균형이 잡힌 종합영양식에서 고기만 따로 주는 것은 간식이 됩니다.
- **사과, 바나나, 당근, 오이, 샐러리**
  먹기 쉽게 잘라서 줍니다.

식감을 중시하는 고양이에게는 식품 건조기 등으로 말려서 주면 좋아해요. 고양이가 다이어트에 실패하는 것은 사람의 문제가 커요. 더 달라고 해도 주지 않는 강력한 의지가 필요합니다.

고양이의 비만 258 — 이상적인 체중 감량 속도는 어느 정도인가요?

시작한 지 일주일간 1~2%, 1개월에 4~8%를 줄이면 이상적입니다

급격한 체중 감량이 위험한 것은 고양이도 마찬가지예요. 면역력이 떨어져서 질병에 대한 저항력이 약해지거나, 근육이 빠져서 기초 대사량이 낮아질 수 있어요.

체중 감량은 다음과 같은 속도로 진행하기를 추천합니다.

- **시작 ~ 일주일**
  시작할 때 체중의 1~2%를 감량.
- **일주일 ~ 1개월**
  시작할 때 체중의 4~8%를 감량.
- **그 후**
  1개월마다 4~8%씩 감량하는 속도를 지키기.

효과를 빨리 보고 싶겠지만 여유를 가지고 시간을 들이세요. 고양이에게 체중 100g은 사람(60kg 기준)의 1.2~2kg에 해당합니다. 사람이 2kg을 줄이면 '해냈다! 살 빠졌다!' 하고 놀라잖아요? 무리하지 않는 건강한 다이어트를 목표로 하기 바랍니다.

비만 — 현대 고양이에게도 다이어트는 필수

고양이의 비만

259

다이어트 중에 고양이가 밥을 안 먹게 돼 버렸어요

비만 고양이의 식욕 부진은 지방간을 초래할 위험이 있어요

시중에서 판매하는 체중 조절용 사료를 활용하는 방법도 있습니다. 이 때도 처음에는 20%, 다음에는 40%로 체중 조절용 사료 비율을 서서히 늘려가며 약 2주에 걸쳐 바꿔주세요. 갑작스럽게 사료를 바꾸면 식욕 부진 증상이 나타날 수 있어요.

특히 비만 고양이의 식욕 부진이 오래 이어지면 '지방간'이 생길 수 있습니다. 지방간은 간에 과도한 지방이 축적되는 병으로 생명을 위협할 정도로 심각해지는 사례가 많아요.

필요 이상으로 먹일 필요는 없지만, 자꾸 밥 먹기를 싫어한다면 반려묘가 좋아하는 간식을 조금 토핑해주는 등 먹게 만드는 노력이 필요합니다. 환경 변화에 약한 고양이는 비교적 쉽게 식욕 부진에 빠집니다. 과식을 막는 것도 중요하지만, 그 과정에서 자칫 '먹지 않을 때의 위험'을 야기할 수 있으니 세심한 주의를 기울이면 좋겠습니다.

> **식욕 부진을 해소하기 위한 아이디어**
> - 식사를 따뜻하게 데워서 냄새를 풍깁니다.
> - 닭고기나 바지락 육수를 더해서 풍미를 더합니다.
> - 가다랑어포나 멸치가루 등 좋아하는 음식을 토핑합니다.
> - 그릇을 청결히 관리하고, 그릇 종류를 바꿉니다.

비만 현대 고양이에게도 다이어트는 필수

고양이의 비만
260
식욕 부진이 얼마나 지속되면 위험한 건가요?

평소 잘 먹는 고양이라면
하루만 먹지 않아도 걱정됩니다

적정 체중의 고양이도 하루 이틀 식사를 하지 않은 채 내버려 두는 것은 좋지 않아요. 다음 날 다시 아무 일도 없었다는 듯이 먹으면 괜찮겠지만, 평소 잘 먹던 고양이가 하루라도 먹지 않으면 사실 걱정해야 해요.

고양이가 식욕 부진에 빠졌다면 억지로라도 음식을 넣어주는 것도 필요합니다. 먹을 것(시판 사료부터 수제 음식도 포함)을 페이스트 형태로 만들어서 위턱이나 혀에 발라주면 핥아먹습니다.

또 식사를 잘하고 있다면 물을 소량만 먹는 날이 간혹 있어도 크게 걱정되진 않아요. 식사로 수분을 섭취하기 때문이지요. 그러나 물만 마시고 식사를 하지 않는 것은 매우 위험합니다.

기온이 따뜻해지거나 더워지면 식욕 부진에 빠지는 고양이가 증가하는데, 진찰을 해봐도 별 문제가 없고 개중에는 체중이 느는 고양이도 있습니다. 입맛을 잃고 먹는 것이 저조해도 여름에는 대사 에너지가 줄기 때문에 체중 변화가 잘 나타나지 않아요. 그래서 식욕 부진 상태를 보호자가 깨닫기 어려우니 주의해서 살펴야 해요.

비만 현대 고양이에게도 다이어트는 필수

261 고양이의 우울증
고양이도 우울증에 걸린다는 게 정말이에요?

집사나 동거묘의 '상실'을 계기로 활력을 잃습니다

최근 몇 년 사이 고양이도 우울증과 비슷한 증상을 앓는다는 사실이 밝혀졌습니다. 특히 사이가 좋았던 동거묘가 고양이별로 떠나거나, 집사 혹은 애정을 쏟아주던 사람의 죽음 등 커다란 '상실'을 겪을 때 주로 발병합니다.

함께 지낸 시간이 길수록 쉽게 발병하기 때문에 8~10세 이상의 고양이에게서 많이 볼 수 있습니다. 고양이는 단독 행동을 선호하지만 변화에는 민감합니다. 친밀하게 지내던 고양이나 사람의 부재를 확실히 아는 거예요.

우울증에 걸리면 대부분의 고양이가 식욕 부진에 빠지고 이런 증상이 1~2개월 정도 지속될 수 있습니다. 언뜻 봐도 기운이 없고 자주 울기도 해요.

이런 상황에서는 가능한 한 지금까지와 같은 생활 패턴을 누리도록 돕는 것이 해결법입니다. 이전의 보호자가 했던 것처럼 놀아주며 따뜻히 돌보고, 동거묘와의 놀이가 줄어든 만큼 보호자가 함께 놀아줍니다.

슬퍼하는 고양이의 마음을 달래는 것이 중요해요. 증상이 며칠 동안 계속되고 식욕까지 떨어진다면 의사와 상담해 개선해 나갑시다.

> 우울증
> 제멋대로인 듯 보여도 실제로는 섬세해요

고양이의 우울증

262 ◀ 기력이 없는데 이유를 모르겠어요 ▶

'가만히 있는 행동'은 우울증 외에 인지기능장애, 통증이 원인일 수 있습니다 고양이의 변화를 감지하는 것이 중요해요

우울증이 생길 만한 상황 속에서 고양이가 기력이 없을 때, 다른 병의 가능성을 우울증으로 혼동할 수 있다는 점도 고려해야 합니다.

방구석에서 꼼짝 않고 있거나 눈을 가늘게 뜬 채 고개를 숙이고, 등을 구부린 채 가만히 있다면 강한 통증을 참고 있을 확률이 큽니다.

자유롭게 외출할 수 있는 고양이는 큰 사고까지는 아니더라도 자동차나 자전거에 부딪쳐서 다칠 때가 있습니다. 털에 가려져 겉보기로는 알 수 없어도 실은 내출혈이 있을 수도 있어요.

아무튼 '기력이 없는 상태'를 알아채는 것은 고양이의 건강을 지키는 데 있어서 매우 중요합니다.

우울증 — 제멋대로인 듯 보여도 실제로는 섬세해요

고양이의 우울증

263 놀라거나 동요했을 때도 그루밍을 한다고요?

그루밍은 '정신안정제'입니다
기분을 달래기 위해서 열중할 때도 있어요

장난치던 반려묘에게 무심코 소리 지른 적이 있지 않나요? 그럴 때 아이의 상태를 관찰해보세요. '별로 신경 안 써' 하는 모습으로 그루밍을 할 것입니다. 이는 스트레스나 불안을 느낄 때 마음을 가라앉히려고 하는 '전위 행동'의 하나예요.

 사람을 포함한 동물은 스트레스를 느끼거나 동요했을 때 자신의 마음을 달래기 위해서 그 사건과는 관계없는 행동을 해요. 사람으로 보면 실패해서 부끄러울 때 머리를 긁적이거나 반항적으로 굴던 아이가 땅을 발로 툭툭 차는 등의 행동입니다. 고양이에게는 그게 그루밍인 것이죠. 예를 들어 바닥에서 미끄러져 넘어진 실수를 저질렀을 때도 그루밍을 할 때가 있어요.

 참고로 개에게는 '카밍 시그널(Calming signal)'이라는 게 있습니다. 가령 산책하는 도중에 갑자기 낯선 사람을 만나면 하품을 하기도 하는데, 상대를 향해 '너 때문에 지금 불안해'라는 시그널을 보내는 거예요. 동시에 자신의 긴장을 풀고 진정하기 위한 행동이기도 합니다.

 고양이의 그루밍은 '카밍 시그널'이기도 하다는 뜻이에요.

우울증 제멋대로인 듯 보여도 실제로는 섬세해요

고양이의 우울증
264

탈모가 생길 때까지 그루밍을 하는 이유는 무엇일까요?

오버 그루밍은 스트레스가 원인
좌우 대칭으로 털이 줄어든 부분이 있다면
경계하세요

고양이는 스트레스가 지속되면 그루밍을 과도하게 해서 스스로 '탈모 자국'을 만들기도 합니다. 이른바 '오버 그루밍'이에요.

고양이의 혀는 가시 같은 돌기가 빼곡히 돋아 있어 까슬까슬해요. 이런 형태의 혀로 똑같은 부위를 계속 핥으면 어떻게 될까요? 털이 빠질 뿐만 아니라 결국에는 피부가 드러납니다. 그래서 탈모 증상이 나타난 것처럼 보이는 거예요.

계속 핥으면 피부가 벗겨져 피가 나거나 상처가 생겨 염증을 일으킬 수 있어요. 심하게는 뼈가 보일 정도로 핥는 고양이도 있습니다.

반려묘의 털이 빠졌다고 느끼면 즉시 동물병원에 데려가세요. 특히 배나 다리의 털이 좌우대칭으로 줄었다면 오버 그루밍이 유력해요.

스트레스는 환경 변화가 원인일 가능성이 크므로 해당 요인을 없애주는 게 가장 좋아요. 정신을 안정시키는 페로몬요법 등도 효과적입니다.

> **우울증**
> 제멋대로인 듯 보여도 실제로는 섬세해요

8장

고양이 사회에도 고령화가 찾아왔어요

- 나이 든 고양이의 몸과 마음
- 세심한 돌봄이 필요해요

고양이의 고령화

265

장수하는 고양이의
건강 비결은 무엇인가요?

집고양이의 성장 속도는 사람의 5~6배
환경에 따라 서른 살이나 개체 차이가 나기도!

고령화 나이 든 고양이의 몸과 마음

고양이의 성장 속도는 사람보다 훨씬 빨라서 5~6배의 속도로 세월이 흐릅니다. 개체 차이는 있으나, 생후 1년 된 고양이는 사람으로 치면 대략 15세와 같아요. 생후 1.5년은 사람의 20세, 생후 2년은 24세로 계산하고, 그 후에는 일 년에 네 살씩 더하면 맞습니다.

하지만 이는 완전 실내 양육으로 정기적인 관리가 이뤄질 때의 이야기입니다. 그렇지 않은 길고양이는 여덟 살씩 나이를 먹는다고 해요. 같은 열 살짜리 고양이라도 실내에서 키우면 사람 나이 56세지만, 길고양이는 무려 사람 나이 88세로 서른 살 이상 차이가 납니다. 이는 생활환경이 가혹할수록 쉽게 노화하는 것을 의미해요. 환경에 따라 고양이의 수명이 상당한 차이를 보입니다.

이 책에서는 8~10세 고양이를 중년기, 11세(사람 나이 60세) 이상을 시니어(노령묘)라고 정의했으므로 각 세대에 맞춘 관리를 참고하기 바랍니다.

장수 고양이의 보호자에게 장수 비결을 묻는 설문조사를 했더니 오른쪽과 같은 포인트를 공통적으로 꼽았습니다. 읽어보면 매우 당연한 사실이지만, 얼마나 잘 실천하는지가 중요한 것 같아요. 매일 행하는 일상적인 케어에 꼭 참고하기 바랍니다.

장수 고양이의 집사가 공통적으로 말하는 일상 속 핵심 케어 7가지

1. 영양 균형이 잡힌 사료를 급여합니다.
2. 매일 놀아주거나 운동을 시킵니다.
3. 가능한 한 매일 양치질을 해줍니다.
4. 대변이나 소변의 색, 양의 변화를 확인합니다.
5. 체중을 꼼꼼하게 측정합니다.
6. 매일 빗질을 해주거나 말을 걸어서 소통합니다.
7. 매일 만지거나 쓰다듬어서 몸 상태를 수시로 확인합니다.

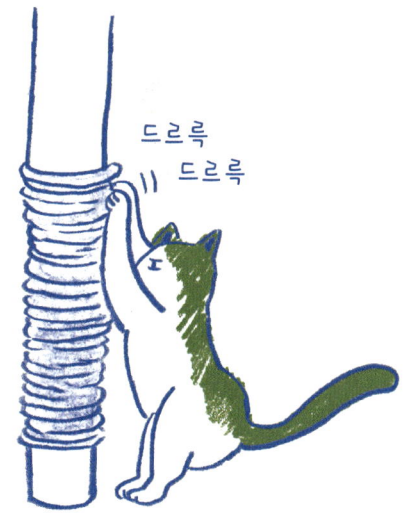

고령화 — 나이 든 고양이의 몸과 마음

고양이의 고령화
266 고양이의 평균 수명이 늘어난 원인은 무엇인가요?

고양이의 수명이 늘어난 데는 수의학의 발전 그 이상으로 집사들의 노력이 있습니다

고양이의 수명이 늘어난 것은 수의학이 발전한 덕분이기도 해요. 하지만 실질적으로는 ① 실내 양육의 증가 ② 사료 품질의 획기적인 향상 ③ 건강 점검 및 구강 관리 등 보호자의 지식과 의욕이 향상된 점이 가장 큰 이유라고 할 수 있습니다. 결코 최첨단 의료나 암 치료 덕만은 아니에요. 보호자의 간절한 마음과 노력이 고양이의 수명을 늘렸습니다.

30년 넘은 수의사 경험에서 비춰 보면 건강한 고양이는 나이가 많아도 최후의 최후까지 생기발랄하고 건강하며 잘 먹습니다. '죽기 직전까지 건강했다'고 하는 고양이들입니다.

'병 걱정 없이 건강하게 오래 살다가 마지막에는 편안하게 죽고 싶다'라는 사람의 꿈은 고양이도 마찬가지입니다.

고양이의 고령화
267

세계에서 가장 오래 산 고양이는
몇 년을 살았을까요?

무려 38년 3일!
함께 지낼 수 있는 시간이 늘어났으니
반려묘의 행복한 노후를 좀 더 생각해주세요

세계에서 가장 오래 산 고양이를 아시나요? 미국 텍사스주의 '크림 퍼프'라는 이름의 암컷 고양이로, 1967년 8월 3일에 태어나 2005년 8월 6일까지 38년 하고도 3일을 산 경이로운 장수 고양이예요(기네스 세계기록 2013년).

  고양이의 수명이 길어짐에 따라 함께 지낼 수 있는 시간이 늘어난 만큼 행복한 노후를 생각해주는 것이 집사의 책무가 되었습니다. 그렇다고 뭔가 특별한 관리가 있는 것은 아닙니다. 쾌적한 실내 환경과 적절한 식사, 구강을 청결하게 유지하는 것이 무엇보다 중요해요. 극히 기본적인 것이지만 이보다 나은 건강 비결은 없는 거죠.

고양이의 고령화
268 고양이의 입 주변에 흰 털이 섞여서 났어요

행동이 생기 넘치는 고양이라도
얼굴에는 노화 신호가 희미하게 나타납니다

나이 든 반려묘의 얼굴을 찬찬히 살펴보면 코와 입 주변에 흰 털이 섞여 난 것을 볼 수 있어요. 지금까지 함께 지내온 추억이 떠오르는 동시에 '앞으로도 오래도록 함께 지내고 싶다'라는 간절한 마음이 드는 순간입니다.

눈가에도 나이가 나타나기 쉬운데, 근육이 약해지면서 안구가 들어가 눈꺼풀이 눈 안쪽으로 말려 들어갑니다. 이를 '안검내반(눈꺼풀 속말림)'이라고 해요.

이 상태가 되면 눈꺼풀을 덮은 털에 각막이 손상될 수 있으니 주의하기 바랍니다. 나이 든 고양이가 눈 주변을 아파하거나 눈물을 자주 흘린다면 안검내반증이 생기지 않았는지 확인하세요. 위아래의 눈꺼풀을 엄지손가락과 집게손가락으로 천천히 벌려서 아이라인의 점막보다 피부(털이 난 부분) 쪽이 먼저 안구에 접촉하는지 확인하기 바랍니다.

고령화 나이 든 고양이의 몸과 마음

고양이의 고령화
269

고양이의 노화는 어디를 보면 알 수 있나요?

나이가 들면 엄지발톱의 스크래칭이 힘들어져요

우리가 흔히 말하는 '동안'인 사람처럼 고양이의 세계에서도 실제 나이보다 생김새나 행동이 젊은 고양이가 있습니다. 다만 그런 고양이도 '어떤 부위'에는 노화 신호가 나타납니다.

엄지발가락의 발톱을 잘 살펴보세요. 다른 발톱과는 자라는 방향이 다르고 단단한 것을 알 수 있습니다. 그래서 자력으로 스크래칭하려면 많은 힘이 필요해요. 하지만 나이가 들고 근력이 떨어지면 버티는 힘이 약해져서 스크래칭 동작을 해도 실제로는 발톱이 잘 갈리지 않을 때가 많아요.

자라난 발톱이 발볼록살을 찔러서 곪는 바람에 병원에 찾는 노령묘를 지금까지 많이 진료해왔습니다. 그 밖에도 아래의 증상이 보이면 확실히 노화가 시작된 거예요.

> **주요 노화 증상**
> - 치석이 증가하고 치아 수가 감소합니다.
> - 그루밍을 게을리해서 털의 윤기가 사라집니다(잠자는 시간이 길어져서 관리를 게을리하는 나이가 되기 때문에).
> - 높은 곳에 올라가지 않습니다(근력이 떨어져서 점프하기 어렵고 관절이 아픔).

고령화 나이 든 고양이의 몸과 마음

고양이의 고령화

270 노령묘를 위해서 할 수 있는 일은 뭐가 있을까요?

나이에 따라 고양이의 움직임도 달라져요
노령묘를 위한 간단한 리폼을 추천합니다

나이가 든 고양이를 위해서 실내를 약간 리폼해 보면 어떨까요? 리폼이라고 해도 거창한 것이 아니라 약간의 아이디어로 실행할 수 있습니다. 꼭 시도해보세요.

> ● **전망대를 만든다**
> 바깥 경치를 바라보는 것은 뇌에 좋은 자극을 줍니다. 사람이나 자동차, 동물 등이 오가는 쪽이 좋아요.
>
> ● **발판을 추가한다**
> 높은 곳을 오르내리기 힘들어지므로 높낮이 차이가 많이 나는 곳에는 보조 발판을 놓습니다. 예를 들어 좋아하는 장소가 책상 위라고 하면 그곳에 도달하기까지의 경로에 박스 등을 놓아서 계단을 만드는 식입니다.
>
> ● **화장실의 단차를 검토한다**
> 화장실 근처에서 소변이나 대변 실수를 한다면, 다리를 올리기 힘들어져 화장실 턱을 넘어가기 어려운 상황일 수 있습니다. 단차가 낮은 용기로 화장실을 바꿔주거나 화장실 옆에 작은 받침을 놓아주세요.

고령화 · 세심한 돌봄이 필요해요

고양이의 고령화 271 — 노령묘의 식사에서 주의할 점은 무엇인가요?

가능한 한 고개를 깊이 숙이지 않아도 되는 식기가 좋아요

장수 고양이와 사는 보호자 중에 '지금까지 간식을 주지 않았지만 이제 나이가 들었으니 좋아하는 음식을 먹이고 싶다'며 액상 스틱 타입의 간식을 주기 시작한 분도 있었습니다. 좋습니다. 나이 든 고양이에게는 좋아하는 음식을 주세요. 식욕이 떨어지는 시기이므로 잘 먹는 것이 무엇보다 중요합니다.

사료에 살짝 맛있는 간식을 더하거나 조금 따뜻하게 데워주면 식욕을 돋우는 데 도움이 되는데, 그 외에 식기를 바꾸는 것도 고려해보세요.

나이가 들면 일단 단차를 극복하는 게 힘들기 때문에 최대한 고개를 위아래로 움직이지 않고 먹을 수 있는 식기를 추천합니다. 아직 서서 식사할 수 있는 고양이에게는 높이가 있는 식기를 주고 앉은 자세로만 먹는 고양이에게는 높이가 없는 식기가 좋아요. 고양이의 행동에 맞춰서 조정해보세요.

고령화 — 세심한 돌봄이 필요해요

고양이의 고령화
272

이대로 누워만 있게 되는 건
아닌지 걱정돼요

하루에 한 번은 몸을 일으켜서
본래의 '고양이 자세'를 유지해주세요
신체 기능을 깨워줍니다

나이가 들어서 자력으로 서지 못하게 된 반려묘의 몸을 하루 한 번씩 일으켜주세요. 손으로 반려묘의 몸통을 받치면서 몸, 머리가 천천히 바닥과 수평 상대(긴장할 때의 자세)로 놓이게 합니다. 이것만으로도 몸 상태가 좋아질 때가 있어요.

이렇게 하는 이유는 잠자는 자세가 오래 지속되면 뇌와 폐 등 장기가 한쪽으로 쏠리기 때문이에요. 위를 보고 누우면 등 쪽으로 쏠려요. 인위적으로라도 몸을 일으킨 자세를 만들어 줌으로써 어느 한 편에 치우쳐 있던 뇌와 폐를 제자리로 잠시 되돌리고 몸의 기능을 깨워줍니다.

> 고령화 세심한 돌봄이 필요해요

고양이의 고령화 273 ◤ 욕창이 생겨 버렸어요! ◥

벌꿀이나 설탕으로 만드는 수제 연고도
욕창 치료에 유용해요

눕거나 앉아만 있는 시간이 길어지면 사람과 마찬가지로 고양이도 욕창이 생깁니다. 특히 한쪽으로만 치우쳐서 누우면, 눌린 부위에서 뼈가 도드라진 부분은 피부가 헐 수 있어요. 볼이나 견갑골, 팔꿈치, 그리고 요골은 특히 주의해야 하는 부위예요.

만약 피부에 욕창이 생기면 4시간 간격으로 몸을 돌려주세요. 환부에는 꿀 또는 설탕을 발라서 거즈로 보호하면 빨리 낫습니다. "벌꿀이나 설탕으로?!"라며 깜짝 놀랄지도 모르겠네요. 여기에는 이유가 있어요. 당질이 수분을 흡수하고 림프액이 환부에 머무르게 해 상처 회복을 돕습니다. 화상 치료에도 효과적이며 설탕을 발라서 랩으로 감아 놓으면 많이 좋아집니다.

꿀이 뚝뚝 흐르는 게 신경 쓰인다면 벌꿀에 설탕을 넣어 살짝 되직하게 만들어 환부에 바르면 좋습니다. 수의사와 상담 후 진행해보세요.

고령화 세심한 돌봄이 필요해요

고양이의 고령화
274 고양이도 치매에 걸린다는 게 정말인가요?

13세가 넘으면 인지기능장애증후군의 가능성을 고려합니다

고양이도 사람과 마찬가지로 나이가 들면 인지기능장애증후군에 걸리는 사례가 늘어납니다. 개체 차이는 있지만 13세가 넘어서 다음과 같은 행동을 보인다면 인지기능장애증후군일 가능성을 의심해보기 바랍니다. 앞 번호일수록 초기에 볼 수 있는 증상이에요.

> **고령화** 세심한 돌봄이 필요해요

1 화를 잘 낸다.
2 식사나 물 등을 요구할 때 심하게 운다.
3 제멋대로 행동한다.
4 화장실 실수를 한다.
5 불러도 반응이 느리다(이쪽을 보지 않는다. 고개를 들지 않는다).
6 좁은 곳에서 가만히 있거나 밤중에 한 곳을 멍하니 바라본다.
7 비정상적으로 큰 소리로 운다. 밤에 운다.
8 방의 모서리나 가구 사이에서 움직이지 못한다.
9 방 안을 목적 없이 배회한다.

고양이의 고령화
275 〉 인지기능장애증후군을 치료하는 방법이 있나요?

뇌에 새로운 자극을 주는 것이 가장 중요! 할 수 있는 일은 여러 가지가 있어요

유감스럽게도 고양이 인지기능장애증후군에 대한 치료법은 아직 발견되지 않았어요. 우리가 할 수 있는 일은 불안을 덜어주고 심리적인 안정을 돕는 것입니다. 펠리웨이나 개다래 등을 도입해서 활용하는 것도 하나의 방법입니다.

낮에는 가급적 반려묘에게 말을 걸며 함께 놀아주는 등 뇌에 자극을 주세요. 마사지와 빗질도 효과적입니다. 계속 누워 있지 않게 하는 것도 중요해요. 인지기능장애는 잠자는 시간이 길면 증상이 진행됩니다.

특히 추운 계절에는 뇌의 혈행 장애가 일어나기 쉽고 인지기능장애가 증가합니다. 운동 부족으로 혈액 순환이 나빠지기 때문이에요.

뇌종양이나 뇌 위축, 갑상샘 기능 항진증에서도 인지기능장애증후군과 비슷한 증상이 나타날 수 있습니다.

인지기능장애증후군에 관해서는 다양한 원인과 해결책이 복잡하게 얽혀 있어요. 초조해하거나 비관하지 않고 반려묘를 배려하며 함께 어울리는 것이 보호자 마음의 평온으로도 이어질 거예요.

고령화 세심한 돌봄이 필요해요

9장

고양이를 위한 삶의 질을 생각합니다

- 고양이에게 발병하는 중대 질환과 치료
- 삶의 질을 지켜주세요

고양이의 일생
276 고양이에게 발병하기 쉬운 중대 질환은 무엇인가요?

반려묘의 암 발병률이 크게 높아졌어요
보호자가 치료에 임하는 자세를 생각해야 하는
시대이기도 해요

장수화와 함께 암에 걸리는 노령묘가 크게 늘었습니다. 10년 이상 산 고양이 두 마리 중 한 마리가 암에 걸린다는 미국 동물 암 센터의 보고도 있습니다. 집사가 암 치료에 임하는 자세를 생각해야 하는 시대가 되었습니다.

고양이에게 가장 많이 발병하는 암은 다음 세 가지로 알려져 있습니다. 사람에게 많이 발병하는 위암이나 대장암은 그리 많지 않습니다.

> 1 유방암(유선 종양)
> 2 피부암
> 3 림프종(림프 조직에 생기는 원발성 악성 종양)

암이라고 무조건 다 수술하는 건 아닙니다. 항암제, 방사선 치료를 선택할 수도 있습니다. 조기 치료로 수명이 연장되고, 수술하지 않고도 오래 사는 고양이도 있어요.

어떤 암이든 이상 징후의 첫 발견은 멍울인 게 대부분입니다. 평소 고양이를 쓰다듬는 행위가 얼마나 중요한지 깨닫게 해주네요.

고양이에게 발병하기 쉬운 3대 질환과 치료

● **암**
암의 종류와 단계에 따라 결정됩니다. 먼저 완치율을 물어보는 것이 중요해요. 매주 치료를 받아서 한 달가량 수명을 연장하는 것에 그친다면, 고양이는 치료하지 않는 쪽을 선택하고 싶을지 모릅니다. 한편 당일 퇴원할 수 있는 수술로 치료되는 피부 종양도 있습니다. 치료 방법에 대해서는 여러 의견을 듣는 방법도 추천합니다.

● **만성 신장병**
암과 마찬가지로, 남은 시간이 1년 등으로 한정되는 등 예후가 좋지 않은 케이스가 많습니다. 치료 옵션이 많아서 수의사와 집사가 서로 의논하며 치료할 수 있습니다.

● **심장 질환**
비대형 심근증 등. 심장약을 먹지 못하는 고양이도 일정 수가 있으며 말기가 되면 발작을 반복해서 자주 통원해야 합니다.

고양이의 일생 **277** — 약을 먹이는 게 별로 내키지 않아요...

진통제를 투여했더니 평소 행동 패턴을 되찾은 고양이도 있어요

똑같은 종류의 암이라도 빠르게 악화되는 케이스가 있는 반면 진행이 더딘 암도 있습니다. 종양은 생물이기에 일률적이지 않습니다. 악영향을 주는 속도도 완전히 다르므로 반려묘에게서 암이 발견되더라도, 극도의 비관에 빠지지는 않았으면 합니다.

한편 암 중에는 통증을 동반하는 암도 있습니다. 예전에 이런 일이 있었어요. "식욕이 있으니 통증은 없는 모양이에요"라고 보호자가 말했는데 증상을 보고 판단해 진통제를 투여하자 최근에 하지 않았던 그루밍을 다시 시작했습니다. 사실은 아파서 못했을 뿐이에요.

이런 사례는 꽤 흔해요. '얼마나 통증을 참았을까?' 고양이의 노력이 절실히 느껴집니다. 진통제를 꺼려하는 보호자도 있습니다만 수의사가 권하면 한번 시도해보고 차이를 살펴보세요.

물론 약을 먹는 행위에 따르는 고통도 있으므로 자세히 상담한 후에 결정해도 괜찮습니다.

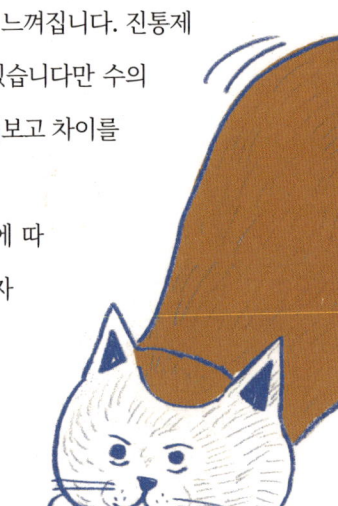

일생 — 고양이에게 발병하는 중대 질환과 치료

암으로부터 고양이를 지키기 위해 보호자가 실천하면 좋은 7가지 포인트

고양이를 암으로부터 지키는 방법은 사람과 거의 똑같다고 생각하면 됩니다. 정리하면 다음과 같아요.

- 매일 운동시킵니다.
- 과체중이 되지 않도록 주의합니다.
- 담배 연기에 주의합니다. 발암 성분이 있는 화학물질을 가까이하지 않습니다.
- 장시간 햇볕에 노출시키지 않습니다.
- 한 달에 한 번 몸 상태를 확인합니다.
- 일 년에 두 차례 정기 검진을 받습니다.
- 양치질을 철저히 해줍니다.

고양이 암에도 유전적 요인이 영향을 미치지만, 상당수가 환경적인 요인과 관계 있다고 합니다. 일상에서 실천하는 소소한 배려로 고양이의 건강을 지켜주세요.

고양이의 일생
279

고양이의 유방암이 쉽게 악화되는 이유는 뭔가요?

고양이의 유선 종양은 악성화되기 쉬워요

여러 악성 종양 중에서 발병률이 가장 높은 것이 유방암입니다. 대부분 암컷이 걸리지만 드물게 수컷도 걸리는 경우가 있습니다.

유방암에 걸릴 위험이 높은 고양이는 '① 고령(10~12세)에 ② 중성화 수술을 하지 않은 개체'인데, 유선 종양이 발견된 시점에서 악성일 확률이 높다는 점이 고양이 유선 종양의 특징이에요. 그 확률이 70~90%에 달한다고 합니다(개의 경우는 50%).

예를 들어, 실제로는 이런 평가 단계가 없지만 종양을 10단계로 평가할 수 있다고 가정해볼게요. 1단계가 한없이 착한 종양이고 10단계는 한없이 나쁜 종양이라고 칩시다.

고양이의 유선 종양은 이 단계 평가에서 9, 10단계에 필적할 만큼 나쁜 종양일 때가 많아요. 그래서 치료의 기본은 조기에 발견해서 광범위하게 수술(양쪽 전체 적출 및 림프절 절제, 적어도 한쪽 전체 유선 적출 및 림프절 절제)하는 것입니다.

멍울을 발견하면 아주 작을지라도 최대한 빨리 병원에 가서 진단을 받기 바랍니다.

일생 · 고양이에게 발병하는 중대 질환과 치료

고양이의 일생
280 아주 작은 멍울이라면
상태를 지켜봐도 될까요?

최대한 초기에 찾는 것이 중요해요
멍울은 커지면 진행이 빨라집니다

고양이의 몸에서 쌀알 크기 정도의 멍울을 찾았다고 합시다. '작아서 다행이야'라고 생각할 수도 있겠습니다. 하지만 고양이와 사람의 몸 크기가 다르듯이 그 심각성도 달라요.

종양이 지름 1cm까지 성장하려면 32회의 분열을 거쳐야 한다고 알려져 있습니다. 그런데 1cm짜리 종양이 온몸에 퍼지는 데는 고작 9회만 분열하면 끝납니다. 이는 멍울을 확인할 수 있는 크기가 되면 병의 진행이 매우 빨라진다는 것을 의미해요. 그렇기에 조기 발견과 치료가 더욱 중요합니다.

우리 병원에서 실시하는 희귀한 치료 중 하나로 림프구 활성화 면역요법이 있습니다. 이는 동물에게서 혈액을 채취해 림프구를 분리·배양해서 2주 후 몸에 다시 주입하는 방법입니다. 현재는 새로운 방법으로서 임상 치료가 이뤄지는 중입니다. 앞으로 기대되는 치료법이 될지 모르겠습니다.

일생 | 고양이에게 발병하는 중대 질환과 치료

고양이의 일생 281 — 언제 수술하면 좋을까요?

수술할 거라면 결단은 빠른 편이 좋아요
고양이의 부담도 줄일 수 있어요

멍울을 발견하고도, 작은 몸에 메스를 대고 큰 수술을 받는 게 불쌍해서 관두고 싶다는 보호자가 꽤 많습니다. 그 판단을 존중하며 힘든 마음도 이해합니다. 하지만 멍울을 그대로 두면 경과가 어떻게 될지 냉정히 살펴볼 필요도 있습니다.

　멍울은 곧 사람 주먹만 한 크기가 됩니다. 이렇게까지 커지면 피부가 녹아서 궤양이 생깁니다. 그 부위에 구멍이 뚫리고 날마다 피와 고름이 나오기 시작합니다. 보는 것도 괴로운 상황이에요.

　그런 상태에 이르면 보호자도 다시 결심을 하고 수술을 해달라고 의뢰하지만, 이 단계에서는 수술을 해도 대부분 한 달밖에 살지 못해요.

　수술할 것인가 하지 않을 것인가는 보호자에게도 고양이에게도 중대한 문제입니다. 다만 어느 시점에서든 수술을 할 거라면 단연코 하루라도 서두르는 게 좋다는 사실을 말씀드리고 싶어요.

일생 — 삶의 질을 지켜주세요

고양이의 일생 282 — 치료 방법이 망설여질 때 어떻게 해야 할까요?

치료할지 말지 망설여질 때는 고양이가 더 행복할 수 있는 쪽을 선택하세요

"이대로 두면 앞으로 3개월밖에 버티지 못합니다. 하지만 수술하면 6개월은 살 수 있어요." 이런 경우 어느 쪽을 선택하겠습니까?

보호자는 사랑스러운 고양이를 위해서 할 수 있는 일은 다 해주고 싶다고 생각할 거예요. '하려고만 마음먹으면 할 수 있었는데 아무것도 해주지 못했다'라는 생각은 보호자의 마음에 늘 후회로 남습니다.

그러나 수의사의 입장에서는 "고양이가 행복한 쪽을 선택하세요."라고 말하고 싶습니다. 고양이가 스스로 판단할 수 있다면 정말로 그쪽을 선택할 것인지 생각해줘야 합니다.

'암 전문의', '치료 스페셜리스트' 등 의료의 가능성이 느껴지는 말이지만 의학 발전을 위해서 앞으로 나아가는 것만 생각하는 게 아닌가 싶습니다. 저는 앞으로 나아가는 것만이 꼭 좋은 치료는 아니라고 생각합니다.

> 일생 — 삶의 질을 지켜주세요

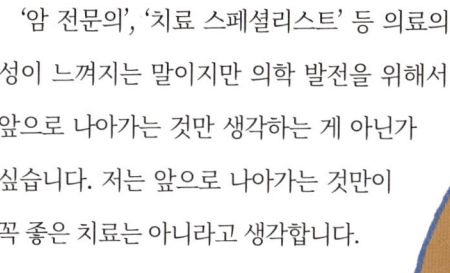

고양이의 일생 283 ▶ 통원하며 치료할 수는 없나요?

신장병의 피하 주사를 비롯해 스트레스가 없는 자택 치료의 응용법도 보급되는 중이에요

> 일생 삶의 질을 지켜주세요

고양이의 3대 질병 중 하나로 만성 신장병을 꼽습니다. 이 병의 치료는 수의사의 지도하에 자택에서 할 수 있습니다.

치료를 위해서는 정기적으로 주사를 맞아야 하는데, 고양이는 피부를 잡아당겨 피하에 상당한 여유를 만들 수 있으므로 보호자가 '피하 수액'을 놓을 수 있어요. 이는 수액을 피부 조직 아래에 일시적으로 모으는 치료법입니다. 정맥 주사보다 쉽고 단시간에 많은 수액을 투여할 수 있다는 장점도 있어요. 이 방법으로 순환 수분량을 늘려 배출해야 하는 물질의 대사를 촉진할 수 있습니다.

매번 통원하지 않아도 되므로 고양이의 스트레스가 줄고, 편히 지낼 수 있는 집에서 치료를 받음으로써 고양이의 삶의 질(Quality of life)을 지켜줄 수 있습니다. 시도해보고 싶은 보호자는 수의사와 상담해 보세요.

고양이의 일생 284 ▸ 더 이상 치료로 나을 가망이 없다고 선고받으면…

생명을 구하는 방법에는 다양성이 있습니다 만일의 경우를 생각하세요

반려묘의 수명이 얼마 남지 않았다고 선고하면 많은 보호자가 다른 의학적 소견은 없는지 찾아보려고 합니다. 이때 인터넷 등을 통해 사례를 찾다 보면 수술이나 항암제 등 공격적인 치료 정보를 많이 접하게 되고 수의사의 추천도 있으면 시도해보기도 할 거예요.

하지만 말기가 되면 항암제는 오히려 악영향을 미칠 때가 많으므로 치료를 진행한다면 완치율 등을 제대로 듣고 판단해야 합니다.

반려묘의 괴로움을 덜 수 있는 완화 치료도 염두에 두세요. 전에 제가 림프종을 진단한 순간 안락사를 결정한 보호자가 있었어요. 고통스러운 채로 오래 살게 하지는 않겠다는 신념에 따른 결단이었습니다. 미국이나 영국 등 반려동물 선진국에서는 반려동물의 안락사를 선택하는 보호자가 늘고 있습니다.

의학적으로는 다양한 고도 의료를 받을 수 있게 되었습니다. 하지만 반려묘가 괴로워하는 걸 알면서도 연명치료를 해야 할까요? 막상 그때가 되면 냉정하게 판단할 수 없습니다. 지금부터 할 수 있는 준비 중 하나로 생각해보면 어떨까요?

고양이의 일생

285 고양이의 행복을 위한 선택은 무엇일까요?

고양이에게는 시한부 선고보다 스트레스로 가득한 생활이 더 큰 공포… 무엇보다 삶의 질을 소중히 합니다

일생 — 삶의 질을 지켜주세요

암 선고를 받는다해도 사실 고양이가 충격을 받지는 않지요. 진단 결과를 알 리도 없고 암이 무엇인지도 모르니까요. 하지만 암 치료를 위해서 병원을 자주 다니게 되면 정신적으로 육체적으로 엄청난 스트레스를 받을 거예요. 동물은 통증이나 스트레스에는 괴로워하지만 여명 선고에 대한 공포는 없습니다.

사고로 다리를 잃었어도 가능한 선에서 힘차게 달리거나 놉니다. 눈이 안 보이더라도 후각과 청각을 이용해 어떻게든 전과 같이 자유롭게 생활하려고 해요. 동물의 생명력이란 대단합니다.

반려묘가 암에 걸렸다는 갑작스러운 진단을 듣고 혼란스러울 때, '완전히 나을 수도 있으니 수술을 선택하자'라고 생각할 수도 있습니다. 당연히 나쁜 종양을 제거한 고양이는 한결 활력을 되찾을 수 있겠지요. 하지만 희망과 달리 낫지 않으면 괴로운 치료를 지속하는 것이 반려묘에게 너무 큰 고통일지 모릅니다.

고양이의 행복한 묘생에 있어 가장 중요한 것은, 보다 평온히 일상을 누릴 수 있도록 '삶의 질(QOL)'을 지켜주는 것이라고 생각합니다. 치료뿐 아니라 실내 환경과 소통하는 방법에 이르기까지, 항상 그 점을 생각하며 고양이와의 행복한 동거를 일궈 나갔으면 합니다.

고양이에게 주로 발병하는 질환 일람

본문에서 자세히 소개하지 못한 질환을 중심으로 주요 증상과
병원에서 진행하는 치료 방법을 소개합니다.

급성 신장병 　세균 감염이나 백합, 파 종류 등이 원인

■ 주요 원인 및 증상

세균 감염이나 중증 탈수, 요로 결석 또는 백합이나 파 종류를 만지거나 먹은 것이 원인입니다. 급성인 만큼 신장 기능이 단번에 저하되어 생명이 위태로워지는 일도 있지만, 원인을 해결하면 대부분 며칠 안에 좋아집니다. 급성 신부전에 걸리면 식욕 저하와 구토, 배뇨량 감소 등의 증상이 나타나는데, 상태를 살피는 동안 목숨을 잃을 수도 있으므로 이상하다 싶으면 바로 병원에 가세요.

■ 병원에서의 치료법

독성 물질을 먹었다면 토하게 하고 위 세척 후 점적 주사를 놓아 대사를 빠르게 합니다. 세균 감염이 원인이면 항생제를 처방하고, 요로 결석이 원인이면 결석을 없애고 점적 주사를 놓아 만성화되지 않도록 합니다.

만성 신장병 　고양이에게 가장 많이 발병하는 질환

■ 주요 원인 및 증상

다양한 요인에 의해 신장 기능이 저하되고, 만성적으로 증상이 지속됩니다. ① 노폐물이 잘 배출되지 않고 체내에 독소가 쌓이며, ② 체내에 수분을 저장하지 못해서 다음다뇨 현상이 나타나고, ③ 소변 색이 묽어지는 등의 증상을 보입니다. 신장의 75%에 장애가 생기기 전까지 눈에 띄는 증상이 없기에 알아차렸을 때는 상당히 진행된 사례가 대부분입니다.

■ 병원에서의 치료법

처방식이나 투약 치료로 병의 진행을 완화해 평소처럼 생활할 수 있게 돕습니다. 탈수를 방지하는 점적 주사는 집에서도 놓을 수 있습니다(본문 283번 참조).

하부 요로 질환 　어린 고양이가 걸릴 위험이 높음

■ 주요 원인 및 증상

고양이는 요도가 잘 막혀서 개보다 약 4배 많이 발병합니다. 특히 수컷은 요도가 가늘어서 미세한 소변 결정으로도 잘 막힙니다. 방광염이나 요도 폐색, 요관 결석 등이 대표적인 질환이며, 소변이 진해진다는 특징이 있습니다. 덥고 탈수하기 쉬운 여름뿐 아니라 추위로 물을 잘 안 마시는 겨울에도 걸리기 쉽습니다. 하부 요로 질환을 계기로 급성 신부전에 걸릴 수도 있으며, 제대로 치료하지 않으면 만성 신장병으로 발전할 가능성이 있으니 주의해야 합니다.

■ 병원에서의 치료법

수분이 많은 식사를 섭취하고 물 마시는 것이 끊어지지 않게 해야 합니다. 한 번 걸리면 처방식과 물만 먹는 생활을 하게 될 수 있어요. 방광염 등은 염증이나 출혈을 막는 치료를 하면서 수분을 철저히 섭취시킵니다.

심근증　혈전이 혈관을 막아 마비가 올 수 있음

■ 주요 원인 및 증상
심장 질환 중에서 발병률이 가장 높은 질환. 온몸의 혈액을 순환시키는 펌프 작용이 약해지면서 심장에 혈전이 생기고 그 혈전이 혈관을 막아 마비가 옵니다. 특히 양 뒷다리의 갑작스러운 마비 증상이 많아요. 탈수와도 관계가 있으며, 더운 시기에 증상이 잘 나타납니다. 심장병은 이상 유무를 잘 모르는 사례가 많기 때문에 10살이 넘으면 1년에 한 번은 정기 검진을 받으세요.

■ 병원에서의 치료법
혈전이 생겼다면 혈전을 녹이는 약을 투여하거나 외과적으로 적출하기도 합니다. 그 후에는 심장 질환 관리가 중심이 되어 심장약 투여와 혈전이 생기지 않게 하는 약을 사용합니다.

당뇨병　비만 고양이가 걸릴 위험이 높음

■ 주요 원인 및 증상
인슐린 분비가 저하되고 혈당치가 높아지는 질환. 당뇨병에는 1형과 2형이 있는데, 고양이가 걸리기 쉬운 것은 생활 습관에 기인하는 2형입니다. 과식이나 운동 부족, 비만 등 생활 습관이 원인인 경우가 대부분이지만 드물게 유전적인 요인으로 발병하기도 합니다. 비만 고양이에게 발병 위험이 높기 때문에 체중 관리가 가장 중요합니다. 조기 치료로 낫는 사례가 많으며, 3개월에 한 번 소변 검사와 혈당 검사를 하기 바랍니다.

■ 병원에서의 치료법
인슐린을 사용해서 혈당을 조절합니다. 특히 몸 상태가 안 좋은 고양이는 24시간 점적 주사 관리와 혈당 조절이 필요해요. 식사 관리와 인슐린 투여, 요당 확인은 보호자가 집에서 합니다.

갑상샘 기능 항진증　갑상샘 호르몬의 과다 분비가 원인

■ 주요 원인 및 증상
갑상샘 호르몬이 과다 분비되는 질환. ① 잘 먹는데 살이 안 찐다. ② 화를 잘 낸다. ③ 고령인데 기력이 왕성하다. ④ 심장이 때때로 심부전 증상을 보인다. 이럴 때 가능성이 의심됩니다. 에너지가 과도하게 소비되므로 고혈압과 설사, 구토 증상이 나타나며 털의 윤기도 사라집니다. 갑상샘 이상은 혈액 검사로 알 수 있으므로 특히 중년기(7세 이상)가 되면 해마다 검사하기 바랍니다.

■ 병원에서의 치료법
갑상샘을 억제하는 약을 투여하는데 조기 발견하면 집에서 요오드가 적은 처방식을 먹임으로써 상태가 좋아지기도 합니다. 갑상샘 조직이 비정상적으로 증식한 경우는 외과 수술로 절제합니다.

지방간　비만 고양이의 식욕 부진에 주의

■ 주요 원인 및 증상
당이나 지방은 간에서 대사되는데 식욕 부진이 생겨 단백질이 부족해지면 대사가 정체되고, 간에 지방분이 축적되어 간부전 상태가 됩니다. 특히 비만 고양이에게 잘 생기며 구토와 황달, 심해지면 의식 장애를 일으키고 결국 죽음에 이릅니다.

■ 병원에서의 치료법
점적 주사 치료나 고단백 유동식으로 영양을 보급해 식욕을 개선합니다. 조기에 관리하면 이 방법으로 상태가 좋아집니다.

틈날 때 읽어두면 든든한 힘이 되는
진짜 기본
고양이 육아 285

1판 1쇄 | 2021년 8월 30일
지 은 이 | 후지이 고이치
옮 긴 이 | 박재영
발 행 인 | 김인태
발 행 처 | 삼호미디어
등   록 | 1993년 10월 12일 제21-494호
주   소 | 서울특별시 서초구 강남대로 545-21 거림빌딩 4층
            www.samhomedia.com
전   화 | (02)544-9456(영업부) / (02)544-9457(편집기획부)
팩   스 | (02)512-3593

ISBN 978-89-7849-643-8 (13490)

Copyright 2021 by SAMHO MEDIA PUBLISHING CO.

출판사의 허락 없이 무단 복제와 무단 전재를 금합니다.
잘못된 책은 구입처에서 교환해 드립니다.